鮀溪明月

楊仁愷先生紀念集

李瑞璇

文物出版社

書名題字　　李瑞環

封底篆刻　　齊白石

編　委　會　林　聲　蘇士澍　崔　陟　初國卿

　　　　　　楊　健　王繼軍　王　鵬　趙　胥

責任印製　　王少華

責任編輯　　趙　磊

裝幀設計　　趙沅灃

圖書在版編目（CIP）數據

　　蘇溪明月：楊仁愷先生紀念集／《蘇溪明月：楊仁愷先生紀念集》編委會編. — 北京：文物出版社，2010.5

　　ISBN 978-7-5010-2975-4

　　Ⅰ. ①蘇… Ⅱ. ①蘇… Ⅲ. ①楊仁愷（1915~）– 紀念文集　Ⅳ. ①K825.72-53

　　中國版本圖書館CIP數據核字（2010）第092384號

蘇溪明月——楊仁愷先生紀念集

《蘇溪明月——楊仁愷先生紀念集》編委會 編

文物出版社出版發行

北京市東直門內北小街2號樓

郵政編碼：100007

http://www.wenwu.com

E-mail:web@wenwu.com

北京雅昌彩色印刷有限公司製版印刷

新華書店經銷

965×635毫米　1/16　印張：19.5

2010年5月第1版　2010年5月第1次印刷

ISBN 978-7-5010-2975-4　定價：150.00圓

楊仁愷（1915—2008）

学書本原個羅筆陣五千

仁龍先生有家吉正

筆法遠化門陰萬壑千巖

王蘧常學書縱橫年九十一

王蘧常先生贈聯

墨點能乾後不乾　經羅盜去掠殘一殤國寶院

浮□辛苦遼東管幼安　仁愷先生喜自遼寧來此新

加坡相過如應□賢□□出□蕎團寶院□錄一書名贈□感此以

記□子畫報印云清譔　辛未歲暮書　潘受

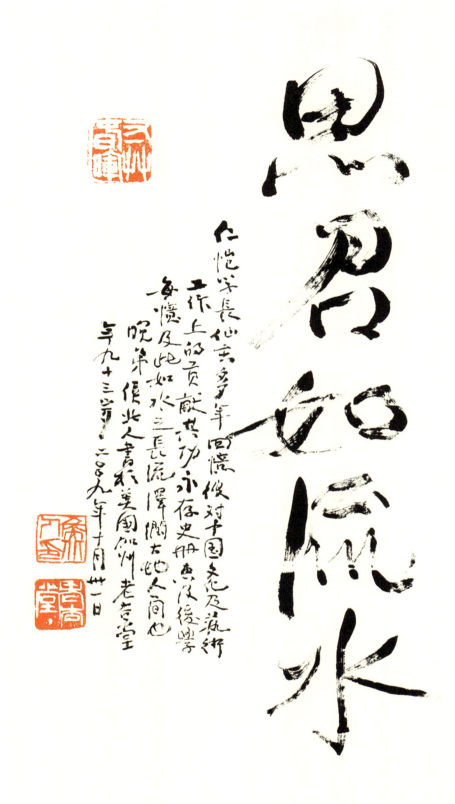

思君如流水

在愷榮長他表多年工作上的貢獻其功永存史冊惠及後學每懷及此如水之長流澤溉古他人同也皖第侯北人書於美國加州老意堂年九十三歲 二〇〇九年十月卅一日

長辭當有沉浮錄

國寶珍藏國運隆

其人則溫潤如玉

仁愷先生千古

為學似海納百川

饒宗頤敬贈

饒宗頤先生題辭

仁愷先生紀念文集

選堂題

楊仁愷先生是多年好友，我們有
機共同討論文藝是幸事，如
今趙肖先生為楊先生編紀念
集，不勝欣喜。楊先生一生為文
藝工作，貢獻致大。我們每次
會面都暢談藝事，楊先生在
中國文藝方面的貢獻有目
共睹，如此奇才今時今世更是

難能可貴。真希望楊先生後
繼有人，那是中國文藝界
幸事。在此除悼念楊先生外
也希望中國文藝發展仍
能更上層樓。

陳香梅
二○○○年一月廿日

仁公壽行齒德俱尊當典範

仁愷先生 大鑒定家 千古

笑貌長鞋福壽全婦仰遺容

戊子春正 陳佩秋敬輓

陳佩秋先生題辭

哭楊老

一

相談平生
五十年
論文常到
沈水亞春
今化雨多
閒我怕見
先生病況
綿

二

傳來噩耗
等筆雷
四海震騰
日月交浸
此江山空
沈水萬牛
難挽沐羸
回

三

半世相逢
一旦休吅
人怎不淚
長流浸今
閒字排難
廖四海何
方覓故
廣

丁亥十二月
二十六日
後學叩賀
甯拜挽

馮其庸先生題辭

楊仁愷館長徵集情

宮流失文物為國家作

云了重大貢獻

馬坡花園庚寅年端午節　君謹題于北京

金維諾先生題辭

怀念扬仁恺先生

文物鉴定专家为国贡献良多

廖静文
二〇〇八年於怀鸣堂

明察秋毫 法眼如炬

一言九鼎 功盖薛下

仁恺先生为我国杰出文物鉴定家毕生为抢救保护国宝作出重大贡献值此先生纪念文集出版之际谨呈四言以表敬意

庚寅初夏 吴郡范敬宜于北京

國寶功臣

仁愷先生精鑒別裹亂後經
其極敗之清宮流失書畫無數

所著之國寶沉浮錄為鑑賞經
與之作奈5鑒相交三十年獲益
良多謹識數言以示懷念 黃君寶

豈止拾遺補闕添

磚加瓦寶筏潛

法之幽光後學書

奉為圭臬

仁愷先生偉著國寶浮沉錄自序
多謙語因擷以近思
先生不朽之學術成就　後學傅申書

傅申先生題辭

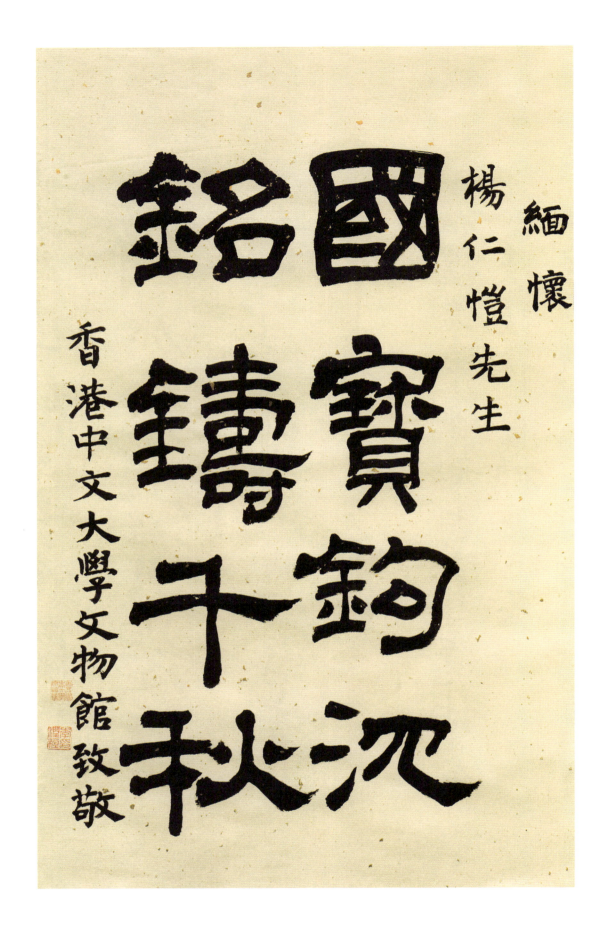

緬懷
楊仁愷先生

國寶鑄銘
千秋鈞壽
沉金

香港中文大學文物館致敬

香港中文大學文物館題辭

序

林　聲

　　二零零八年楊仁愷先生歸於道山，全國文化界爲之嘆惋。其一生的學術與鑒定造詣且不論，單那一部《國寶沉浮録》，就讓楊老贏得了可與中國美術史上任何學術大家比肩的地位。而他的《中國書畫鑒定學稿》更是爲我國書畫鑒定學科奠定了系統的理論基礎，是對我國文化建設的歷史性貢獻。

　　楊老走了，在他身後不僅留下了遺憾，也留下了諸多的空白。書畫鑒定界從此閉上了一雙曾經發現諸多國寶級書畫的慧眼；博物館界也失去了一位曾經爲國家徵集了數千件珍寶的守護人；《國寶沉浮録》之後誰能再續寫傳奇？遼海文化又由誰來繼續搖旗吶喊？……凡此種種，讓許多人更爲懷念這位離開四川酥溪，在瀋陽奉獻一生的老人，也願爲這位酥溪老人的身後事一盡綿薄。

　　本書的文稿徵集，與楊老墓園在龍泉古園的建設幾乎同步進行。大家知道，這兩年國內外許多學者大儒相繼隕落，其中不乏楊老的摯交好友（如李爾重、王世襄、鈴木敬等老先生），致使一些徵稿中途停止，也給了徵集人員如同文物搶救般的壓力，好在其他徵集的稿件如期寄來，終積一集，不辱使命。

　　第一部分：追憶文章

　　這一部分内容主要是紀念楊老的相關文章，大家從不同的層面和不同的角度緬懷楊老。楊老將畢生心血盡灑於中華文博事業，其中回憶文章，感人至深，雖然還不能涵蓋楊老一生的成就，但我們仍然可以從中領略到先生在我國文博事業的多個領域裏做出的前無古人的貢獻，也會被先生獨特的人格魅力所感染，爲先生九死不悔地獻身文博事業的精神所感動。

　　第二部分：手稿遺墨選録

　　香港饒宗頤先生輓楊老："其人則温潤如玉；爲學似海納百川。" 這部分選擇了楊老生前的著作手稿、致友朋信札及書畫作品等。先生之風範、先生之精神、先生之筆墨都會一幕幕重現，以此展示大學問家、大鑒定家、大書法家的學術貢獻及藝術成就。楊老生前主張書法既是一門藝術又是寫作的工具，這裏首次發表的部分著作手稿，蠅頭小楷，纖髮必現，書信繪畫，妙至毫顛，這些冶書法、繪畫、鑒定和學術於一爐的手蹟，不但記録下楊老鑒寶的歷史，也是先生藝術功力的真情流露。

　　第三部分：生平照片選録

　　這部分收集了楊老一生不同時期的照片，既有參加學術研究活動時的留影，也有潛心鑒定治學時的工作照，更多的是與朋友、同事的合影。這些照片是楊老一生的縮影，是從眾多照片中挑選出來的，可以使人從中領略到楊老一生的交往及其風采。我們同時又編入龍泉古園楊仁愷先生墓園的全景及近景的照片。

寫到此刻我想起了大詩人臧克家的名句："有的人活着他已經死了，有的人死了他還活着。"是的，楊老還活着。他是人民鑒賞家，人民特別是文化界的朋友們是永遠不會忘記他的。我與楊老相識二十五年，作爲一位我所尊敬愛戴的前輩、老師，他將永遠活在我的心中。謹以此文爲《穌溪明月——楊仁愷先生紀念集》序。

目　錄

手稿遺墨選錄

生平照片選録

學術年表

追憶文章

憶老友仁愷先生（注一）

張　仃

（注一）本文是由張仃先生口述並由其夫人灰娃先生再整理而成，此文完成後不久張仃先生便與世長辭。收錄此文表示對張先生的懷念之情。

（注二）二零零五年及之前的一段時期，楊仁愷先生先後四次造訪張仃先生於它山畫室，誠摯邀請張仃先生部分書畫作品捐贈遼寧省博物館。二零零五年十月，張仃先生委派王玉良、王魯湘、李兆忠、陳紅軍前往瀋陽，參加張仃先生書畫作品捐贈交接和"情係翰墨心係故里——當代藝術大師張仃捐贈作品特展"開幕式。至此，張仃先生四十三件書畫精品入藏遼寧省博物館永久珍藏。

（圖一）楊仁愷先生與張仃先生、王己千先生在中國美術館舉辦的《張仃山水畫展》上。

楊仁愷先生是我交往幾十年的朋友，他年長我兩歲。大家知道，楊仁愷先生出生於四川，但一生的大部分時間是活動在東北，遼寧是他的第二故鄉，與我這土生土長的遼寧人算是半個老鄉。

新中國成立後，他一直在遼寧的文博單位擔任研究和領導工作，爲國家清理、鑒定、搶救出許多彌足珍貴的古代書畫，例如《清明上河圖》、《簪花仕女圖》、《苕溪詩帖》等。他是我國文物鑒定界不可多得的專家。

仁愷先生學養深厚，以嚴肅認真的態度對待鑒定工作，發展文博事業，爲遼寧省博物館豐厚的書畫收藏作出了很大貢獻。九十高齡仍孜孜以求，親力親爲。前幾年數次來北京，到我偏遠的住所多次商談，使我四十餘幅書畫作品圓滿歸藏故土（注二）。這種愛惜書畫的拳拳之心

（圖一）

令人感動和敬仰！當年我在中國美術館舉辦個展時，仁愷先生還與老友王己千先生不遠千里來京祝賀，攀談甚歡，這種朋友的深情厚誼實在令人感動！

仁愷先生幾十年間過眼了數以萬計、價值連城的名貴書畫，他一生甘於寂寞，淡泊名利，以獨具的慧眼，爲社會留下了寶貴的藝術財富。他的精神風骨，不僅是我們國家文物鑒定領域的豐碑還是後輩學習的楷模。當我們回顧仁愷先生不平凡的一生時，他展現給我們的是他人品、學識、修養、技藝相結合的和諧人生！謹以此文懷念我的老朋友仁愷先生。

（張仃　著名畫家、原中央工藝美術學院院長）

27

憶沐雨翁

翁萬戈

故國多情！闊別三十一年後在一九七九年初次重踏鄉塵，第二次，一九八零年，禮拜了雲岡石窟、太原晉祠、西安古都、鎮江、揚州、無錫、上海之後，在十月中旬回到了北京。那時我喘息初定，在十月十八日北京飯店中，老友王世襄（注一）兄來訪。出乎意料的是，他帶來了一位新朋友：楊仁愷先生！

那時北京飯店是首都唯一的"國際"飯店，但以目前情況相比，我們的那間臥室（不是套房），既小且陋。裝飾的色調是桃紅與蘋果綠，堪稱土氣。我記得楊老同我坐在床上，王老與我的老伴(七年前去世了)坐在椅子上談他們往昔在北京美國學校的軼事。楊老秉性豪爽健談，而我們是同道，一見如故。越談越興高采烈，從晚飯後直聊到九、十點鐘。加以楊老富於感染力，引我把北平匯文高中（1933—1936）從四川朋友學的四川話，不管"要得"、"要不得"，一齊搬了出來。惹得隔壁房間的住客敲墻："人家要睡覺了！！！"當然，我們四人（尤其是楊老與我）雖不能鴉雀無聲，但也平心靜氣，很愉快地結束了首次的暢談而且約我明年專程到瀋陽去拜訪。

可是，楊老跟我什麼事談得這麼起勁呢？很簡單：中國書畫；也很復雜：散處世界各地的中國書畫"國寶"。楊老與"國寶"的關係，盡人皆知。我與海外"國寶"的機緣，在此不妨極簡單地一述。

一九四一年初，我從電機工程轉業到教育電影，最初的製片題材，包括一部"美國的中國古代繪畫"，其實就是到華盛頓福利爾藝術館選拍了一些名作，諸如南宋龔開（十三世紀）白描《鍾馗嫁妹圖》卷、元鄒復雷（十四世紀）水墨《春消息圖》卷(至正二十年作)等。幾十年來，我利用製片及寫書的機會，遍觀中國大陸以外，流而未亡的歷

（圖一）

代藝術杰作——書畫、陶瓷、雕塑、漆器、金銀……無所不窺。自中國臺灣、香港，日本、新德里、英國、法國、瑞典、德國……各大博物館及出名的私人收藏……無

（注一）王世襄（1914—2009）"京城第一玩家"，著名文物專家、學者、鑒賞家、收藏家、中央文史館館員。

（圖一）元鄒復雷《春消息圖》卷

處不去。其重點包括臺中霧峰（未遷入臺北新建築之前的故宮及中央兩院運出大陸的至精之品）、東京國立博物館、倫敦大英博物館、巴黎吉美博物館……不用説美國紐約大都會博物館、波士頓美術館及堪薩斯城的納爾遜博物館。我的老伴程華寶女士以研究英國文學在美國畢業，能操法語及德語。我們周遊歐、亞，結識了各地的同道，從館長、主任到職員，在攝影及選取時，都得到充分的合作。這些經驗與見識，就是楊老極有興趣的題材。而我對於楊老的閱歷、交遊、研究及心得更是久仰，居然抵掌高談，真是夢寐求之的機會！

轉瞬就是一九八一年春。聽到楊老在一九五二年被派到長春處理溥儀僞宮流散文物的故事（開始了他輝煌的東北事業），我同老伴先從北京到長春，憑吊清代亡國之君的最後的“皇宮”。然後在五月十五日平生初次來到瀋陽，拜訪楊老。那天火車在晚九時才到，住進瀋陽賓館，楊老（遼寧省博物館館長）同保管部的張彥儒主任來迎，細談幾日內節目。第二天清早八點半我們（包括故宮博物院副院長楊伯達，因爲那時我正同他合作編寫英文《北京故宮博物院》一書）就到楊老的大本營來參觀。一共三層展覽室，由王海萍同志解説，這就是一整天。次日楊老爲我們安排去看瀋陽的“故宮博物院”、清朝始祖皇太極的北陵、努爾哈赤的東陵，使我親歷大清開國人物的遺迹。但是最精彩的節目在第三天，從晨九點半起，楊老親自展示館中的國寶，而且講解自己的觀點。這是我一生難忘的特級教程，祇要提到其中的幾件，就能體味到我那時的興奮、感激。唐周昉《簪花仕女圖》卷、五代董源《夏景山口待渡圖》卷、宋徽宗趙佶《瑞鶴圖》卷及法書名迹如唐歐陽詢行書《仲尼夢奠帖》卷、張旭《草書古詩四帖》卷真是入了寶山！我幼年酷愛“細雨騎驢入劍門”的宋陸放翁（游）詩，這次瞻仰了他的《行書自作詩》卷，不覺有飄飄欲仙之感！尤其是忽然面臨一九七四年葉茂臺遼墓出土的《深山會棋圖》及《竹雀雙兔圖》兩軸時，楊老談到怎樣地化“零”（零碎）爲“整”（完整如新），像魔術般地出現了研究中國繪畫史的兩座里程碑！

這還不説，當晚楊老請我們到瀋陽大戲院看京劇《一代巾幗》（即穆桂英大破天門陣）。次日又安排了我們的千山遊。可惜徑窄人多，摩肩接踵，而山上龍泉寺及無量觀中的偶像都是劫後新添的粗貨，使我更懷戀飽觀書畫國寶的那一整天。寫至此處，不禁涌出向楊老的致敬與感謝！

此後我每年回國到北京時，若碰到楊老也在，必會相約一談。一九八五年五月，紐約大都會博物館爲了慶祝顧洛阜John M.Crawford.Jr.（注二）捐贈其世界聞名的中國書畫收藏，舉行盛大展覽及兩天的學術討論會，而且邀請了好幾位國內的專家參加。當時到場的有徐邦達、謝稚柳、楊伯達及楊老。我乘機同大都會亞洲部門的姜斐德（Freda Murck）女士商量：這四位有沒有時間及興趣來舍下賜教？巧得很，在紐約會畢，準備前往波士頓美術館的旅程中，正有一個星期末，而我的居所又恰好順路，於是老友王季遷（注三）及少友黃君實（注四）也參加了這個特殊的

（注二）顧洛阜(John M.Crawford.Jr.)（1913—1988）美國著名古書畫收藏家。

（注三）王己千（1907—2003）又名季遷、季銓，著名旅美書畫家、收藏家、古物鑒定家。

（注四）黃君實（1934年生），著名學者、書法家、收藏家。

旅行團，在五月二十五日下午光臨寒舍：紐約北四百五十公里新漢普沙州萊姆（Lyme，N.H.）小鎮的半山上，我同老伴自己設計監修的"萊溪居"。這真是窮鄉僻野，但頗有林泉之勝，而且守藏着我高祖松禪老人翁同龢（注五）一生所收而又傳到我手的書畫文獻古籍。當然比不上各大博物館的偉大收藏，但也有別處看不到的古人墨迹。一時陋室中"談笑有鴻儒"，而我在這種高談闊論的場合中，看到了楊老性格中的另一面：那就是避免無謂的爭執。他既能在志同道合時豪爽地發揮己見，亦能在別人鋒芒畢露時溫和沉默。在我後來畫的《萊溪雅集圖》裏，就企圖能表現一些楊老爲人謙慎的風度。

（圖二）

四年一瞬，一九八九年九月七日，遼寧博物館的新館開幕。群賢畢至，次晨就是學術報告會，下午看到新發掘的紅山文化女神頭像。九月九日九時半，排到我講《陳洪綬——亦真亦奇》長篇論文。結束時楊老大加讚許，而且聽衆中上海人民美術出版社的龔繼先編輯挺身而出，上講臺來對我說："您把這題目寫成書，上海人美給您出版！"當日下午三點，楊老到館中保管處請職員取出館藏陳洪綬書畫，容我過目。在大會百忙之中，對我如此照應及鼓勵，真是熱誠扶持學術研究的表現！九年之後，這演説稿變成了三大冊圖文兼重的《陳洪綬》，上海人民美術出版社出品，榮獲一九九八年中國圖書獎。這不能不歸功於楊老給我演説的機會！

二零零五年六月二十一日我帶着兒子以學全家三口來遊瀋陽，我們專程到博物館拜訪楊老。他仍然紅光滿面，談笑風生。我又得機會到地下室觀賞幾件古書畫；中午，楊老及董寶厚先生等在都市綠洲飯店賜以酒食，觸杯互祝幾乎聲震屋瓦。下午我們瀏覽別處看不到的遼瓷展覽（注六），而晚間楊老及館中同仁又帶我們到"中國城"吃火鍋。蒸蒸的熟食，歡樂與熱鬧，都比不上舊雨新交的熱情。但是這是我最後一次見到楊老。

楊老（筆名易木），號沐雨翁，生於一九一五年，比我長三歲。二零零八年初，仁愷兄與世長辭。據我了解，他幼年家境貧寒，就讀高中理科後就自力謀生、研究，一直達到了國內書畫鑒定、古物保存、博物館界最高的境界。而言及學歷時，則笑稱"琉璃廠大學"畢業。這一點我雖然成就有限，但不免發生共鳴：自從電機工程取得碩士後，便立志改行，從事中國文史美術研究，也是完全自學，在同行間以"三人行大學"畢業爲辭。見孔子所説："三人行，必有我師焉。"仁愷兄就是我擇善而從的一位老師！

遠離塵囂的萊溪居，嚴冬已逝。受趙胥先生之囑，略述前塵夢影，以伸敬仰之忱。

（翁萬戈　著名學者、文物鑒賞家、收藏家）

（注五）翁同龢（1830—1904）江蘇常熟人，字叔平，號松禪，別署均齋、瓶笙、瓶廬居士、弁眉居士等，中國近代史上著名政治家、書法家、學者。

（圖二）楊老等在萊溪翁萬戈先生寓所合照。前排：謝稚柳（右）、徐邦達（左）；後排：楊仁愷（右一）、楊伯達（右二）、黃君實（右三）、王己千（右四）、翁萬戈（右五）

（注六）遼瓷，遼代的陶瓷器。黑龍江、吉林、遼寧、內蒙古及河北等地都曾有發現。遼代瓷器以白瓷和彩色釉陶（即"遼三彩"）爲主，處於唐、宋瓷器的過渡階段。遼瓷的部份器形帶有契丹民族的特色。遼瓷爲遼寧省博物館特色收藏之一，所收藏的遼瓷精品爲全國之最。

毋意 毋必 毋困 毋我

—— 懷念楊仁愷先生

歐　初

　　提起筆來，楊仁愷先生等老一輩文物典籍專家的種種往事次第浮上心頭。一九八三年八月三十一日在北京重新成立的中國古代書畫鑒定組，由謝稚柳任組長，啓功、徐邦達、楊仁愷、劉九庵、傅熹年、謝辰生等爲組員。前六位都是名重一時的古書畫鑒定名家，謝辰生爲鑒定組的策劃人。

　　從那時起，鑒定組成員歷時八年，行程數萬里，共鑒定古代書畫八萬余件，編成鉅著《中國古代書畫目録》，留下了獨一無二、珍貴異常的中國古代書畫檔案。包括更早期領導其事的張珩先生在内，這個群體多年來辛勤無私的奉獻精神及其不朽業績，應在歷史上重重地記上一筆。

　　鑒定組成員中，多位是我的良師益友。每當想起當年與之共同談詩論藝、鑒賞書畫的情景，重溫他們精妙的題簽跋語，重讀他們有關文史、書畫方面的雄章鉅構，我總覺如沐春風，如飲甘露。鑒定組諸公來粵工作之余，每作名勝之遊，對嶺南風物鄉土人情屢有高論。我當時因公務繁忙，未能一一陪同，誠屬憾事。

　　楊仁愷先生爲鑒定組主要成員之一，與我相交數十載。一九八零年十月，我得悉楊老在北京，特拜托蘇庚春先生往京代爲問候，并携拙藏《鄭谷口隸書麻姑傳》請楊老題跋。此卷原爲北平許修直舊藏，許氏所藏書畫、碑帖、硯臺頗豐。楊老鑒《麻姑傳》卷後大加讚嘆，并於十月十九日在榮寶齋爲該卷題跋，稱"隸法至清初一變，鄭谷口居首創之功，愚見清人隸法遠勝有明一代"，并告蘇庚春"許修直所藏舊帖，每有不靈"。

　　一九八五年九月我因公往東北開會，曾趨瀋陽楊府拜候，未見其有古畫收藏，祇觀賞日本複製之《懷素自叙帖》及《快雪時晴帖》。楊老對兩帖細加剖析，我很受啓發。當天我們一同參觀文物商店，所見文物平平。十三日楊老邀我作客遼寧省博物館，他知我爲石濤、八大迷，故從兩人作品各選其一共同品鑒。石濤之渾厚華滋與八大之筆簡意豐故使人折服，鑒賞到祝枝山蠅頭小楷手卷《東坡記游》更爲難得。祝爲明長洲（今蘇州市）人，小楷嚴謹渾樸，有鍾王筆意。我告訴楊老，祝官廣東興寧知縣時曾手書《正德興寧志》四卷。該手稿現存蘇州市博物館，我存該手稿之複印本，可供鑒賞。

(圖一)

　　楊老一九八九年八月贈我《沐雨樓書畫論稿》，書中包括先生搜集的第一手
資料、研究考證存世古書畫後寫就的《我國民族繪畫藝術現實傳統試探》、《我
國隋唐五代書法藝術歷史演進軌迹》、《中國明代繪畫藝術述略》等理論性文
章，還就書畫研究中一些有争議的問題，如文人畫與書畫同源問題、周昉《簪花
仕女圖》之認識問題進行研究、探討、考辨，提出了精湛的見解。該書洋洋灑灑
三十七萬言，内容充實，立論精辟，每讀之不忍釋卷。

　　一九八八年十月至一九八九年一月，中國古代書畫鑒定組來粤，除爲廣東博
物館、廣州美術館鑒定書畫，還對一些私人收藏進行鑒定。其時主持者爲啓功、
謝稚柳、徐邦達、劉九庵、蘇庚春等，吳南生、楊之光與我多次陪同。鑒定地點
多在省博物館、廣州美術館，偶爾也會到我們幾人家中。鑒定組不僅辨别收藏真
僞、評定等級，還著意培養中青年專業人員，使得文博事業有人後繼。我歷來酷
愛中國傳統藝術，有機會現場旁聽諸公論述，如入課堂，見識大增。其時廣州收
藏家黄詠雩藏沈周所作鉅幅中堂《鵝》，然而真贋未斷。我代其送謝、楊等鑒審
後，確認既真且精。藏主獲知鑒定結果，自是無限歡欣。

　　一九八八年十二月，謝稚柳、楊仁愷諸位往順德博物館鑒定書畫。此地孕育
出黎二樵、蘇六朋、蘇仁山等出色畫家，但以往因山川阻隔，鮮爲世人所知。黎
二樵的山水畫作，有人説迫近石濤，其詩文亦佳，有《七十二峰詩集》等傳世。
蘇六朋宗法宋元以來諸家，并學黄慎之簡率寫意，筆下多爲貧民生活和市井風
俗。蘇仁山極有天份，其人物不假渲染，以筆之輕重爲陰陽，塑造出誇張、奇異
的形象。謝、楊諸位此行，正有意發掘、弘揚嶺南文化，對順德三畫家評價甚
高。我告訴他們，當年人民美術出版社邵宇社長擬出版蘇仁山人物集，終因"文
革"而未果。

　　一九八八年十月十六日，我往賓館探望楊仁愷先生，時擔任文物出版社負責
人的王冶秋遺孀高履芳女士也在座。高女士云："國家文物局在一九六二年即

已成立古代書畫鑒定組，由張珩、啓功、謝稚柳等三人組成，對京、津、滬等地古書畫萬餘軸進行鑒定，但一九六六年因‘文革’被迫停止工作。”高女士一九八三年建議謝稚柳向中央寫信，遂使中國古代書畫鑒定組得以重新建立。

同年十月二十三日，爲答謝文化藝術界對廣州詩社多年來的支持，我特邀請謝稚柳、啓功、楊仁愷、劉九庵、高履芳諸位小叙。席間衆人逸興遄飛，暢談唐代慧能開南禪宗風、張九齡開創“張曲江體”詩風；明之陳獻章、湛若水獨立門户，一掃宋學拘泥守矩之陋習；近代黃遵憲倡詩界革命，高劍父、高奇峰、陳樹人創嶺南畫派。件件均説明，嶺南曾爲中華文化發展作出卓越貢獻。席間還有人提出可否借助特異功能勘探南越王墓，我告之有人設想過，但無結果。

第二代南越王墓一九八三年在廣州發現，一九八七年我邀請香港饒宗頤先生視察建設中的西漢南越王墓博物館。墓内出土一件錯金虎節銘文，共有五字。前四字爲“王命命車”，第五字左邊爲“馬”，右邊分三部分，從上到下分別爲“二”、“木”、“土”，一時無人辨認出來。饒老初步考據後認爲是“徒”字，一九八七年六月又專函復我，附《南越王墓錯金虎節銘文考證》一文，認爲該字左“馬”右“土”，與“牝牡”的“牡”同音，亦即“馬”字。饒老建議我向友人求證，我遂將饒文送《廣州日報》發表，同時將文章與信件轉給謝稚柳、楊仁愷兩先生。

一九九六年冬，蒙楊老親贈所著《國寶沉浮録》一書，無限雀躍。民初溥儀自清宫盜出書畫一千二百餘件，這批國寶的聚散沉浮是我國文化史上一件大事，數十年來一直爲國人所關切。對文物典籍遭劫，楊老無比痛心，立志以“九朽一罷”的精神，系統梳理這批國寶的藝術、歷史價值，積三十餘寒暑之功，成此鴻篇鉅構。這是一部非常重要的史料性、學術性記述，相信將傳之久遠。

一九九六年十一月一日，楊先生來廣州探望老朋友，我與關山月到賓館拜候。我携所藏查士標《臨東坡墨迹卷》、洪亮吉篆書《桃花源記》、董其昌《谿山邨舍圖卷》、錢載《墨蘭卷》、金俊明《墨梅精品册》、劉墉《楷草真蹟》及王二痴《山水册》等，請楊鑒賞，得其大加讚嘆，遂留下請其賜題。

次日我再訪楊老，暢談文物收藏故事。容庚先生在北大任教時，以八千元購入戴進畫作手卷。謝稚柳先生曾告訴我，該卷實爲明人所作，後商賈補戴進款以求高價。謝不想容因受騙而不悦，故題跋刻意作婉轉之語。楊老告訴我，他認爲該卷確爲戴進手迹。謝再次考鑒後，確認該卷爲戴進早年之作，真而且精。此次見面，我倆還回顧廣州美術館館藏《文與可墨竹圖》的往事。“文革”前朱光市長欲觀此畫而未得，一九八二年我主持莫元瓚先生捐贈此畫儀式，隨後著廣州美術館館長謝文勇赴京請求謝稚柳、徐邦達、楊仁愷等鑒定。楊認爲確是宋本，但比之臺灣所藏之文與可墨竹圖較弱，故未必是文與可原作。稍後徐邦達先生來函云："文畫我意爲眞迹，但不確爲宋本而已，"并云："此畫應增入你館藏畫集中，增光不少也。"楊老後來經再次研究，終於同意徐老看法。可見楊老雖對學術問題常有獨到見解，但堅持"知之爲知之，不知爲不知，是知也"的原則，能接受別人的正確意見而不固執己見。《文與可墨竹圖》經重新裝池，成爲廣州美術館鎮館之寶。

十二月四日楊老離穗，我前往送行。日前送題諸件均已題就，其中稱董卷"韻味雋永，早年之作已具大家風範，爲華亭開宗立派理有固然"，對查士標卷則讚同啓功先生"在明人吳寬之上"的評價，這些均非隨意寫下的泛泛之語。楊老對前賢及同輩題跋十分尊重，不隨便標新立異，從在他爲拙藏錢載《墨蘭卷》等題跋中便可看出。

一九九八年十二月二十三日，喜與楊老相會於大連。香港梁潔華女士在彼處開畫展，楊與我倆均受邀而來，除與衆人一起參觀、活動，我們還討論了康有爲書法詩詞及對康著《廣藝舟雙楫》的讀後感。

回想與楊老數十年的交往，進一步感受到他們幾位對文博事業的極大貢獻。故宮博物院、上海博物館、遼寧省博物館爲當代我國三大藝術藏品寶殿，過去、現在、未來在中國文化事業上所起的獨特作用無與倫比。三大博物館有此地位固有多種歷史緣由，但如啓功、徐邦達之於故宮，謝稚柳之於上博，楊仁愷之於遼博，爲字畫鑒定辨眞贗、別優劣付出難以估量的心血。他們對全國文博事業同樣作出卓越貢獻，個人對此十分敬仰。諸公在多個領域各有不同成就，早爲世人認同。他們的一些書畫鑒定學大作，已成傳世經典。

楊老一九五零年即受聘爲東北人民政府文化部文物處研究員，此後數十年一直心係遼博，心係文物典籍，直至生命最後一刻。他重病期間，醫生勸其留京就醫，他仍執意回瀋陽，以圖完成其未竟之事業。斯人遠去，風範長存。楊老待人謙遜隨和，治學辛勤嚴謹，爲人達到如《論語》所云"毋意、毋必、毋困、毋我"的境界，值得我們永遠緬懷學習。

（歐初　原中共廣州市委書記、著名收藏家）

懷楊老

陳佩秋

回憶楊老仁愷先生，讓人想起與他交往的種種往事。

壯暮翁謝稚柳生前與楊老是幾十年的朋友。自上世紀五十年代起，於書畫鑒定、博物館工作方面，兩人便多有往還。一九八三年至一九八九年間，楊老與謝稚柳又一同參加全國古代書畫鑒定小組，每年至少有半年時間赴各地從事巡回鑒定工作。一九八八年，鄭重先生寫《謝稚柳繫年録》，楊老爲之作序。

（圖一）

一九九七年三月，謝稚柳病重住院，楊老專程到上海探望。當年六月一日，謝稚柳去世，楊老當時也八十多歲高齡了，聽聞消息後即從瀋陽趕到上海家中吊唁并參加追悼會，幾十年的交情，於此可見一斑。

我與楊老，亦是數十年的友誼。一九八六年，楊老爲編書到西北敦煌考察，剛好我也要去敦煌看壁畫，於是大家就在敦煌會合。我在敦煌停留了三個星期，有一個星期幾乎天天與楊老一起對各洞窟的壁畫進行詳細的考察。記得有一年到遼博，我想看《夏景山口待渡圖》，楊老親自陪我到庫房將畫拿到休息室，放

（圖二）

在茶几上讓我坐着一段一段展開，慢慢地研究，這樣才讓我看清楚畫上的每一種用筆的不同，以及拖尾上的每個題跋。後來在遼博召開學術研討會，我與楊老雖然在學術上各自發表自己的意見，但我們相互間仍然十分的尊重。記得當年楊老

（圖三）

與謝稚柳也在學術上有過不同的意見，但他們也還是彼此非常的尊重，交情絲毫不減。還有幾次我到瀋陽，每次也都是楊老來招呼，暢敘甚歡。二零零二年上海晉唐宋元書畫國寶展，零五年上海書畫經典展，楊老都專程趕來上海參加活動，我們彼此相見，都頗感欣慰。我與楊老最後一次見面應是在二零零六年三月，楊老來上海出席"中日書法國際學術研討會"，期間楊老與友人一起來家中相見，談論書畫，記憶猶新。

楊老的一生，爲國家、爲遼博作了許許多多的重大貢獻，使遼博在全國博物館事業中首屈一指。他的仁厚，也一直爲人所稱道。如今楊老仙逝已兩年多，前事不忘，寫幾句話，懷念楊老。

（陳佩秋　著名書畫家、鑒賞家、上海大學美術學院兼職教授、上海中國畫院畫師）

（圖三）《幽蘭飄香》圖，楊仁愷先生與陳佩秋先生合作完成。

雲鶴其姿　松筠其品

—— 我所認識的楊仁愷先生

馮其庸

　　我與楊老相識已經數十年了。在我的認識裏，楊老不僅僅是一位聞名遐邇的大鑒定家，更是一位大學者、大研究家，是一位德高望重的先輩，是學界的典範。

一

　　要說楊老對國家和人民的貢獻，我這支拙筆是說不盡的，我仍然衹能說說我心目中的楊老。

　　我一想到我對楊老的認識，第一感覺，楊老就是一位讀書人，是書生，是大學者，是研究家。

　　過去我曾寫過一篇文章，一開頭也是這句話，這回我想換一個說法，但想了好幾天，總是離不開這個第一印象，可見他在我心目中的學者地位是不可更改的。

　　我爲什麼會有這牢固的認識？那是楊老等身的著作給我逐年造成的，不是憑空一時產生的。

（圖一）

（圖一）唐周昉《簪花仕女圖》（局部）

　　我讀他對唐《簪花仕女圖》的一系列文章，我純粹是把它當作最有深度的文學文章來讀的，我衹注意他論證一個問題所用的大量史料和他的思辨方法。一句話，我以"唯物"和"辯證"兩個方面來衡量楊老的《簪花仕女圖》的論文和其他所有的文章。

　　一篇《簪花仕女圖》的論文，楊老運用了多少重要的史料，從社會的政治歷

37

史背景、經濟背景、社會風俗、婦女的裝飾、裝飾品的工藝水平、製作原料、服飾和衣料的品名，以及這些服飾衣料生産的工藝，直到畫眉，髮髻的式樣，臉上的傅粉，以及插鬢的花朵，豢養的寵物珍禽，甚至花開的季節和服飾的節令，畫工的手法，敷彩的時代性等等等等，還有畫家所用的絹素，畫件的裝裱等所有畫上出現的問題，楊老無不作詳盡的考論，而且事事有證，詳引史實以爲論據。我讀這篇論文，使我閉目如置身於中唐貞元社會之中。我真敬佩楊老如此的博識多能，然而在這背後是楊老的博覽群書，楊老的博學、苦學。

讀這篇文章，還引起我的回憶，前些年我在讀《全唐詩》時，發現了貞元詩人王涯的《宮詞》："白雪猧兒拂地行，慣眠紅毯不曾驚。深宮更有何人到，祇曉金階吠晚螢。"王涯的另一首《宮詞》："一叢高髻綠雲光，官樣輕輕淡淡黄。爲看九天公主貴，外邊争學内家裝。"王涯是貞元中進士，他寫的《宮詞》當然是紀實，那末詩裏的"白雪猧兒"和"一叢高髻"無疑是對《簪花仕女圖》的最好的注脚，也是楊老貞元論的第一手有力證據。另外，我還想到我曾在西安的長安縣住過一年，我是秋天去第二年夏天回來的，我初以爲陝西是西北地區，一定很冷，没想到它的氣候竟與江南一樣，它的緯度與我老家無錫是同一個緯度，所以一過春節，就春暖花開，到三月初上巳節，仕女皆競穿單衫遊春，而辛夷花（鄉人稱紫玉蘭）也已怒放。無怪身居輞川的王維有辛夷塢詩，可見這裏的辛夷是很普遍的。我無錫老家的隔墻就有一棵辛夷，花開時如紫雲，所以我在北京現在的居處，也種植兩棵辛夷，兩棵白玉蘭，不過每年花開季節要比老家晚一個多月。由此可看，討論《簪花圖》辛夷的季節和圖中人穿單衫的問題，實際上也不成問題，從而更證實了楊老論斷之正確。

二

我讀楊老《試論魏晉書法和王羲之父子風貌》、《隋唐五代書法藝術演進軌迹》、《晉人曹娥碑墨迹泛考》、《唐歐陽詢〈仲尼夢奠帖〉的流傳、真贋和年

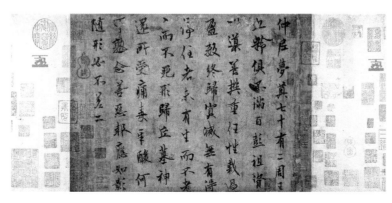

（圖二）

（圖二）唐歐陽詢《仲尼夢奠帖》（局部）

代考》、《唐張旭的書風和他的〈古詩四帖〉》、《關於〈史可法書札〉的考識及其

他》等論文，也深深感到楊老立論，首要歷史證據，而其方法是用辯證的方法，普遍聯係相關的事物，作縝密而切實的歷史的分析。這樣的分析不僅有根有據，而且鞭辟入裏，具有極强的説服力。例如他提出魏晉時期是書法的重要演變時期，演變是從東漢後期逐漸開始的，他還指出真書是從西漢時就逐漸開始的，他列舉了不少出土汗簡的例子。對此我深有同識。我認爲實際上在漢隸裏就包孕着真書的結構因素，這從長沙馬王堆出土的帛書，敦煌馬圈灣出土的木簡、簡牘、觚、封檢，西漢《王杖詔令》册，東漢《居延令移甲渠吏遷補牒》册、《居延都尉府奉例》册、樓蘭出土的殘紙、木簡等都可以看得出來。恰好最近有朋友寄給我一件東漢的石刻銘文拓片，其書體已經全無隸書的筆意，基本上是真書，寄拓片的朋友還告訴我，有朋友也提出了西漢已有真書化的問題。我對此并不覺得奇怪，并且與我上面所舉的衆多例證是能相一致的，這些我覺得都能佐證楊老的論斷。楊老還説到章草也是從漢隸中演化出來的，并舉出羅布淖爾出土的西漢成帝時期的律令從事、醇酒、薄土三枚木簡爲例，我認爲楊老的見解是完全可信的。我還可舉出一九九三年江蘇連雲港尹灣村西漢墓出土的木牘和竹簡，竹簡是一篇基本完整的《神烏傅（賦）》。行筆很快，寫得較草，已經具有明顯的章草筆意。

從楊老對中國書法演變的論述裏，我體會到了中國書法的發展過程是一個漸變的過程（注一）。從宏觀來説，是時代分明、階段分明，（古籀）、小篆、隸書、楷書（真書）、行草，各有其流行的主要時代，但是從微觀來説，各種字體的產生發展變化，都各有其萌生、成長到成熟流行的過程，也即是漸變的過程，各種字體并不是截然終止也并不是突然產生的。古籀裏邊就包含有小篆的部分，小篆裏也蘊含有隸書的某些法則，而章草又是從隸書中衍化出來，真書也是從隸書中化生出來的，盡管其歷程較長，但衍化的軌迹還是清楚的。我國魏晉時期正是書體發生重大變革的時期，所以在同一時期，諸體并存是一種真實的歷史現象，并不存在什麼奇怪，魏晉時期更是如此。王羲之所以成爲一代書聖，從時代來説，就是處在這個書體由舊向新轉變的時期，而他的真行草，都能領時代之新，繼傳統之醇。所以他就成爲推陳出新的典範。至於在同一個時代裏，并存着幾種書體這是毫不奇怪的，例如當真書流行的時代，又流行着行草，這有什麼奇怪呢？現在能見到的傳爲王羲之的書法，不是真、行、草都有嗎？至於隸書盛行的時代，仍有篆書存在，這也是同樣的道理，有時爲了特殊的文體，爲了求古，特意寫較古的篆書甚至金文，所以往往碑額是篆書，而碑文是真書或隸書，這是常見的現象。這種書法史上特殊交錯復雜的現象，楊老在他的多篇重要論文裏，都有精辟的論析，解人之惑、釋人之疑。

楊老的這些文章，都是高水平的學術論文，當然從書法史、美術史的角度看，它又分別是書法史和美術史的專題論文，從鑒定學的角度看，它當然更是鑒定學的專論。

（注一）秦始皇時代的書同文，是一種文字改革，也有突變的意義，但從大篆簡化成小篆，小篆又往往是從大篆中衍化出來，如石鼓文的"𤫊"，被簡化成"㠯"，實際上是取大篆的一部分，所以從這一點來説，它又是漸變。

三

在這樣深厚的學術基礎和實踐基礎上，楊老花了極大的精力，寫出了他的《中國書畫鑒定學稿》一書，計六十萬字，圖片數百幅。

我國的書畫鑒定，是有悠久的歷史傳統的，最早大約可以上溯到兩晉六朝。但是千餘年來，祇有著錄和簡略的品評，沒有詳盡的論證。因爲以往的鑒定，主要是靠目驗和有關的著錄題跋，沒有更進一步的科學論證，更沒有近現代的科學手段，所以也沒有一部專講書畫鑒定的專書，盡管歷代著名的鑒家輩出，但卻無這方面的專著問世。直至上世紀中期，才有張珩（注二）先生的《怎樣鑒定書畫》一書問世。張珩先生是舉世公認的大鑒定家，他在鑒定古書畫方面的權威性是公認的，可惜不幸早逝，這部書是他的一次講演錄，而且還是他去世後經老友整理的。所以從篇幅來説祇是一部小冊子，但從質量來説無疑是他畢生珍貴經驗的總結。然而畢竟被過小的篇幅所限制，不能盡其能述。到了上世紀八十年代，又有徐邦達先生的《古書畫鑒定概論》出版。徐老是書畫鑒定的大家，衆所公認，本書文字十多萬，附圖百幅，比張珩先生的書大大擴充了，可以説是書畫鑒定學方面的一大躍進。到了上世紀最後一年的一月，楊仁愷先生的《中國書畫鑒定學稿》出版，全書約六十萬字，附圖數百幅，成爲鑒定學方面的皇皇鉅著。凡鑒定學方面的有關問題，如時代、風格、流派、款識、著錄、題記、印鑒、裝裱、流傳、收藏、真僞等等，無不詳細論述，結合插圖，讀者更覺親切，如同耳聞目見。這無疑是書畫鑒定方面的一部帶有階段性的鉅著。

中國的古代書畫鑒定已經傳承了千餘年，從古人到今人，積累了大量豐富的經驗，可惜一直沒有系統地整理并加以科學化、理論化。幸而由張珩先生開頭，中經徐邦達先生的擴大，到楊仁愷先生總其大成，并定名爲"鑒定學"，這是一個劃時代的飛躍。

把中國的古書畫鑒定作爲一門"學科"來看待，來建設，這是完全符合這門"學科"的實際的：一是它已經具有了千餘年的傳承歷史，古代和當代的許多鑒定專家都積累了豐富的文化歷史知識和鑒定經驗，"鑒定學"的建立，是對古代和當代許多鑒定家的成就、學識和經驗的肯定和綜合，并非祇是個人的成績。二是我國具有如此悠久的歷史文化，需要鑒定的書畫還有很多，也包括其他文物，都需要鑒定。當然其他文物方面的鑒定也會具有積極的意義。三是"鑒定學"這個"學科"建立後，還會不斷提高，不斷地更加科學化，隨着時代的發展，可能還會有更先進的技術手段。所以"鑒定學"這門學科也會繼續有所發展。

因此，我認爲楊老提出"鑒定學"這個概念，寫出具有豐富的鑒定經驗和深刻理論的專著，這是對我國文化建設的一項重要貢獻，更是對文博事業的一項重要建樹。

（注二）張珩(1915—1963)，字蔥玉，別署希逸。著名書畫鑒定家、收藏家。開創了科學的鑒定路子，成爲全國著名的中國書畫鑒定專家。一生鑒定書畫以萬計。

四

　　楊老的另一重大貢獻是他的《國寶沉浮録》。《國寶沉浮録》是一部專門記載辛亥革命勝利後末代皇帝溥儀從故宮盜取書畫珍寶的書。溥儀利用他當時的特殊條件，盜取了故宮所藏的大批書畫珍寶，後又勾結日本帝國主義成立偽滿洲國，背叛祖國，背叛民族。溥儀又將他盜取的大批珍寶憑借日本帝國主義的勢力從天津運抵長春偽皇宮。抗戰勝利，日寇投降，溥儀又挾寶潛逃，被我繳獲。但大部分留在偽宮小白樓裏的大批書畫珍寶，被偽滿洲國看守士兵哄搶争奪以致撕毁和流散，造成中國歷史上最近最重的一次書畫珍寶的大劫。

　　楊老一向關心溥儀盜寶這件大事，想弄清楚此事的來龍去脉，并想盡可能地搶救這批國寶，恰好五十年代初，楊老由政府派往東北調查清理徵集這批流散國寶，因而對這次小白樓事件及溥儀盜寶的前前後後有了最深刻的了解并親自接觸掌握了第一手資料。在這個過程中，楊老還爲國家搶救了上千件文物，著名的《清明上河圖》就是他在倉庫的雜品中發現的，原先被作爲北宋張擇端《清明上

（圖三）

河圖》真迹的恰恰是一件後人的畫本，經楊老發現真本後，才將這件國寶從雜品冷庫中選拔出來重放光彩。楊老還兩次在榮寶齋遇到一位從東北來的青年，拿着一包古書畫的殘卷碎片來賣。楊老竟從殘卷中認出米芾《苕溪詩》卷真迹來，從而使這件國寶得以遇救，同時被搶救的還有幾十件，國寶巧遇"國眼"，劫中遇救，一時傳爲佳話。

　　楊老的《國寶沉浮録》，詳詳細細地記載了從溥儀故宮盜寶偷運天津張園，到溥儀本人依靠日本人力量從天津逃至長春，甘當"兒皇帝"，又借日寇之力將國寶運抵偽宮，以及後來日寇投降溥儀潛逃被截，偽宮寶物哄搶流散，文物古董商人趁機發財，直到後來國寶部分回收等等，盡皆據實詳録。

　　不僅如此，更重要的是楊老以他卓越的書畫鑒定能力，對溥儀盜寶清單上的的國寶書畫盡量作了學術性的鑒定和考論，并附有大量的圖版，使這部書成爲可

讀性極強而專業水平又極深的好書，從而又使近代史上溥儀盜寶事件得到了最真實詳盡的記錄。

我國歷史上每逢大亂，必有書畫國寶的被毀和流失，但以往衹有簡略的記述，從未有如此詳實的專著。所以楊老這部書，又是我國文化藝術史、文博史上具有創造性的專著，發前人之所未發，作前人之所未作。

楊老另一部著作，就是一百多萬字的《沐雨樓文集》（注三），此書收錄了楊老有關書畫鑒定和藝術研究的大部分文章，是他鑒定每一件古書畫的專論。讀者可以從他文章中，看到楊老如何運用歷史唯物主義和辯證法來研究具體問題的，更可以看到楊老縝密的思辨和分析能力以及他淵博的學識。正是這一部文集，加上前述兩種專著，證明了楊老崇高的學人地位。

當然，這幾部名著，也同時證明了楊老是卓越的古書畫鑒定大家。

五

我們不能忘記，楊老還有《沐雨樓翰墨留真》（注四）， 這是楊老的書法集。從書法的角度看，楊老當然是當代的書法大家，集中的篆書"竹西"兩字何等功力！還有所臨漢篆，地地道道的漢篆風味，如無絕頂的功夫，決不能至此。而他的行草，筆法之嫻熟，風度之瀟灑，一任自然，好不着意而行雲流水，自然天成，令人欽敬不已。先師王瑗仲公曾云：

> 先生於書，初嗜蘇長公，喜西樓帖，後及石門頌，龍門二十品，復合漢碑晉帖爲一冶，凡數十年，所造益雄奇。

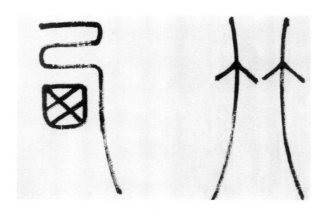

（圖四）

先師是大學問家、大詩人、大書法家，日本書法界稱他是當代的王羲之。可見先師之評，一字千金，不可動搖。

但是我讀楊老的書法，卻發現楊老的自書詩，不僅僅書法好，詩亦極好，令人讀之不厭。例如"夜色蒼茫訪古寺"（注五）一首，"前事不忘後事之師"（注六）一首，"結伴六十載"（注七）一首等等，都情真意深，令人難忘。

我與楊老相識數十年，多次與他在一起，每逢友人出卷軸請他題識，總是見他援筆立就，不假思索，有如宿構。而且并不是一次兩次，而是每次都如此。也

（注三）《沐雨樓文集》出版於一九九五年。

（注四）《沐雨樓翰墨留真》一九九九年十月由春风文艺出版社出版。此书是杨老第一部书法作品集。

（图四）篆书《竹西》

（注五）
夜色蒼茫访古寺，
圍墙樹影有無中。
廟門深鎖何岑寂，
異國情懷意更濃。

（注六）
前事不忘后事师，
憶民雁難有餘悲。
山河壯麗埋忠骨，
高處巍峨墮淚碑。

(注七)

不是觀款短跋，往往是洋洋灑灑的長文。有一次我拿出一卷清初的書法長卷，請他鑒定，他竟拿起筆來一口氣把後面長長的拖尾寫完，真是文不加點，一揮而就，不能不令人衷心折服。

我知道楊老還有其他著作，但我知之不詳，不敢妄説。

楊老這樣的大學問、大才氣，人們總想了解他是哪一個名牌大學畢業的？得到什麼學位？楊老卻很風趣地説他是琉璃廠大學畢業的。楊老的回答雖然風趣，卻是事實。楊老的學問是從實踐中得來的，是靠勤奮苦學得來的，當然他早年在重慶得識許多名家，如郭沫若、沈尹默、謝無量、金毓黻、馬衡等，以上諸位，都是名震遐邇的大家，豈能輕易見到，楊老卻在青年時期就得到他們的指點，真是人生一大幸！然而，若不是楊老的勤奮，若不是琉璃廠"大學"的實踐，豈能有今天的成就？所以"實踐出真知"這句話確是至理明言，不僅如此，我還認爲"實踐出真才"，出"幹才"。離開了實踐，一切知識都是空話，所以我一向認爲，人才是靠自我培養，自我造就的。從這一點説，楊老就是自我造就的一位大才！

楊老才大，學問大，眼界大，但是待人卻極謙和、毫無架子，遇之如春風，接之如冬陽，一切平平淡淡，一點也察覺不出他渾身是"大"，更察覺不出他是一位走遍世界的大學問家、大鑒定家。普天下的書畫國寶，不論是國內的或國外的，絕大部分都已經過他的法眼了，他胸中眼中藏有多少書畫國寶，恐怕除他自己而外，很難有人能估量。

也因此，我寫這篇短文，也祇是以蠡測海，最多不過是得其一勺而已！願意更多地了解楊老的人，還希望直接去讀他的書，因爲祇有觀滄海而後能知滄海之大，祇有登昆侖而後能知昆侖之高！

（馮其庸　中國文字博物館館長、原中國藝術研究院副院長、人民大學國學院名譽院長）

《國寶沉浮録》讀後

朱紹侯

在我案頭放着一部輝煌鉅著《國寶沉浮録》，這是楊仁愷先生以畢生的精力而打造的精品。由於楊先生長期在博物館工作，有機會接觸國寶及其《佚目》（注一），更由於楊先生孜孜不倦地研究，探尋國家的庋藏及散失情況，甚至周遊列國查找國寶的踪迹，才寫出了如此翔實的《國寶沉浮録》，給研究國寶、鑒賞國寶、探尋國寶者開辟了廣闊途徑。《國寶沉浮録》可謂功在當代，遺惠後人。

（圖一）

（圖二）

《國寶沉浮録》中所謂的"國寶"，特指法書名畫。所謂"沉浮録"特指故宮中庋藏書畫及散佚的歷史，這由本書原名爲《清宮散佚書畫見聞考略》（注二）可以得到證明。

由於所謂"國寶"特指法書名畫，故楊先生在追述國寶遭到毀損浩劫時，并沒有提到秦始皇焚書，董卓火燒洛陽宮及西遷長安沿途圖書的損失，也沒有提熹平石經（注三），正始石經（注四）的毀壞。楊先生共寫了中國歷史上七次書畫浩劫。第一次是梁元帝蕭繹在江陵失守時，火焚書畫二十四萬卷；第二次是隋煬帝將大量書畫精品運往江都，中途船只覆没，書畫大部分落水；第三次是秦王李世民將兩都書畫精品運回長安，中經三門峽時翻船，書畫被水淹没；第四次是武則天時，薛稷焚内庫書畫珍品；第五次是安史之亂，唐明皇奔蜀，内庫書畫被番兵搶劫；第六次是朱温叛唐，内庫珍品又一次遭劫；第七次是靖康之亂，金兵攻陷汴京，宮中法書名畫又被哄搶。以上七次浩劫，損失慘重。但楊先生指出，由於歷朝歷代都涌

（注一）《佚目》特指末代皇帝溥儀遜位以後用各種名義偷盜出來的法書名畫的總名録。

（注二）一九五零年楊仁愷先生受聘於東北人民政府文物處研究室研究員，開始接收并清查溥儀攜逃出來的散佚書畫，此項工作結束曾撰寫《一九五零年東北博物館溥儀書畫鑒定報告書》，後以此爲基礎，之後不斷充實材料，便寫成了《清宮散佚書畫見聞考略》。

（注三）熹平石經是中國製於石碑上最早的官定儒家經本，又稱"漢石經"。其文體爲一字隸書，故又稱"一字石經"。

（注四）正始石經是三國魏時刊刻的碑石經書，又名《石經》《三體石經》。刻製於正始二年。石經刻《尚書》《春秋》二書，用篆書、古文、隸文三種文體書寫成。北朝時遷移并損毀，現分別存於中國歷史博物館、河南博物館。

（圖一）《國寶沉浮録》彩圖典藏本

（圖二）熹平石經殘石拓片

現出一批著名書法繪畫大師，他們的新創精品又會填充內庫的庋藏，所以到明清時，皇宮庋藏法書繪畫的珍品仍很豐富。

楊先生在《國寶沉浮錄》中還指出，不僅各個朝代內庫在庋藏法書名畫時起了決定作用，而且歷代士大夫中的有膽有識之士，與國寶流傳、積累也有密切關係。而且楊先生敏銳地看出了內庫庋藏與私人鑒賞家的互補作用，這是一種超越公私關係的辯證認識論。楊先生說：“從歷史角度考察，有時內庫庋藏與私家的互相消長，而內庫收藏的基礎，是建築在私家收藏之上的。私家收藏由於換代或某種原因，又將內庫散佚出來的書畫搜集攏來，使之不至於因長期流落在無知者手中，得不到重視，而造成損毀之厄，又在一個特定時期重新流入內庫。”楊先生的論斷是完全符合歷史實際的，可以說是對歷史經驗的正確總結。由此可見，私人鑒賞家、收藏家對保護國寶流傳的積極作用是不容忽視的。

清朝至康乾時期，憑着皇帝對法書名畫的愛好及國家強盛統一的局面，宮中庋藏的書畫珍品比以前任何朝代都多，民間流傳的書畫名迹也先後集積於宮中。為了加強管理，在乾隆九年（一七四四年）二月至十年十月，進行了第一次書畫鑒定整理工作；乾隆五十六年（一七九一年）至五十八年，又進行了第二次書畫鑒定整理工作；嘉慶二十年（一八一五年）則進行了第三次鑒定整理工作。經過三次鑒定整理，對宮中所有書畫均登記編目，并加蓋皇帝璽鈐，編出《秘殿珠林初編》、《秘殿珠林石渠寶笈重編》、《秘殿珠林石渠寶笈三編》，記錄國寶目次便於檢索核實、考察。

清朝集中於宮中的珍品最多，但以後的損失也最為慘重。楊先生以極其沉痛的心情，記述了在外患內憂中的國寶多次重大且無法彌補的損失。如咸豐十年（一八六零年），英法聯軍攻陷北京大肆掠奪公私財物，故宮遭到洗劫，圓明園被付之一炬；光緒二十六年（一九零零年）八國聯軍再陷北京，百姓又遭到一次劫難，宮中的法書名畫也同時遭到厄運，藏於圓明園的宋人《爵士奕葉圖》等二百餘件，或遭焚毀，或被掠於國外。東晉大畫家顧愷之的《女史箴圖》（注五）（唐摹本）及傳世瑰寶韓滉的《五牛圖》（注六）也被搶走，流於國外，這些慘痛歷史，讀來令人扼腕。

（注五）《女史箴圖》，原作已佚，現存唐摹本，原十二段，因年代久遠，現存僅九段，紙本設色，一八六零年火燒圓明園後被掠奪流失海外，現存於大英博物館。

（注六）唐韓滉《五牛圖》是我國現存最早的紙本畫作。一九零零年，八國聯軍洗劫紫禁城，《五牛圖》被劫出國外，一九五零年初《五牛圖》在香港露面，在周恩來總理的批示下經多方交涉，最終將此圖購回祖國，現收藏於北京故宮博物院。

（圖三）東晉顧愷之《女史箴圖》（唐摹本局部）

（圖三）

清宮的國寶不僅毀於外患，內憂同樣令人氣憤。清末代皇帝溥儀在遜位的十一年間，利用"清室優待條件"，允許它保留"皇帝"名義可以居住紫禁城的機會，大肆竊取宮中財物，特別是對法書名畫珍貴國寶，監守自盜。他以賞賜其弟溥杰、溥佳的名義，盜出"大約一千多種手卷字畫，二百多種掛軸和冊頁，二百種上下的宋版書"，"盜出的字畫古籍都是出類拔萃精中取精的珍品"。"其中包括王羲之、王獻之父子的墨迹《曹娥碑》、《二謝帖》，還有鍾繇、僧懷素、歐陽詢、宋高宗、米芾、趙孟頫、董其昌等人的真迹。有司馬光《資治通鑒》的原稿。有唐王維的人物，宋馬遠、夏珪及馬麟等人畫的《長江萬里圖》，張擇端《清明上河圖》，還有閻立本、宋徽宗的作品；古版書籍方面，乾清宮西昭仁殿的全部宋版、明版書的珍本"。以上所記僅是"賞溥杰單"中所記載的實物，不見記載的不知道還有多少？這些被溥儀盜出去的國寶，後來都偷運至天津，其中一小部分被變賣維持日常開銷，絕大部分都運至長春偽皇宮，在一九四五年八月日本投降，偽滿洲國垮臺後，這批國寶又接二連三地遭到浩劫，第一次是溥儀從皇宮逃走時携帶的一百二十餘件書畫珍品至通化大栗子溝，當時隨從人員很多，偽滿貨幣已經不管用，為維持生活，溥儀將一部分書畫賣給當地士紳、地主，其中包括題名唐韓幹所作《神駿圖》、元趙孟頫的《水村圖》、南宋趙伯駒《蓮舟新月圖》等名畫。在大栗子溝溥儀沒有出賣的大部分國寶，在他投降後已上交中國人民解放軍，并轉東北博物館收藏。

　　第二次浩劫是小白樓風波。溥儀偷運至長春的一千多種書畫珍寶，全部存放在偽皇宮小白樓內。在溥儀逃走後，小白樓由偽滿"國兵"看守。初時偽"國兵"并不知道小白樓內

存放的是什麼東西，當得知是書畫時，先是個別人偷盜，後來大家都知道時，就開始群眾性的哄搶，有的一幅畫被撕成幾段，有的全部撕毀。楊先生在寫到此處時，發出令人撕心裂肺的痛苦心聲。他不斷驚嘆"令人痛惜"、"亦屬憾事"。特別是在寫《長春偽宮小白樓風波》最後一段小結時，完全表達了他痛苦的心情。他說："原藏於長春偽宮小白樓的歷代法書名畫，在很短的時間內，經過值勤的'國兵'的一番爭奪洗劫，剩下滿樓空箱空匣和散在各個角落的花綾包袱，凌亂之景，無法言喻。上面所列舉者祇是犖犖大者，與實際毀損數字自然有很大的差距，已足以使人驚心動魄了！歷史上除去六朝梁承聖三年蕭繹的火焚法書名畫，隋大業十二年和唐初武德二年黃河運載遭落水之厄外，此次的浩劫，可算是

歷史上屈指可數的第四次大災禍！"

第三次浩劫是從小白樓搶出的十餘件書畫珍品，被一村婦投入竈坑內焚毀。在搶小白樓的風波中，有一個當過小學美術教員的僞"國兵"，對國畫有一定感性認識，因此他搶到書畫最多，有三十餘件，將其中一部分存放在同鄉朋友家中，自己携十餘件帶回蓋平家中。解放後土改時，其妻怕追究搶小白樓的罪責，將十餘件珍貴名畫都投入竈坑中燒掉，對於此一事件，楊先生痛心疾首地說："用此手段毀滅珍貴寶物，較之小白樓搶奪撕毀更爲徹底，簡直無法彌補，令人抱恨終天。"

以上所述是楊仁愷先生所記自英法聯軍攻陷北京，國寶遭到第一次浩劫，至溥儀退位後在皇宮監守自盜，再到僞滿垮臺後，國寶接連三次的劫難，讀來令人酸鼻。在每次浩劫中都有國寶被毀，而大部分國寶是被搶劫，特別是僞滿皇宮中的國寶被搶劫流散後，就成爲國民黨接收大員，京、津、滬書畫鑒藏者和商人，國外的書畫愛好者和收藏單位的獵取對象，因而流散在國內外各地，於是研究、探尋國寶的藝術、歷史價值及其去向、歸宿就成爲我國文物界的重要課題，楊先生則自覺擔當起這一課題重任。楊先生利用在東北博物館和故宮博物院工作的有利時機，千方百計地探尋流散國寶的下落，研究流失國寶的價值，他還利用參加國際學術會議的機會，到各國收藏單位和書畫鑒藏家那裏查詢國寶的踪迹。從一九五三年開始搜集資料，到二零零六年本書三版修訂，經過艱苦卓絕的努力，絕大多數流失國寶已查出其下落，并一一作出鑒定，最後寫出了《〈佚目〉書畫總目簡注》（以下簡稱《簡注》）以饗讀者。《簡注》共收錄書畫作品一千三百六十一件，較《佚目》多出一百餘件，其中作品全毀的有六件，私家收藏三十七件，其餘分藏國內外各級博物館。《簡注》以朝代爲順序共分五節。在每節中都是先介紹書，後介紹畫。《簡注》內容包括書、畫名稱，作者，著錄於何書（主要指《石渠寶笈》諸編）、簡評、真僞、題跋、裝潢、流傳過程、收藏單位及個人，是否屬於《佚目》，或尚未發現，或已毀。這些內容，對於書畫愛好者、鑒定者、研究者、庋藏者都有很多的實用價值和參考價值。

《〈佚目〉書畫總目簡注》是楊先生對文物界的一項重大貢獻，也反映了楊先生"甘爲孺子牛"的精神，也是楊先生經過三十多年的辛勤勞動，對探尋"國寶沉浮"的結果向人民作個交代。但《簡注》過於簡略，從中難以看出楊先生對法書名畫的深厚研究功力和鑒定書畫的高超鑒定水平。在本書許多章節記敘國寶沉浮過程中，在涉及有關法書名畫時，都分別作了評論和鑒定，顯示出與衆不同的真知灼見。根據我的體會，楊先生在鑒定書畫時曾提出三個理論原則：一，對比原則：即真品與真品對比，真品與贋品對比，贋品與贋品對比；二，時代風貌原則：每個時代都有其時代不同的特點，并形成不同時代的書畫風貌，這不是人爲的因素可以模仿的；三，流派的技法，每一個流派都有其不同的筆墨技法和傳承關係，這也不是其他流派可以隨意模仿的。鑒定書畫如果根據以上三個原則評判，其真偽是比較容易辨別的。此外，楊先生還堅持一項辯證認識原則，即不能一概否定偽品，有的雖屬偽品，但也有一定的藝術和歷史價值。

楊先生的理論是建立在實踐基礎之上的。由於楊先生常年在國寶堆裏工作，經的多，見的廣，對國寶觀察細致入微，往往在別人不注意之處，發現國寶的隱秘而作出準確的判斷。他不愧爲一位鑒定大師，其鑒定水平確實技高一籌，以下準備用實例予以說明。

（圖五）

一，對臺灣書畫鑒定的批評。蔣介石當年逃至臺灣時劫走一大批珍貴文物，其中對法書名畫在二十世紀六十年代曾做過一次整理、鑒定，并印出《故宮書畫錄》一部，分上下兩册。上册爲精真者，下册爲一般作品。楊先生對臺灣學者的鑒定提出嚴正批評："説也奇怪，臺灣的業務專家，大部分沿襲乾隆編輯《石渠寶笈》、《秘殿珠林》各編的路子，鑒定水平仍停留在一二百年以前的程度，譬如宋人巨然大軸山水藏在臺北故宮，其中《秋山問道圖》、《溪山林藪圖》諸作皆是絶精之品，可以用來作爲比較研究的尺度，卻捨此而不爲，竟將贋品《寒林晚秀圖》定爲巨然真迹，未免荒唐可笑。宋孝成《辟風霽雪圖》、范寬《谿山行旅圖》，王詵《雄鷹圖》諸作，原屬偽迹，本好判別，卻被定爲真迹，本末倒置。蓋李成

（圖五）宋人《谿山行旅圖》

乃五代到北宋初期的開派大師，他的作品在北宋中後期已屬罕見，故使名鑒賞家米芾有欲作'無李論'之嘆。又説'運去臺灣的宋人范寬大軸有好幾件，《臨流獨坐圖》、《雪山蕭寺圖》具有代表性，和《谿山行旅圖》已没有任何相似點，不知他們的論據從何而來？再就是王詵《雄鷹圖》，傳世絶少，倒是徽宗趙佶有之，其可靠性極爲薄弱。再可以舉幾件作品爲證。所謂北宋米芾《春山瑞松圖》，他們一再作爲真迹發表在各種圖册中，實則祇不過是幅明人舊畫，配上趙構草書詩堂，亦係贋品，它十足是一件假古董，卻被當作珍寶加以宣揚，誠乃咄咄怪事！殊不知米芾迄未見有真畫傳世，其子虎兒米友仁的山水尚有幾卷真迹流傳，國内外都可見到，必是父子衣鉢相傳，竟與《春山瑞松圖》毫無關聯可尋！

至於《故宮藏畫精選》屬於晉、隋、唐部分，尤爲荒唐。五代顧閎中、滕昌祐、徐熙諸作，更缺乏藝術鑒賞水平，作爲以‘精選’爲名的圖册，未免對科學不負責任，爲此以訛傳訛，散布出去，不但爲國人所恥笑，必將成爲世界同行之笑柄，不可不慎之又慎，以免後患無窮。”這是一位高明書畫鑒定家對不太成熟的鑒定家的批評，用詞雖然比較尖銳，卻是苦口婆心。因爲在批評中提出了正確的鑒定方法和意見，希望能改正錯誤，以免謬種流傳，這是爲人民負責，爲科學負責，要求臺灣同仁對書畫要認真鑒別，辨明真僞，給後人留下具有科學價值的珍品瑰寶。所論有理有據，令人信服。

（圖六）佚名《江山秋色圖》

（圖六）

　　二，對《江山秋色圖》的鑒別。《江山秋色圖》乃畫中絕品。明朝人斷定它是南宋初趙伯駒的作品，楊先生本不同意，但因找不到可靠根據予以否定，祇好沿襲舊説，實際楊先生認爲它應是早於北宋的作品，但在看到趙伯驌（伯駒之弟）的作品之後，才敢説出他的意見。他認爲《萬松金闕圖》“絹本，青綠山水樓閣，書法獨具風神，與同時代畫家迥然有別，長松枝幹柔和外張，主幹染出圓面，以點子分出明暗，山坡濃墨點，再加石綠，隨筆縱橫點染，春意正酣，間以桃樹雜於青翠叢中，季節情調，十分突出。在叢林中瓊樓金闕隱約其間，引人遐思。山峰先施以淡墨畫出，再用點子皴過，鬱鬱葱葱，生機盎然。整幅畫雖然以重彩出之，不嫌不艷，不見其板，全圖靈活，襯以飛鳥一群，穿越松林，溪橋流水，微波蕩漾，一派動勢，烘托出作者藝術境界和技法的卓爾不群，不愧是一代創新杰作，已能獨辟門户，跳出董、巨、郭、王的圈子，使中國山水畫進入一個新階段。此點認識，如果未見原件，我是不敢道出的。”楊先生在另一處又説：“《江山秋色圖》確是我國青綠山水中宋人的精妙之品，它直接從唐李思訓父子傳統發展而來，與李成、范寬、董源、巨然、郭熙諸大派看不出有何關聯，卻多少與故宮博物院庋藏的王希孟作品息息相通。我們常見以他本人命名的《仙山樓閣圖》一類作品，無論如何找不出與此共通的迹象。認爲此圖的成就高出於王希孟之上。"楊先生對《江山秋色圖》所作的評語，就是根據繪畫的時代風貌和流派技法而得出的結論。從中也可以看出楊先生的科學和慎重的態度，不見原件是不敢隨便説的。

三，對《清明上河圖》的認識。張擇端《清明上河圖》坊間的版本很多，楊先生原來不認識其真面貌，以爲張擇端的原作大體是他們原始所本。楊先生説："誰知在一九五零年冬，我在東北博物館臨時庫房裏竟然發現張氏的《清明上河圖》真本，頓時目爲之明，驚喜若狂，得見廬山真面目，此種激動之心情，不可言狀。從此我才真正的了解到蘇州片的作者根本沒有見到原作，祇不過參照歷史文字記載構圖鋪陳而成。如東水門前架的虹橋原是木結構，蘇州片則以爲是石頭建築，人物衣着、房屋、鋪面的形製大相徑庭。尤其是船只的描繪技巧的生動自然，已達到出神入化的境地。張氏本是畫院高手，能將當時北宋的京城開封複雜紛繁景象攝入畫圖，較之孟元老《東京夢華録》的叙述更爲概括、更爲形象，無怪歷代以來，膾炙人口。"楊先生對珍本的肯定，也是根據時代風貌和繪畫技法入手，并給《清明上河圖》以崇高的評價。

四，對元林子奐《豳風圖》考辨。元林子奐《豳風圖》原本祇一件，但楊先生卻見到"海本"（注七）和"南本"（注八）兩件《豳風圖》，其中必有真、贗之分，於是楊先生下決心要辨明孰真孰假，作爲明確的答案。經過四個方面的考證與辨別，楊先生肯定"南本"《豳風圖》爲真迹，"海本"《豳風圖》係偽品。這四個方面是：一"傳之有根，出之有據"，即從該圖流傳的歷史過程找出真偽的根據。二"真偽對比，筆墨迴異"，即真圖與偽圖對比，找出筆墨上的技術的差別，一真一偽，昭然若揭；三"解縉諸跋，真迹無疑"，即從"南本"《豳風圖》上有明初解縉的題跋，解縉是明著名書法家，距元時代較近，它的題跋可以證明"南本"爲真。四"時代氣息，非常强烈"。"南本"自成體系，靈秀明暢，有强烈的時代氣息。"海本"徒具形似，充滿火氣而無靈氣，可以斷定"海本"爲偽。楊先生對《豳風圖》的考證，主要還是根據歷史來源、筆墨技法、時代氣息三個原則，抓住了本質，搞準搞透，所以其判斷就準確無誤。

五，對《赤壁賦》的考證。馬和之《赤壁賦圖》是真迹，迄無爭議，但圖後所附之草書《赤壁賦》，一直被指認是宋高宗趙構所書，從來沒有人提出異議。但楊先生表示懷疑，其根據則是："元祐黨人之事，到孝宗趙眘時正式'平反'作爲南宋第一代皇帝的趙構，未必能公然親書被查禁之文，此其爲疑點之一；馬氏事高、孝兩朝，孝宗重視之過於趙構，故爲雪冤，因而書寫其賦，順理成章，而趙眘書法與趙構書法最難辨認，有另一件《後赤壁賦》，《佚目》據著録誤定爲趙佶或趙構，實則應爲趙眘。與其將書賦作者定爲趙構，反不如以趙眘爲妥，

（注七）海外某拍賣公司拍賣圖録中出現的一幅林子奐（款）的《豳風圖》。

（注八）南方某藏家收藏的林子奐《豳風圖》。

（注九）梁楷，生卒
年不詳，南宋人，曾
擔任南宋寧宗畫院待
詔，善書法、山水、
佛道、鬼神等。因好
飲酒，行爲不拘禮
法，人稱是"梁風
（瘋）子"。傳世作
品有《澄墨仙人圖》
等。

庶幾符合歷史背景，亦不悖於書法本身的特點。"楊先生對《赤壁賦》的鑒定，主要是根據歷史背景，認爲宋高宗趙構不可能爲馬和之書寫《赤壁賦》，到孝宗趙眘時，已爲元祐黨人"平反"，所以才能爲馬和之書寫《赤壁賦》，筆者從歷史研究的角度，非常讚成楊先生的結論。這説明作爲書畫鑒定家必須懂歷史，否則也可能對書畫作出錯誤的判斷。這個事例説明楊先生對中國歷史也有高深的研究，所以能根據歷史背景對書畫作者作出準確的判斷。

六，對梁楷（注九）在藝術上卓越成就的認識。梁楷的《宋人八高僧故事圖》，《佚目》據《秘殿珠林》著錄未標出作者姓名，楊先生見到此圖時，發現圖中猶見隱約的"梁楷"名款，遂定此圖爲梁楷的作品。楊先生特別説明，在此圖流傳幾百年的過程中，也有人發現過"梁楷"名款，但由於認爲梁楷的創作僅能作減筆描，而此圖非減筆描，故不被承認，於是楊先生就介紹了梁楷減筆描的發展過程。先是工細一路，綫描精工，具有梁楷名款。接着是綫條粗放而流動，人物神情畢露，襯景信筆塗寫，中間雜以雙鈎，工整兼粗放，引人入勝。尤其構圖上獨出心裁，從近距離截去弘思法師下半部，似西畫所用之交點透視法，中國畫中尚屬創見，以此圖和《釋迦出山圖》爲代表。最後一種是減筆描，以《秋柳飛鴉圖》、《布袋和尚》諸作爲代表。楊先生通過介紹梁楷創作三階段的演變，不僅證明了《宋人八高僧故事圖》是梁楷作品，而且可以比較全面地認識梁氏在藝術上的卓越成就。這是其他鑒賞家所未能做到的，説明楊先生學識高人一籌。

楊先生對書畫鑒定的實例非常多，在本書中隨處可見，每項鑒定都顯示着楊先生的鑒賞智慧和洞察力，但筆者祇能挂一漏萬引此六例以説明問題，要想了解楊先生對書畫鑒定的真髓，還是請看《國寶浮沉錄》的原著吧！

一般寫書評都以"圖文并茂"相讚頌，楊先生的《國寶浮沉錄》收有二百八十九幅珍貴插圖，圖文相配，使筆者也進入精美的書畫之中，體驗國寶的深奧精義，并深信楊先生考辯的權威性。因此筆者非常讚賞本書封面的四句讚語："九十高齡最新厘定，資料囊括考辯權威，三百彩圖神韵畢現，煌煌國寶盡收眼底。"但令人悲痛和遺憾的是，楊仁愷先生已經仙逝，使後學不能向先生直接請教書畫藝術的真諦、國寶沉浮的秘聞，所幸楊先生留下了這部輝煌鉅著可以光照千秋，能爲後學進入書畫藝術的殿堂、探尋國寶踪迹，指出一條光明之路。筆者雖不敏，也獲得很多有益知識。我寫這篇《國寶沉浮錄讀後》，一方面想向楊先生匯報學習的心得體會，另一方面也表示對楊先生懷念仰慕之情。不過本人學識有限，并未領會大師精湛的藝術水平、高深的鑒定意境，謹以此文表示對楊先生深切的懷念！

（朱紹侯　著名歷史學家、河南大學歷史系教授）

二十一世紀的中國書法

—— 爲紀念楊仁愷先生作

方 聞

一九八五年五月，美國紐約大都會博物館召開"文字與圖像：中國詩、書、畫"國際研討會，特請中國著名前輩啓功、謝稚柳、楊仁愷三老參加論文。二零零二年冬，我們在上海博物館開會，晚上楊老來旅社跟我暢談當年國内書畫界有"筆墨等於零"和"無筆無墨等於零"的熱鬧討論課題。我以此小文紀念當晚一席話。

唐代張彦遠所謂"書畫同體"（注一）是中國藝術理論中的一個核心命題，也是理解中國藝術史的基本關鍵。如照西方拼音語言學來説，口語是書面文字的文本；根據語音象徵表現，書面文字祇不過是口語詞匯的一種記録。可是中國漢字圖像符號（image-sign），古人所謂"河圖洛書"（龍馬躍出黄河，身負河圖；神龜浮出洛水，背呈洛書），乃是華夏文明之源。古代書體從大篆、小篆、變到隸書、正楷，無論是銅鑄、石刻、印章（戰國，"日庚笄車馬都"），刻鑄方法有陰刻、陽刻（凹凸）兩種。筆法、刀法根據書法"圖識"符號任意縱橫，陰陽虛實，渾會一體，成爲書法家身軀形迹延伸四周的憑借和自我表現。書法的作用和表現極其複雜，必經身、手、心、眼互相配合：由於書法的表現結構自身心發生，揚雄（公元前53-公元18）稱書法爲"心畫"（注二）。書法的主題是用筆，猶如書法家身體的延伸。因此，書法一藝既"物狀"又"表意"。圖像之意不在於圖像本身，而在於

（圖一）

書家個人的肢體動作和表現。同樣地，中國繪畫用筆也表現了畫家身體的運動，和繪畫創作的時空過程。因此，中國書法和繪畫的"表意"實踐，乃出於圖像符號創作者的身體動作和心靈思維。書法和繪畫被理解爲兼具"狀物形"和"表吾意"的雙重功能。這種兩元式的思想使中國書畫家在模擬"形似再現"和圖像學之外，具有探索抽象概念和"自我表達"的可能性。從這一點來説，對中國藝術"狀物形，表吾意"的研究，可爲世界多種視覺文化研究提供新資料和新看法，這正是當今西方藝術史和藝術批評所闕如的。

（注一）張彦遠《歷代名畫記》卷一。

（注二）見郭若虛《圖畫見聞志》卷一。

（圖一）戰國古璽，《日庚笄車馬都》

（圖二）

晉代"書聖"王羲之（303-361）著名的《平安帖》"墨迹"是唐代的雙鈎摹本。所謂"墨迹"者，即指示書家用筆之勢在書法中有"迹"可尋的意思。向來書法大家"手迹"是天才藝人、千載不滅的實物證據。由於書法籍"用筆"來抒發思想感情，索靖（239-303）《草書勢》有"飄若驚鸞"、"和風吹林"、"騏驥怒逼其轡"、"海水宓隆揚其波"的形容。孫過庭（約648-703）《書譜》更有"懸針垂露之異"、"奔雷墜石之奇"、"纖纖乎似初月之出天涯"、"落落乎猶衆星之列河漢"等等描繪筆墨形態的比興詞匯，更够引發觀者的共鳴。

漢字書畫的造型規格，有其特別的技巧和視覺結構。世界各地（包括東亞韓國和日本），有受古代漢文化的影響，所有漢字書法和毛筆水墨繪畫俱用"圖載"（picturing and conveying）兩字來表達圖像符號。據五世紀學者顏延之（384-456）所說："圖載有三：一曰圖理，卦象是也；二曰圖識，字學是也；三曰圖形，繪畫是也。"（注三）猶如"圖理"的《易經》卦象，書法的"圖識"和繪畫的"圖形"同樣會感應到神奇的真實性。八世紀張懷瓘（714-760）指說，我們在翰墨中，可重演古聖賢所經歷的宇宙的奧秘（注四）。圖載和符號性的實踐，皆端與藝術家的心理狀態，因此，書法和繪畫有兼具"狀物形"和"表我意"的雙重功能。

中西論畫迥異，從亞里士多德開始，西方摹擬自然"形似"（mimesis），一直從觀者，而非作者的觀點來探討藝術（注五）。所謂"科學寫實"（scientific realism）（Jan Vermeer "Girl with the earring"）用色彩和光學單點透視來模擬形似。西方藝術評論家視繪畫爲肉體世界（corporeal world）的象徵和徵兆的表現，他們用"狀物"（representational），不用"表意"（presentational）的角度來分析畫家的意度和觀衆的感受。按顧愷之（約344-406）的論畫"以形寫神"——即以模擬"形似"（眼睛所見的形象）來爭取更高度的"神似"。顧對繪畫"神似"的理解——就是

（圖二）晉王羲之《平安帖》

（注三）見郭若虛《圖畫見聞志》卷一。

（注四）有關張懷瓘的論述，參見《歷代書法論文選》（上），上海書畫出版社及華東師範大學古籍整理研究室編，上海書畫出版社，一九七九年，頁二百零九。

（注五）See Friedrich Nietzsche,On the Geneaology of Morals,trans.Walter Kaufmann and R.J.Hollingdale(New York:Vintage Book,1969),103-4.

（圖三）元趙孟頫《疏林秀石圖》

（圖三）

把畫像變成人體的本身——對西方人來說，是難以想象的。八世紀唐代山水大師張璪（約766-778）提倡"外師造化，中得心源"（注六）。這種二元式的思想，使中國畫在"狀物形"的同時，更有"表吾意"的專注。到了元初，趙孟頫（1254-1322）在《疏林秀石圖》上，寫了他著名的論畫詩：

（注六）參見《歷代名畫記》卷十，張璪條，于安瀾編《畫史叢書》第一卷，上海書畫出版社，一九六三年，頁一百二十一。

石如飛白木如籀，

寫竹還於八法通。

若也有人能會此，

方知書畫本來同。

現在，我們用中西跨文化的角度來看二十一世紀的中國書法。最近美國畫家布萊斯•馬登（Brice Marden，生於一九三八年）受中國書法觀念的啓發，新創了抽象表現主義（Abstract Expressionism）的手法。在七十年代晚期，馬登的《Grove 樹叢遠視》是一張"極少主義"的作品。畫面上避免所有深度性的表現，可是觀者仍舊把上下畫面交界處看成是地平綫，下面綠色畫布視爲是海洋，上面寬闊的藍色看爲天空；藍與綠色的畫布好像具有無限進展感的空間。八十年代初期，馬登覺得他藝術生涯到了一個危急存亡的關頭（"mid-life crisis"）。有一天，他在書店看到一個中國唐代僧人《寒山詩集》的中英對照本（注七）。馬登雖不懂中文，忽而感覺到用中文的嚴格方塊字作出發點，來創造率意自由的個人風格。他開始有《寒山》一系列的創作（《寒山》三，1988-1989），每幅畫有四行對句，五字一行，垂直地分布於畫面。畫中的形態彼此關聯，達到"整體統一，而有千變萬化互相呼應的網絡"（注八）。

在一九八零至一九九零年代間，馬登長期研究中國書法與山水畫，怎麼在平面上，顯示出三維空間的運動（注九）。馬登用三英尺長的樗枝作畫，因此他作畫時，距離畫面是較遠的。這樣"能使整體個身體的動作，表現在畫的結構中"（注十）馬登的綫條動作很慢，不同於真的中國書法的運動。喬訊(Jonathan

（注七）瑞德•派（Red pine）翻譯，《寒山詩集》（The Collected Songs Cold Mountain）（Port Townsend, Washington, 1983）。

（注八）路易林《布賴斯•馬登的版畫》，頁五十三。

（注九）一九九一年在大都會博物館跟方聞的會談；一九九七年并有跟喬迅(Jonathan Hay)、張義國（Yiguo zhang）的會談及記錄。

（注十）見喬迅《馬登的選擇》（Jonathan Hay, "Marden's Choice"），載《布賴斯•馬登：中國作品》（Brice Marden: Chinese Work）（紐約：馬太•馬可畫廊，一九九九年），頁十九。

（圖四）馬登《寒山系列》之一

Hay)在一九九七年五月跟馬登訪談中，曾提起"動作緩慢"的問題。馬登說："我畫注重圖像'儀表的在場感'（"presence" of the image）。作畫時，形象觀念（figural idea）愈多，畫中就多身體的運動和姿態的表情。""在畫《寒山》系列時，最有趣的發現是……開始好像以書法爲據，畫

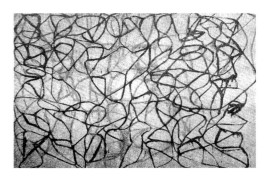

（圖四）

（注十一）喬迅《馬登的選擇》，頁二十、二十六。

（注十二）《馬登與中國書法：一次訪談錄》（Brice Marden and Chinese Calligraphy: An Interview），載張義國（Yiguo Zhang）《筆聲：當代中國書法》（Brushed Voices: Calligraphy in Contemporary China）（紐約：哥倫比亞大學米里亞姆與艾拉·瓦拉赫藝術畫廊，一九九八年）頁一百二十九、一百三十一、一百三十二。

（注十三）貝克勞斯·克特斯《布賴斯·馬登的繪畫與素描》（Klaus Kertess, Brice Marden Paintings and Drawings）（New York: Harry N. Abrams, 一九九二）頁四十一至四十九。

（圖五）馬登《六朝墓誌銘》

（注十四）喬迅：《馬登的選擇》，頁九。

（圖五）

後卻似中國山水畫了”（注十一）。在一九九七年十月另有一次訪談中，他補充説：“我的畫很慢……像輕聲的哼唱，但聲音漸趨強壯……我不追衝擊力……《寒山》一系列畫可能否認了我前五年的作品，可是我一直在求有最後一次的突破”（注十二）。

同時馬登又對中國墓志銘石刻文字發生濃厚的興趣。通過他對所謂“刻文”（glyph）——幾何方格形的字體——的嚴格思考（注十三），馬登這位善用色彩的作家，把自然的韵律和一種不透明畫面平面的做法，綜合起來産生了一種“儀表的在場感”（presense）密集於其“沉思的物象”（meditative object），使人有百看不厭之感。馬登的成功在於他從方格字體公式化上尋找一種個人語言，其目的在清晰地表達他個人的“恰當感”（rightness）和“在場感”（presentness）。這種“恰當感和在場感”，正是藝術家所擁有的先驗邏輯（priorlogic），包括自然感（natural）也包括超自然感（transcendental）。

最後，馬登強調説：“真使我感興趣的是‘活力’。我堅持‘藝術’的定義，是它有取之不盡的能源。無論誰看到它，就感覺到充滿活力……這是（中國人）所謂‘氣’（生命活力），通過你身體，轉化於紙上”（注十四）。

我們可以説：在二十世紀的最後十年中，布賴斯·馬登借中國藝術所謂“氣”的原始概念，來重解西方現代主義的抽象繪畫。馬登摒弃了西方“模擬再現”（representation）的傳統，代之以強調藝術實踐的自覺狀態，并將畫家的身體動作（bodily gesture）與痕迹（mark）整合入畫。他進而發展藝術家本人身體的呈現（presentation）。這就跟中國藝術史上書法性的用筆——即顯示藝術家身體的“在場感”——完全一樣。

（方聞　美國普林斯頓大學榮休教授、美國大都會博物館東方部特別顧問）

我收藏的《伯夷頌》與楊仁愷先生

李 敖

編者按：二零零二年一月中旬楊仁愷先生首次赴臺訪問，文學奇才李敖先生曾在他的節目中告訴大家："真正的鑒賞家來了！明天我要去聽他的課！"李敖先生稱自己很是敬佩楊老鑒定書畫真偽的功夫，雅好收藏的李敖拿出了自己的寶貝《伯夷頌》讓楊老辨別真偽。《伯夷頌》是唐代大文學家韓愈的作品，北宋時期的范仲淹（死後諡號文正）將之書爲墨迹。文章中出現兩個"殷商"的殷字都缺一筆，楊老提醒李敖先生可能是避諱的原因。最后經李敖先生查閱《宋史》發現，宋太祖趙匡胤的父親是弘殷，原來這的確是行文的避諱，遂認定《伯夷頌》為真蹟。後經吳悅石先生與李敖先生溝通，將《李敖有話說》二零零四年九月三十日、第一百四十九集中文字節錄於此，幷配以李敖先生至楊仁愷先生親筆書信影印件，以成此文。

　　大陸最有名的古文物鑒定家，就是楊仁愷先生，他寫過一部書叫作《國寶沉浮録》，他這本書裏面很專業地談到了很多東西，其中他談到了范仲淹一件重要的書法作品，就是《伯夷頌》，楊仁愷先生説，《伯夷頌》這件書法，原藏清宮，可是臺灣編印的《故宮書畫録》，就沒有登記，像是早已流散出來無其下落，現在這個《伯夷頌》哪裏去了，不知道。《伯夷頌》在中國古代的藝術書裏面都有登記，這件作品哪裏去了？

　　大家想想看，應該還在，在哪裏呢？你們想不到，它在你們的眼前，它在我李敖的手裏，我給大家展示下這個寶貝。大家先看這裏面這麽多收藏者圖章，這裏面有個圖章看到沒有？這誰啊？這就是謀害岳飛的秦檜，秦檜收藏過范仲淹的這個《伯夷頌》。爲什麽這個東西在你李敖手裏？我告訴大家它爲什麽會到臺灣來，你想不到爲什麽它會到臺灣來。一九四九年，國民黨逃到臺灣來的時候，多少人也跑到臺灣來，他們能帶什麽東西？房子也帶不走，工廠也帶不走，物資帶不了什麽物資，能帶的就携帶細軟，什麽是細軟啊？黃金、銀元、美鈔、古董、書畫，一點點細軟裝在箱子裏面帶過來了。流到臺灣來以後呢，也經過很多變化，很多人藏了古董，不識貨的流出來了，或者給抵押流出來了，或者被他家老媽子拿出來糊裏糊塗給賣掉了，常常這樣子就慢慢地流到市場來。流到市場來以後，怎麽樣處理呢？就看你内不内行，能否買到這些東西。

所以我告訴大家，保存這些文物，像范仲淹這些東西，是我們這些玩古董的人一個道德的責任。我們保留它不把它放走，不會輕易放走，原因就是它的下場怎麼樣，我們有責任，陰錯陽差流落到我們手裏，我們有這種道德責任來關心。好像嫁女兒一樣，她嫁給誰，她的下場是什麼，這種東西藝術品都是一代一代地傳授下來。所以我們可以看到，這個東西秦檜收藏過，不是嗎？當時把它當寶貝，可是他會死啊，這個藝術品會傳出來。自秦檜以後，你想想看幾百年下來，近千年下來，這個東西經過多少人之手？最後陰錯陽差流到我李敖手裏，我能夠在大家的眾目睽睽之下，讓大家看到這種國寶，這是我的責任，可大家絕對想不到，這種東西怎麼可能在臺灣，它果然在臺灣。幸虧它在李敖手裏，如果在什麼張三李四，王二麻子的手裏，這個東西可能就被糟蹋了。搞不好流落到美國普林斯頓大學藝術館去了，或者流落到日本人的手裏去了，那就非常地遺憾了。所以今天我的東西給大家看，看給大家知道，我李敖有能說善道，能夠舞文弄墨的本領以外，看看我還有個看家本領，就是保留并且鑒定中華的文物。

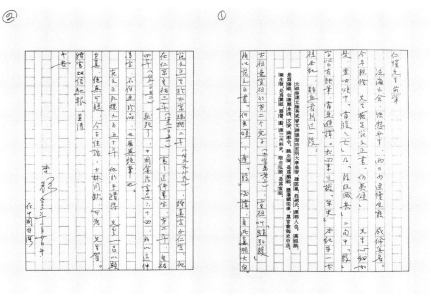

（圖一）

（圖一）李敖先生致楊
仁愷先生的信札

附李敖先生致楊仁愷先生信釋文

仁愷先生前輩：

　　泛海之會，快慰平生，兩日內連續受教，感佩莫名。今早親睹先生鑒定范文正書《伯夷頌》，先生心細如絲，查出頌中“當殷之亡”及“殷既減矣”二句中“殷”字皆有缺筆，當是避諱。我回來立檢《宋史》本紀第一《太祖本紀》，赫然看到這一段：

太祖啟運立極英武睿文神德聖功至明大孝皇帝，諱匡胤，姓趙氏，涿郡人也。高祖朓，是為僖祖，仕唐歷永清、文安、幽都令。朓生珽，是為順祖，歷藩鎮從事，累官兼御史中丞。珽生敬，是為翼祖，歷營、涿三州刺史。敬生弘殷，是為宣祖。

太祖是宣祖的第二個兒子（太宗是老三），宣祖叫"趙弘殷"，所以范文正書《伯夷頌》，逢"殷"必諱，自此眞相大白。范文正生於端拱二年（公元九八九），經眞宗而仁宗，他在仁宗皇祐三年（公元一零五一）寫了這件墨寶。第二年，皇祐四年（公元一零五二）就死了，中國算法享年六十四。所以這件墨寶，不但是珍品，也無異於絕筆。

范文正死後九百五十年，他的手迹得先生一言以顯其眞，絕無可疑，今古佳話，士林同欽，可爲先生賀。特寫此信馳報，幷請

午安

李敖

二零零二年一月廿日午

在中國臺灣

（李敖 著名學者、作家）

永恒的楊老

林　聲

仁愷老先生離開我們兩年多了。

在送別的那些日子裏，我常常沉浸在他爲我題寫齋匾的書房裏，頗有"區鎖樓空人不寐"之感。楊老走了，一切都覺得空蕩蕩的了。

時間助我慢慢平靜下來，竟然感到楊老并沒有走，他還活在我們中間，還在他的書房裏、病房裏……最近接到上海古籍出版社和北京圖書館出版社分別出版他的《國寶沉浮録》、《沐雨樓來鴻集》（注一）的時候，這種感覺更加真切而實在。直到今日，我的新書稿《玩陶集》（注二）付梓前又曾下意識地要拿大樣

（注一）《沐雨樓來鴻集》李經國編著，二零零七年九月由北京圖書館出版社出版。

（注二）《玩陶集》林聲著，瀋陽出版社二零零八年十二月出版。

（圖一）

（圖一）林聲、張文岳與楊仁愷先生在沐雨樓。

送請楊老斧正。二十多年了，每送他審定書稿畫稿的時候，我都能得到這位良師益友的指導，這是我人生的幸運，是我的福分。尤其難忘的是，在他病逝前兩個月，我從景德鎮製陶回來帶給他一件爲他特製的生日大壽瓷盤，他高興地讓女兒把他扶到輪椅上看了又看，不斷地誇獎我，要我一定堅持學下去。此情此景至今反復不斷地出現在我的眼前。我想，一個人逝後，祇要他的人格魅力能夠深深地印在人們的記憶中，他的著作能夠繼續和後人交流，那就是他的生命的延續和復活。楊老還活着，他是永恒的。

我與楊老初識在一九八五年。那時候我剛剛當選副省長，到小白樓辦公還不到一個星期，楊老來訪。這是我接觸文化界人士的第一人，一位年過七十且爍爍有神而文質儒雅的老者。他開門見山地説遼寧博物館是個書畫館、藏富館，但老館陳陋，不少國寶級文物不能公開展出，又不時遭受損壞，要求省政府立項新建展廳和館藏庫。楊老對文博事業一片赤誠，深深感動了我。我答應，下周到博物館去看看。經過一段調查研究，立項協調，一年後問題解決了，我們之間的友誼從此扎下深根。

"枯松晚歲，無改節於風霜；老驥餘年，朝盡力於蹄足。"楊仁愷老先生是

我國著名的大學問家、大研究家。楊老一生博學篤志，著作鉅豐，給國人留下了一筆豐厚的文化遺産。他獨具慧眼驚世發現《清明上河圖》，發現米芾的《苕溪詩》，清查搶救偽皇宮散佚珍貴書畫，完成了洋洋六十萬字，堪稱古代書畫研究的經典之作——《國寶沉浮録》。在此基礎上，撰寫了《中國書畫鑒定學稿》，承上啓下，建立了中國書畫鑒定的學科理論體系。這是他長期從事歷代書畫鑒定與研究的實踐，嚴謹務實、勇於探索的碩果，是對我國文博和考古事業的杰出貢獻。他的諸多著作有兩個特點：第一，大都出於耄耋之年，又是在一隻眼睛"文革"中被打失明的情況下以超出常人的毅力完成的，給我留下的記憶是塑在書房裏的一位鉅匠，手持放大鏡伏案疾書的雕像。第二，注重實踐，勤奮耕耘，苦苦求索，勇於突破。特定歷史條件造就出來的這位自學成才、嚴謹務實的大家，他對保護、研究中華民族文化遺産立言、立功、立德，功不可没。他是偉大的，是難以替代的。歷史必將進一步證明這一點。

二十世紀八十年代後期，爲了搶救碑匾文化遺産，我構思編寫《中華名匾》（注三）一書的方案，楊老明確説："此事意義重大，如能實現是對傳承民族文化一大貢獻。"一九九零年，我請他出任本書顧問，他欣然接受，不顧八十高齡，不避酷暑，逐篇文稿品評取捨，去偽存真，在三千多篇文稿中選定五百三十三方名匾，保證了書稿的真與美。一九九二年在北京舉行首發式，全國人大常委會副委員長王光英譽之爲"補白之作"、"傳世之作"。本書受到日本、新加坡領導人和臺灣地區學者的好評。相繼出版的《中國百年歷史名碑》、《瀋陽城圖志》都浸透了楊老的心血，《名碑》一書還獲國家圖書獎。

離休前，我向楊老説了我想拜師學畫的願望，楊老高興地鼓勵我"此舉難得"。他説："你有詩書的基礎，再學國畫就能更快一些。"他爲我學步畫壇指方向，建議從文人畫入手，先讀青藤、八大的畫，揚長避短練好畫外功。學畫期間又經常得到他的指教。有一次，我拿了一張成畫去徵求楊老的意見，他説："我看你退步了。這畫没放開，没有個性，太拘謹死板了。"他順手從書架抽出一本小畫册説："你看這個小郭硯，學石魯很大膽，放得開。他才十二歲能放開，你爲什麽放不開呢？"一針見血使我汗顔，也茅塞頓開。從那以後，我的畫筆才甩開了膽，漸序有所長進了。

楊老家挂着一幅馮其庸先生的山水畫，頗有個性，我曾就這畫請教楊老。他詳盡給我講了畫的特點，又帶我到魯迅美術學院去觀賞馮老正在那裏托裱的新畫。幾年後又將《馮其庸書畫集》大作送我留讀，讓我心領神會畫作之奧妙。十多年來，凡送請楊老指點的書畫作業，他都認真點評賜教，并在較好畫品上題跋鼓勵。在楊老去世的日子，我和老伴含泪整理珍藏的這些由楊老題跋的畫作，永留紀念。

（注三）《中華名匾》林聲主編，遼寧人美出版社一九九二年五月第一版，一九九四年十月再版。

二零零四年，楊老鼓勵出版詩書畫集，并親自篩選畫稿，爲之作序又題寫書名，引我學步走向藝術殿堂。是年，他在上海籌辦滬遼聯展，百忙中深夜帶我去拜見陳佩秋，請大師爲我賜教。這些年來，楊老先後領我拜見了謝稚柳、啓功、黃苗子、郁風、馮其庸、潘受、吳在炎等大家，使我受益匪淺。二零零七年，楊老年過九十，隨同省文史館組團赴浙江考察，領着我們參觀吳昌碩、黃賓虹、潘天壽紀念館，站在這些大師世紀經典大作前，深入淺出地講解鉅匠舉墨、構圖與畫境畫風，熱情弘揚民族精神及其獨立品格，一再强調要在振作民族精神深刻理解傳統的基礎上創造個人風格，穩步走進文人畫的藝術世界。這次參觀學習對我教育啓迪極其深刻。這也是楊老最後一次面授書畫真諦。

楊仁愷老先生是挺立在遼海大地的一棵文化大樹。他精心培植一批批書畫家，出世者都得到了楊老的指點和推薦。他爲書畫家們鳴鑼開道，不知爲多少書畫家爲序題書，即使無名後生衹要找到老人家都來者不拒。

楊老是人民的楊老。

噩耗傳來當日，我作自度曲《哭楊老》，永遠凝聚着對他的大愛與大敬：

（注四）楊仁愷先生是四川人。

（注五）本文作者畫室建成，楊老仁愷先生來賀，命名"晚霞閣"並書"墨香四溢，韻事留美"。

文星北墜，（注四）

悲風濔水。

一代泰斗，

化鶴西雲，

望斷老眼潸潸泪。

二十歲歲，

浴春芳蕊。

霞閣題齋，

韻事流璀，（注五）

區鎖空樓人不寐。

大卷興慧，

吾今誰誨？

手澤稿遺，

墨氣猶香，

夜讀三復深深味。

自學才瑞，

積踐文粹。

決疑銳鋒，

重望攸歸，

千秋文博留大美。

國寶沉浮，（注六）

鑒審眞僞。

沐雨樓文，（注七）

卷摞豐碑，

立言中外功爲最。（注八）

"三大"評位，（注九）

謙和含翠。

培才光前，

裕後群萃，

先生高風九霄慰。

（林聲　原遼寧省人民政府副省長）

（注六）楊仁愷先生
著《國寶沉浮錄》。

（注七）楊仁愷先生
著《中國書畫鑒定學
稿》，聲譽遠播。

（注八）楊仁愷先生
著《沐雨樓文集》。

（注九）馮其庸先生
撰文譽楊老爲"大學
問家、大書法家、大
鑒賞家"。

緬懷楊仁愷先生

謝德晶

（注一）謝無量（1884 —1964）四川樂至人。原名蒙，字大澄，號希範，後易名沉，字無量，別署嗇庵。近代著名學者、詩人、書法家。民國初期曾任孫中山先生秘書長、參議長等職。建國後，歷任川西博物館館長、中國人民大學教授、中央文史館副館長等。

楊仁愷先生是我祖父謝無量（注一）的朋友。八十年代末我通過魯迅美術學院晏少翔教授認識他。一次晏教授到我家串門，談起楊老并帶我到北陵楊仁愷先生的家裏拜訪。當他得知我是謝無量的孫女，非常熱情地接待我。他講四川話，因爲我家的老人在家裏也講四川話，所以聽起來非常親切。他告訴我是解放前認識的我祖父。當時祖父在重慶的大學任教，他那時才三十多歲，雖然祖父比他年長，而且是一位學識淵博的學者，楊老很敬佩他，尊敬他，後來成了朋友。還談到在重慶最使他感動的一件事，一天傍晚祖父親自去他家拜訪。他那時祇是三十多歲的年輕人，而我祖父已是六十多歲的老者了。他萬萬没想到這位大學問家，没有一點架子，那麼平易近人，事隔幾十年，他還記憶猶新。通過這次接觸，我才知道楊老是遼寧省博物館的名譽館長，又是全國七位古代書法繪畫的鑒定人之一，如果他没有堅實的學術基礎和文史修養是不可能擔此重任的。他和北京榮寶齋非常熟悉，來北京有時也常住在那裏，據説，解放初期，吉林長春僞滿州國皇室逃跑時，房子内有許多碎紙垃圾，他得知後，即讓榮寶齋把這些"垃圾"收集起來，經過篩選，他從這些"廢紙"中發現了古代的真迹名畫，慧眼識珠，搶救了一些有價值的文物、國寶，可見他考慮問題確有獨到之處。

在接觸中我深深地認識到，他不僅有鑒賞書畫的高超能力，而且他本人的書畫繪畫水平也極高，他曾主動提出如果我要學習書法，他可以教我，我聽了非常高興，同時他還送我一幅條幅。九十年代初我隨愛人搬來北京居住，臨別時我去向他辭行，我問起北京還有哪些我祖父生前的朋友，我可以去拜訪他們，他説如今健在的有董壽平、啓

（圖一）謝無量先生致楊仁愷先生信札

（圖一）

功、馮其庸……等人。九十年代末啓功和其他一些書法人士，曾發起要收集二十世紀書法十大名家的手迹并重新印刷，以弘揚祖國文化，我祖父的書法也是專集之

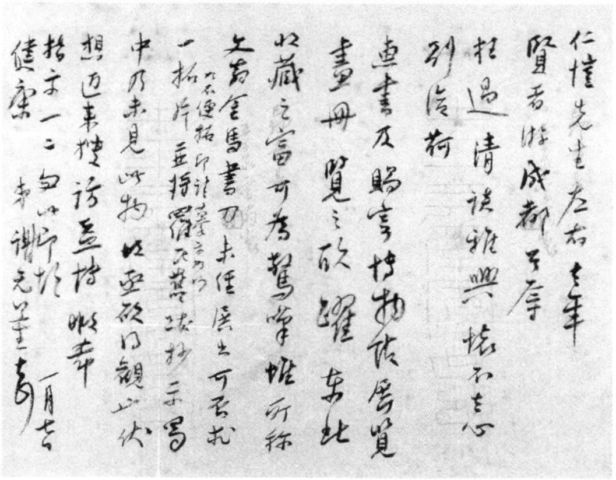

一，由杭州富陽華寶齋（注二）負責編印。他曾來電話告訴我，并轉告華寶齋蔣方年先生讓他們和謝無量先生的後人直接聯係。通過楊老的介紹，我認識了一些人也出版了祖父的書法專集，我很感激他。

我每次去瀋陽，都要擠時間去拜訪楊老。那時他已搬到新居，精神還是很好，非常熱情地接待我，我曾向他提出寫祖父生前的事，請他撰稿，他滿口答應。他説："好啊，什麼時候需要，我一定寫。"其實我祖父已作古多年了，他們的年紀又相差很多，但知識友誼是没有年齡界限的，他們的友誼是很深的。

前年《二十世紀十大書法家》專集已陸續出版，我將祖父謝無量書法專集準備寄給楊老時，才得知他已仙逝。今天在此寫這篇紀念他的小文，以表對他深切的懷念。

（謝德晶　謝無量先生長孫女、謝無量先生著作大陸唯一授權人）

（注二）華寶齋是中國境內一家從造紙、製版、印刷、裝訂、出版到發行一條龍生產影印綫裝古籍的集團公司。

憶楊老
—— 記仁愷先生與祖、父兩代的友誼（注一）

商志醰

（注一）本文係作者二零零八年所作，編者曾於二零零九年四月赴廣州請商先生再寫一篇以選入本集之中，然天不遂人願，商先生於零九年七月與世長辭，現收錄此文以表對商先生的懷念。

（圖一）楊仁愷先生致商志醰先生的信札

（注二）商衍鎏（1874—1963）字藻亭，號又章、晃臣，晚號康樂老人，廣東番禺人，著名學者、書法家。建國後，歷任江蘇省政協委員、廣東省政協常委、廣東省文史研究館副館長、中央文史研究館副館長。

（注三）商承祚（1902—1991）字錫永，號蒻剛、蠖公、契齋，廣東番禺人。著名古文字學家、金石篆刻家、書法家。曾先後任教於南京東南大學、中山大學、清華大學、北京大學、東吳大學等國內知名學府。

在二十世紀八十年代初，爲保護祖國書畫文物，將全國各地省市博物館、圖書館、各大專學院以及文物商店所藏的書畫，鑒定真贋，甄別級別，以利保管。於是由國家文物局領導，派遣謝辰生同志任組長，包括由啓功、謝稚柳、徐邦達、劉九庵、楊仁愷諸先生擔任的全國書畫巡回鑒定專家組，歷時八載。而楊仁愷先生之造詣深厚、嚴謹學風、寬厚坦蕩、道行優備，其威望素著，至今仍爲人念念。

九十年代又拜讀仁愷先生的兩本宏著：一是《中國書畫鑒定學稿》，名爲學稿，乃自謙之詞，實是一部涉及廣博的宏篇著作，體現他在歷史學、社會學、考古學、民俗學以及文學、哲學、美學以及美術史、印刷史、版本史等諸多領域的渾厚學養；二是《國寶沉浮錄》，爲積累四十年的第一手資料，記錄了祖國佚散書畫的流向，并將其名稱、內容、形制與藝術特點、流散過程及現狀情況，還有作品之真僞，如數家珍地一一叙述。這種詳細而特具特徵地科學評述，不僅爲以後尋覓國寶具有重要性，更使國人對珍寶

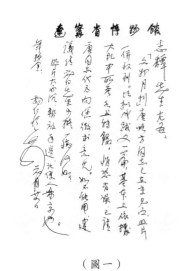

（圖一）

的遺失痛心疾首，增加了後人的愛憎之情。楊仁愷先生之功，當載史冊。雖然這一切都是目睹耳染，卻似乎歷歷在目，顧而樂之。對楊老的崇敬，早已默在心向往之。

初識仁愷先生是一九九四年初秋，時值北京故宮博物院成立七十周年，楊老與我都被邀請之列，後來又同赴故宮漱芳齋欣賞鋼琴演奏，這裏是昔日清皇帝聽戲的地方。由於同排鄰座，楊老又甚爲健談，在間隙中他陸陸續續地談及，早年與祖父藻亭先生（注二）、父親錫永先生（注三）的交往與友情，更引起我這後輩的敬佩。次年《文物》月刊約稿，於是我將祖父早年收藏的并題名《康熙朝官送劉孟倬之任東藩》冊頁送往瀋陽，請楊仁愷先生鑒定作文，以增光彩。楊老在文章中首先提到上世紀四十年代初，祖父在重慶舉辦書展，他"有幸爲展覽做些力所能及的事情，於是有緣拜謁年丈，鶴髮童顏，望而起敬。那些書畫，爲戰時

首都增添了濃鬱的文化氣氛，給人留下了深刻的印象，時至今日，記憶猶新。"
最近因編輯《商氏四代詩書畫集》，恭讀祖父的日記與書函，見一九四三年十二
月二十三日與友人信言："會展廿日畢事，略常有獲，然十分勞累"；此事"幸
有楊遺民先生奔走諸方，代爲操執，免除璪尾，使得會展順利。楊君年約廿五
許，巴郡廣安府人。少孤貧，先後於蓉渝學堂執教。此間任中蘇文協幹事，爲人
直義坦率，豪氣幹霄"云云。實此書展全名"商衍鎏商承祚父子書畫展"，於
一九四三年十二月十七日在重慶兩道口"中蘇文協"舉行。展前，由《說文月
刊》社長衛聚賢，自稱衛大法師者出資，由父親，當時以鹽務總局幫辦秘書身份
出面，宴請至朋好友，出席者有傅斯年、顧頡剛、馬叔平、沈尹默、郭沫若、胡
小石、徐悲鴻、常任俠、劉節、張大千、傅抱石、宗白華、傅振倫、徐中舒、常
書鴻，還有祖父的科舉童年沈鈞儒等先生約二三十人，一切由楊遺民先生張羅
籌辦。祖父在書信中一再稱讚楊遺民先生，盡心盡力地辦事能力和處理事情的水
平。楊遺民即楊仁愷先生，而他總是那麼謙遜恭謹，懷珠琨玉而不爲溢美，那麼
懷信殊深而不露聲色地助人爲樂。

　　寫到這裏又想起一事。二零零四年冬，曾擬將楊老的這篇宏著附於祖父收藏
册頁之後，以作長期保存，於是抄正後，乃請韓錫鐸先生從廣州帶往瀋陽請他過
目審閱。楊老很熱情也很認真地校審，又是簽名，又是蓋章。如是者往返兩次，
不勝其擾。而今仁愷先生的這篇《〈康熙朝官送劉夢倬之任東藩〉跋》重裱，放
於祖父所題册頁之後，使之永傳百世。對楊老這種認真熱情，而支持提攜晚輩的
做法，深爲感動，至今不能忘懷。

　　父親是一九四二年二月由長沙轉輾
到重慶的。在長沙爲金陵大學購置的衆
多楚文物，苦於無法運到四川，得當時
任重慶中央銀行總行秘書衛聚賢幫助，
利用中央銀行運輸鈔票到長沙後的回程
空車載至重慶。衛爲孔祥熙之親信，戰
前在上海利用與孔之關係，取得資助，
辦說文月刊社，出版《說文月刊》。
由於撰稿關係，父親與之相識。抗戰

（圖二）

時，國民政府以重慶爲陪都，衛與孔同來四川，更因爲衛得孔在財政支持，得到
經費，繼續辦《說文月刊》，并匯款請父親在長沙代購文物，籌辦"說文社博物
館"。正是這個原因，父親到重慶後與衛聚賢聯系，常出入"說文月刊社"，而那
時仁愷先生正在"說文社"協助工作，於是相識。因此可以肯定地說：父親與仁
愷先生相交是一九四二年二三月間。

（圖二）商衍鎏、商承
祚父子在探討書法。

由於仁愷先生與我們兩代之友情，由於楊老在中國古代書畫鑒定界的權威地位，由於深圳博物館是個新興的地方性博物館需要楊老的愛護，在一九九五年十二月於深圳舉行"商承祚先生家屬捐贈文物"的儀式上，希望仁愷先生親臨指導并出席剪彩儀式，雖然那時他因外事工作較忙，雖然他沒有參加儀式活動，然而在他從歐美等地學術活動結束，在返回瀋陽的中途，仍然專程停留深圳，在博物館的倉庫中一一鑒定了這批捐獻字畫。後來在其撰寫的《商承祚先生捐贈文物精品選》的《序言》一文寫到："商承祚教授的鑒藏從多方面着手，他也留意前人山水之作，但不是無目標地隨意入藏。"仁愷先生一再指出家父的收藏"具有相當高的程度，并非隨意取捨，有他一定的標準"，又認爲"古人的畫品固高，人品更爲世人所重"，因此商老的收藏畫標準，"對今日越來越多從事收藏的後人來說，可以作爲借鑒"，最後仁愷先生着重地寫道：當他對商老鑒藏的體會進一步有所領悟的同時，"對他一生治學、育人的光輝業績，對後人的啓迪和愛國無私的美德，更加爲之肅然起敬"！楊先生稱讚家父的話，我在故宮漱芳齋音樂會的間隙中，他也講過類似的話語：即是指一九五六年《蘭亭序》爭論時的事。

一九六五年中國書法界曾有一場關於王羲之《蘭亭序》真僞的辯論。首先是郭沫若先生在《文物》月刊著文，從考古資料論證《蘭亭序》乃後人僞作，未久南京的高二適先生發文辯駁其非。一時引起書法界、史學界乃至文學考古領域的重視，參加者日衆，形成了兩大陣營：一方以郭沫若爲領軍，一方以高二適（注四）爲主將。這本來是一場學術領域的爭辯，然而在六十年代的政治環境下，開始未久，就出現了一些不和諧的音階，摻入了某種的政治干擾，致使一些當時的名流、著名學者，一反常態、違心地表態，甚至將不同意見者視爲鬥爭對象；更甚者某些虛僞官吏，對書法一竅不通，卻自戴着內行學者的帽子，以打手的面目出現，而正派的學者不敢發表自己看法，即便著文也不能發表。鑒於學術界的不正之風，楊先生回憶當年之事說："記得《蘭亭》辯論之興起，許多人違心地附和。當時我客廣州，常與令尊過從，談及學術問題，不應隨政治風向轉變。令尊對《蘭亭》始終認爲真迹，對當時某些大人物之論點深以爲憾。我亦有相同觀點。"於是在楊老等人的支持下，或提供資料，或補充論點，而由父親撰成《東晉書法風格并及〈蘭亭序〉》一文。文章發表後，仁愷先生又說："當全國絕大多數學者一直指責《蘭亭》僞本時，而令尊敢冒大不韙，義正詞嚴，批駁氣勢洶洶的謬論，不畏權貴，維護學術尊嚴，此種品德，實在難能可貴。"又說："事後我爲令尊獨自主張，排斥衆議，生怕惹起所謂文字之獄而惶惶不安"，關懷之心躍然紙上，拳拳之心服膺不捨。與父親之友誼真是純釀濃濃，真情切切。

雖然這場學術辯論，毛澤東主席認爲"筆墨官司，有比無好"，主張"爭論是應該有的"，并勸說郭老、康、陳等人要正確對待，然後他們并沒有按照"最

（注四）高二適（1903—1977）原名錫璜，後易爲二適，中年曾署瘖盦，晚年署舒鳧。江蘇東臺人，著名學者、詩人、書法家。一九六五年參與"蘭亭"論辯，《蘭亭序的真僞駁議》和《蘭亭序真僞之再駁議》等文影響極大。

高指示"去執行，也没有按"雙百方針"去貫徹。最典型的是，一九七三年出版的《蘭亭論辯》一書，以十分明確地揚此抑彼的觀點，將辯論雙方文章重點納入（父親的文章就收入反對論者的第二篇，而且僅僅選錄了兩篇）。在編者按語中，説什麽"這次對《蘭亭序》之真僞之論是怎樣對待歷史文化遺産"，郭沫若同志爲代表的"以辯證唯物主義的批判態度推翻歷代帝王重臣的評定"，"應當指出，這種爭論反應了唯物史觀同唯心史觀的鬥争"。此處父親被扣上一頂"唯心史觀"帽子。在那個風聲鶴唳、霧濛雨晦的時代背景下，其壓力可見一斑。他祇有在自己收藏那本書之被批判按語的上方，用紅色圓珠筆寫道："誰唯心，誰唯物，無須妄捧，明眼人自知之。"以明心照。相隔四十年後，《東晉書法風格并及〈蘭亭序〉》一文，終於被認爲是一篇從王羲之《蘭亭序》到東晉時代書法

（圖三）

的闡述，是"從一人一帖的研究進入一個時代一種書風的宏觀研究，從單純的《蘭亭序》研究進入東晉書法史研究"，這種"從一點見出全體，以局部觀照全史，這是新的書法史觀的表現"。楊仁愷先生在這封信的最後説"令尊在學術方面，堅持真理，值得大家學習"。從而

看出在這方面，楊老深厚的學識，犀利的目力：他不顧政治晴雨表的壓力，堅持正確的學術觀點，表現出他的正義與誠意，反映出他的情性、才學和胸襟。

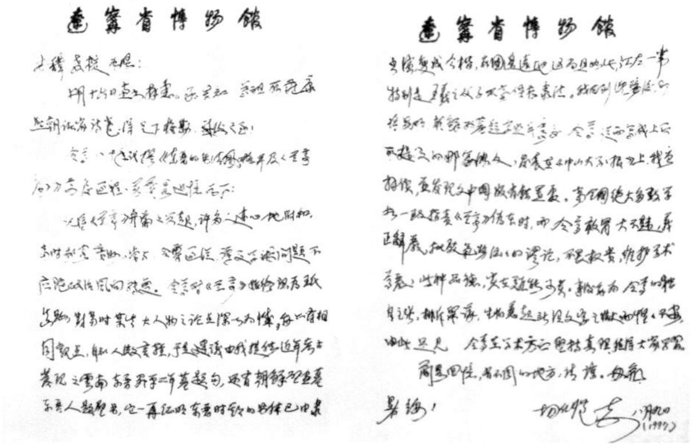

我國古諺云："人生七十古來稀。"父親有《老人歌》曰："九十不可算老，八十不稀奇，七十過江鯽。"祖父與父親仙期皆九十，而楊老是九十三歲——用中國的習慣，應是九十四歲乘鶴而去。人們都希望自己長壽康健而事業有成，他們都達到了。他們的學術精神，與日月同輝，與山川共存，受到後人的敬仰和稱慕。楊老在中國古代書畫鑒定領域更是成就非凡，他爲建立我國科學的書畫鑒定學貢獻了終生。

在這裏，我將南方特有的一朵紅彤彤的木棉花獻在楊老的像前，以寄托我們的懷念和尊崇！

（商志䩲 著名學者、中山大學人類學系教授）

謙謙君子 如沐春風

——思念楊老仁愷先生

梁潔華

我與楊老仁愷先生相識十餘年，因為一見如故的關係，簡直像深交了一輩子的朋友。他那謙謙君子的為人處事風範，迄今仍是歷歷在目，難以忘懷。

楊老與我是經畫家宋雨桂先生介紹認識的。自上世紀九十年代初認識之後，經常在不同場合上陸續有見面，不是共同出席某些大型國寶展覽，便是在我到訪遼寧省博物館或是於大連與瀋陽舉辦個人畫展（注一）時相聚。

（注一）梁博士曾於一九九八年、二零零五年分別在大連和瀋陽舉辦個人畫展。

接觸多了，對楊老的言行舉止有着不斷的深切認識與體驗，現在略談一些個人感受，以抒對他老人家思念的情懷。

在接待客人時，楊老是不論輩份的，他那和藹可親的面容，溫文爾雅的談吐與精深淵博的學識，往往令來訪者頓然進入了中華文明的殿堂，及體會着如沐春風的君子風範。這種來自數千年文化深層次的震蕩，在結束會面後，仍會在客人的記憶中不斷迴響。

曾經幾次獲楊老指導觀賞國寶珍藏，看見他對每件文物的尊崇敬仰，對每件文物的歷史與背景資料的詳盡認知，和聽着他如數家珍般的陳述，確實使人從心底深處悠然起敬，醒覺到中華文明在近百年間飽受摧殘，如果缺少了像楊老這些智者賢人，實難以想象現今的景況將會如何！

（圖一）

（圖一）梁博士與楊仁愷先生在上海國寶展開幕式上。

楊老在其熟識的學術與文物鑒定領域中，認真嚴謹，處事鞠身關注與一絲不苟的態度，已熟為人知，但他對自己不熟識的事物，只要感興趣，那種稚子求知的動力便會常常表露無遺。這是赤子之心，是"永恆活着"的生活態度與心理狀態，在我的記憶中留下異常深刻的印象。

以楊老本人而言，他在書畫上本有精湛的功力，但卻把數十年的時間與精力投放在尋覓散佚書畫與善本，鑒賞與考證的學術工作上。在思念他的同時，我亦衷心感謝他與他同輩的不少文博工作者，感謝他們對中華文化遺產的無私貢獻；他們捨棄個人私利，投身於當時頗為艱苦的工作，致力搶救與維護流散在民間或面臨被毀的文物與古跡。楊老一生的工作，與其他同輩文博工作者的努力，委實值得我們的極崇高敬意。

（梁潔華　畫家、慈善家）

學界楷模　文博泰斗

—— 懷念人民鑒賞家楊仁愷老先生

宋惠民

　　我與楊老相交是在一九八八年，遼寧省博物館四十周年館慶。楊老請我們學校國畫系已經退休的四位老先生晏少翔、鍾質夫、季觀之、郭西河老師合作《北國松泉圖》鉅幅國畫，并爲四位老先生在遼博舉辦聯展。畫展當時轟動瀋城，并受到美術界的一致好評，産生了很大的影響。《北國松泉圖》被遼寧省博物館永久收藏。我也因這次活動結識了楊老。那時我就被楊老過人的氣度、超前的意識所打動，也被他對中國文化的熱愛、對傳統繪畫的深入研究所吸引。此後，我便開始與楊老有了更深入的接觸。

（圖一）

（圖一）宋惠民先生與楊仁愷先生在交談。

　　我是一九八六年開始做學院的領導工作的。魯迅美術學院的前身是延安魯藝、東北魯藝，是東北地區美術的最高學府，是一所多學科的藝術院校。其中國畫、美術史論、書畫鑒定等專業，是和博物館密不可分的，博物館是最好的傳統繪畫課堂。遼寧省博物館的藏品，特別是"晉唐宋元"這批書畫國寶，和楊老緊緊地聯係在一起，楊老用畢生心血完成的鉅著《國寶沉浮録》，給文博界、美術界、文化界，留下最珍貴的財富。在不斷的接觸中，我更感到楊老作爲一位德高望重的前輩，待人謙和，毫無架子，學者長者的風範，是一位大學問家，大鑒定家、大研究家、大書法家。根據我院學術發展的需要和培養美術史論、書畫鑒定人才的意願，一九九五年院黨委班子、學術委員會決定，聘請楊老爲魯迅美術學院首批名譽教授之一。同時被聘請的還有一位來自北京，中國藝術研究院副院長、中國紅學會會長、國學大師、著名書畫家馮其庸先生。馮老是一位著作等身的學者，研究領域廣泛且深入。晚年研究中國西部歷史文化藝術，爲世人矚目。中國人民大學成立國學院之際，馮老被聘爲首任院長，馮老和楊老又是相交多年的老友，兩位老先生在被聘爲名譽教授之後，對我院的學術研究起到積極的推動作用。兩位老先生在百忙之中還爲我院師生作過多場生動精彩的講座。特別是楊老，家住瀋城，學校有學術活動時，祇要發出邀請，楊老都有求必應。我記得在一次學術活動中，和楊老在一起聊天，楊老對我說："美術院校和博物館是分不開的，博物館願爲美院師生提供一切條件，支持美術教育，培養人才。這樣博物館收藏的國寶才能發揮它的應有作用，資源不會浪費。"和楊老接觸得越多，越是感覺到老人的慈祥、和藹、親切，而且社會責任感極強。

楊老在晚年，社會活動很多，休息不好，我們盡量少去打擾，想讓老人多休息。我記得二零零零年，省政府授予楊老"人民鑒賞家"的稱號，國內外不少學者專家前來祝賀。楊老的《國寶沉浮錄》、《中國書畫鑒定學稿》，在文博界、美術界、學術界都產生了深遠的影響。楊老用睿智的慧眼搶救了一批批國寶，保護了大量的宋元書畫真迹，北宋張擇端的《清明上河圖》，就是楊老在很多偽作中鑒別出來的真迹，它成爲後來研究宋人繪畫藝術風格，研究宋代城市生活和工商、交通、風俗、服飾、建築等方面的重要歷史文獻。

（圖二）

楊老到了耄耋之年，身腿尚健，仍然是爭分奪秒，爲文博，文史事業孜孜不倦地工作，真正無愧於"人民鑒賞家"的稱號。楊老的一生是勤勞奮鬥的一生。楊老經歷了風風雨雨，他把畢生的精力和全部心血都獻給了文博事業。

二零零八年二月十五日，在楊老的追悼會上，挂在靈堂入口處的鉅幅挽聯，是對楊老一生最恰當的總結和評價。挽聯由國學大師馮其庸先生撰寫：

沐雨櫛風，數十年鑒寶護寶奉祖國；（注一）
焚膏繼晷，千萬字著書立言遺人民。

看到這副挽聯我思緒萬千，心情無比悲痛。追悼會上瀋城幾千人揮淚送別這位德高望重，一生爲國家作出鉅大貢獻的"人民鑒賞家"。

痛心傷永逝，揮淚憶深情。桃哭李悲，寒風冷雪，歲暮淒涼，天地皆哀。楊老作爲一位爲祖國奉獻一生的學者，他的精神將永遠鞭策我們前進，楊老也永遠活在我們心中。

（宋惠民　原魯迅美術學院院長）

懷念尊敬的楊老

蘇士澍

時間過得真快，文物界的老前輩楊仁愷先生離開我們已經兩年了，可我卻一直覺得他還在書房裏筆耕不輟，或者是對着書畫作品在苦苦地思索着什麼。說實在的，我并不覺得他已經到了另外一個世界。也許，這大概就是人們平時所說的雖死猶生吧！和老人家相處的往事，也不斷涌上心頭，一切都恍如昨日。

（圖一）

記得"文革"那不堪回首的歲月剛剛過去，一切百廢待興的時候，書法界人士也開始揮動毛筆，準備書寫激情。那時書法家協會還沒有成立，人們特別渴望有個"家"的時候，楊老發揮他在東北的優勢，還有他的崇高威望，在瀋陽舉辦了首次的全國性書法展。這事在今天也許是一件很尋常的事情，可是在當時說它驚天動地，一點兒也不過分。那時宣傳、徵集、裝裱、場地、布展，還有組織工作，都是在利用業餘時間和沒有資金來源的情況之下來進行的。所有的事情都體現在一個難字上，甚至還可能會有風險和非議。可是楊老不辭辛勞地到處奔走，硬是解決了所有的問題，把事情辦得非常的圓滿。記得當時的人們都很激動，感到迎來了書法界人士的盛大節日。

（圖一）一九八三年十一月文物出版社蘇士澍、王露等人在遼寧博物館拍照出版畫冊時與楊仁愷先生合影。

那不是一般性的展覽，應該說是具有劃時代意義的。它是書法界人士由單兵作戰到共同奮鬥的開始，特別是老一輩的書法家經歷磨難後重新聚首，新人趕上千載難逢的良機，想起來都讓人激動。由於展覽的規格很高，覆蓋的範圍很廣，書寫的水平很高，讓人們看到了書壇即將到來的春天。我是當事人，記得大家那時個個熱血沸騰，展覽開幕的當天，幾乎是徹夜未眠。人們在談論中已經流露出對成立自己的學術組織的渴望。正如清代詩人張維屏描繪的那樣："千紅萬紫安排著，祇待新雷第一聲。"從那以後，書法界的活動就在全國各地普遍開展起來。一年後，中國書法家協會就應運而生了。事後，人們很客觀地評價說，瀋陽那次展覽是中國書法家協會成立，使書法家們真的有了"家"的前奏。今天，我們再客觀地評價一下這件事情，如果沒有楊老的威望和努力，我們的期待和盼望也許還要等待一些時日。

　　楊老對此事并沒有居功自傲，他祇當没有發生過一樣。就是有人説起這件事，他也是付之一笑而已。可是當書法界再次需要他出力的時候，他還是一如既往，竭盡全力。比如一九九五年，文物出版社和遼寧省博物館共同舉辦"第二屆中國書法史論國際研討會"，楊老不僅出面解決了會場和代表們的食宿問題，而且連代表們觀摩什麼文物，到哪個地方去考察都想到了，會議順利地如期召開。也許是遼寧館藏文物和楊老的知名度同樣具有魅力，那次到會的代表特别多，有些没有報名的學者、專家也慕名而來，其中有來自美國、法國、比利時等國的。這樣一來，雖然會議規模大了，可預算也超支了，會務組支撑不住了。我們懷着惴惴不安的心情去找楊老。他似乎早有準備，拿出幾幅寫好的字，先叫人送到飯店，説是付了押金。又撥通了在銀行工作的書法家唐雙寧先生的電話，資金很快到位了，會議照常進行。沉浸在會議學術氣氛中的代表們，根本没有察覺到這期間所發生的事情。

　　兩年後第三屆、第四屆研討會分別在澳門和日本的東京舉行，楊老都參加了。他不是一般的代表，總是被人們包圍着，不停地回答着各式各樣的問題。因爲大家知道，楊老涉世極深，他的每句話都飽含着人生的哲理和學術的内涵，誰又願意放過這樣難得的機會呢？由於我和楊老接觸多，所以他對我

（圖二）

和文物出版社的同人總在另眼看待。在日本宣讀論文時，分爲四個分會場，我和老同學崔陟在第一會場。按次序我們兩個先上場，我們雖説見過世面，但那畢竟是在他國，而且誰知道愛鑽牛犄角的日本人會現場提出什麼問題，所以多少有些局促。這時，楊老來了，臉上挂着能代表他典型特徵的笑容，坐到了我們身邊。他什麼也不説，也不看我們，似乎是和陌生人在一起。我和崔陟對視而笑，心裏一下有了底：有老爺子在，我們怕什麼？我們先後上臺宣讀論文，回答了日本代表提出的問題，順利地完成了任務。我們分別坐在楊老的左右，也是一言不發。這回楊老説話了："很不錯嘛，該説的都説了！"

　　我一直把楊老當成最尊敬的師長，可在他的眼睛裏，我，還有崔陟他們都是忘年交。在長期的交往中，無形中養成一個慣例，那就是祇要我到了瀋陽，不管是不是到博物館辦事，一定要去見楊老；令人感動的是楊老到了北京，也一定給我一個電話，哪怕是説上幾句話，也要見上一面。尤其感動人的是，楊老幾次把我和同事們請到他家裏，讓我們品嘗一下他老伴做的四川涼面。吃的時候，他不

時地説，多吃些，這可是正宗的。他説這句話時，四川口音特別濃重，可能是一種自豪感吧！説實在的，那面真香，和外邊賣的不一樣。我們每次都吃得很飽，那是因爲楊老看到誰吃完，馬上奪過碗來，不容分説地又盛上一碗。

自從楊老去世後，我和崔陟他們都説，再也没有吃過那麼可口的四川凉面了。

楊老從藝術和做人方面，都留給我們的可學習、借鑒的東西真是太多了，足够我們一輩子受用的。他是博學寬厚的長者，他的一生是學術性和傳奇性兼而有之的。爲什麼這樣説，他的閱歷深廣，曾經在凌亂的倉庫裏發現國寶《清明上河圖》；在整包袱的碎紙片裏組合出米芾的《苕溪詩卷》；曾經走街串門去探訪清宫散佚的書畫……難怪遼寧省人民政府授予他"人民鑒賞家"的稱號。有人對此不理解，我們祇能説他還不真正地了解楊老。

"大江淘盡人間夢，依舊江濤拍岸流"。我認爲懷念一位逝去的長者，最好的方式莫過於繼承他的事業。對於楊老來説，雖然我們不能取得他那樣的成就，但是要具有他對文物事業的執著精神。像他那樣勤勤懇懇，像他那樣兢兢業業，祇知道奉獻，而不知道索取。

楊老的一生歷盡艱辛，真是太操心、太辛苦了。此刻唯一的希望，就是願老人家在九天之上放下心來，他所爲之奮鬥終生的事業，已經後繼有人了，而且是大有人在。

永遠懷念心目中最尊敬的師長——我們的楊老。

（蘇士澍　全國政協常委、文物出版社名譽社長、著名書法家）

獨具慧眼的"人民鑒賞家"

陳燮君

　　二零零八年一月三十一日凌晨，九十三歲的楊仁愷先生駕鶴西去。國家痛失瑰寶，文博界驟失大師。我們懷念這位老人，感懷他爲新中國文博事業作出的杰出貢獻。楊老與上海博物館交流頻繁，曾多次參加了上海博物館的展覽和學術活動，可謂有請必來，有來必論，獨具慧眼，妙語連珠。他對上博的業務工作，尤其是書畫業務的推進作出很大貢獻。二零零零年八月，菲律賓華僑莊萬里子女邀請楊老到菲律賓鑒定父親生前的收藏，楊老在百忙之中不遠萬里飛赴馬尼拉，在莊氏"兩塗軒"鑒定了這位愛國華僑生前收藏的幾百件文物，其中僅宋元明清珍品就有百餘件。當時八十五歲高齡的鑒賞家的敬業精神令老華僑子女感動不已。楊老回國不久，他們即按老先生"捐給祖國"的願望，多次訪問上博，考察上博的館藏條件和人文環境，將貳佰多件文物捐贈給上海博物館。這次捐贈，不僅豐富了上博的館藏，也讓上博人感受到了莊氏家族的崇高境界和楊老的深情厚誼。

　　我與楊老結識較早。後來在上海圖書館做管理工作，由於老館長顧廷龍先生與楊老交往甚密，所以有機會經常求教於楊老。他博學多才，誨人不倦，以文會友，給人智慧。自從擔任上海博物館館長以後，有更多的機會與楊老見面，或歡聚於上博，或相會於北京故宮，或在遼博與楊老一起同賞館藏，共商國寶大展。二零零二

（圖一）

（圖一）楊仁愷先生爲上海圖書館新館落成題字後與本文作者合影。

年十一月底，時值上海博物館五十大慶前夕，"晉唐宋元書畫國寶展"在上海博物館開幕。這一展覽由故宮博物院、遼寧省博物館、上海博物館三家聯合舉辦，共展出七十二件晉唐宋元書畫。數十件千年遺珍浩蕩匯聚，集中亮相，實屬空前，極爲難得。在展出的一個多月間，每天凌晨，攝氏零下五度，在嚴寒中開始形成隊伍，直至早上開館。進館後，在幾個展廳前依然排起長隊。尤其在二樓展廳的《清明上河圖》前，一排又是幾個小時，可謂前所未有的長隊、難以忘懷的人潮和文化盛事的轟動。許多觀衆知道北京故宮博物院珍藏的《清明上河圖》是

北宋畫家張擇端的曠世鉅製，但并不知道《清明上河圖》在世間沉寂了八百年之後是誰重新發現它的。這位探寶功勛就是時任東北博物館（現遼寧省博物館）的研究員楊仁愷，發現時間恰好是"國寶展"開幕的五十年前的一九五二年。而發現國寶的五十年後，楊老又對國寶展的策劃貢獻了智慧！

楊老是著名的博物館學家、書畫鑒賞家、書畫家、中國古代書畫鑒定小組成員之一、遼寧省文史館名譽館長、遼寧省博物館名譽館長，遼寧省美術家協會和書法家協會名譽主席，是享譽海內外的文博界的泰斗級大師。在遼博舉行的楊仁愷先生的追思會上，我曾由衷地説：一個人要集書畫鑒賞、書畫創作和文博研究於一身并不容易，但是楊老做到了！一個人要接二連三地發現國寶、揭開故宮書畫國寶疑雲并不易，然而楊老做到了！一個人要做到學識淵博、情操高尚又和藹可親、平易近人并不易，可是楊老做到了！二零零零年楊老被遼寧省人民政府授予"人民鑒賞家"稱號，楊老當之無愧！

一、"國眼"與"國寶"

博物館以"博"取勝、以"物"爲源的特質來源於觀衆認知文明、鑒賞文物的期望與需求。博物館的藏品穿透了漫長的歷史，抖落了歷史的塵埃，演繹着滄桑鉅變，表達着歲月坦誠。同樣，博物館兼具收藏保管、研究和社會教育三大功能，博物館文化以其犀利的歷史穿透力詮釋着歷史的莊重、深沉、堅毅和蒼偉。楊老從鑒定、收藏到研究、普及，幾乎無所不能，其前提當然在於慧眼識真金。

楊老在而立年之前，轉職於成都群覺女子中學教員、成都求精印刷廠校對員、重慶德光印書局協理及説文月刊出版社顧問、重慶私立敬業高級商業學校任教等。期間，山城衆多的文化名人郭沫若、徐悲鴻、沈尹默和老舍等前輩對楊老的文化熏陶意義頗大。同時，楊老與徐悲鴻、潘天壽、張大千、黄賓虹、傅抱石等一代宗師結成師友之交。抗戰結束後，楊老移居北平。一顆鍾愛中國古代書畫的赤誠之心促使楊老經常駐足於古玩雲集的琉璃廠等街頭巷尾，醉心於書畫鑒賞的心得交流，喜慶於歷代書畫的尋覓收購。如果説楊老的"國眼"在新中國成立前祇是"初試鋒芒"的話，那麼解放後就是如魚得水而成爲真正的"火眼金睛"。

一九四九年，楊老受聘爲東北人民政府文化部文物處研究室研究員；一九五零年，調任東北文化部文物處研究員；一九五二年任東北博物館研究員，在長春、興城、天津等地清查長春僞皇宮佚目書畫，并參加東北博物館在瀋陽、北京兩地的藏品清理工作。一九六二年八至九月，參加中央文化部書畫鑒定小組在遼寧省博物館的書畫鑒定工作；一九八三年八月參加"全國書畫巡回鑒定專家小組"，與謝稚柳、啓功、劉九庵、傅熹年等一起成爲中國書畫鑒定最高機構的成員。楊老和"全國書畫巡回鑒定專家小組"在八年間走訪了全國二十多個省、自治區、直轄市的貳佰多個書畫收藏單位，對全國各地博物館、圖書館、大專院校、文物商店等單位所藏的六萬餘件書畫作品逐一鑒定，不僅梳理摸清了國內現存古代書畫的基本家底，而且編印出版了文字圖目。楊老在書畫鑒定工作中嘔心瀝血，碩果斐然。

最爲人所津津樂道的是：解放初期，正是由於他的慧眼識寶和不懈努力，才使得《清明上河圖》真迹被發現，《簪花仕女圖》、《虢國夫人遊春圖》等國寶級書畫珍品重新被國家文博單位庋藏。

一九五二年，楊老參加東北銀行存歷代書法名畫整理鑒定，以及撥交東北博物館的接收工作。一九四五年八月，蘇聯紅軍在瀋陽機場俘虜了本想在此轉機逃往日本的僞滿洲國皇帝溥儀。當時他隨身携帶的物品移交給了中方，後來這批隨身携帶物品存入了東北人民銀行保險庫，其中就包括一批來自故宮的書畫珍品。

一九五零年冬天，新成立的東北博物館（現遼寧省博物館）委派已在瀋陽東北文物管理委員會從事文物研究工作的楊老，清點和整理戰爭中繳獲的文物。他在一堆已經被工作人員初步認定爲不重要的書畫中看到一卷題簽上寫着《清明上河圖》的畫卷，但開始他并沒有太激動。因爲在這以前，東北境內已經發現好幾幅《清明上河圖》，都被看成是明清時蘇州作坊或清宮畫師所繪製的仿摹本。在中國畫史和明清以來有關筆記中，人們對《清明上河圖》歷來都極爲重視，然而，張擇端繪製的《清明上河圖》自北宋以後就失傳了，幾百年來，人們對它的真實面貌，始終一無所知。民間流傳着許多名爲《清明上河圖》的仿作，大同小異，他們臨摹的是否就是張氏原作，多年來一直是個謎。而且根據傳聞，真正的《清明上河圖》已經被運到了臺灣。然而，隨着畫卷的展開，楊老的內心逐漸升起了按捺不住的喜悅：展現在他眼前的是一幅長卷絹畫，畫面呈淡褐色，行家一望便知此畫已經年代久遠。而畫中描繪人物街景的方法，都體現着明顯的北宋特徵，僅這點就是各種仿摹品不具備的。而且這幅長卷上雖沒有作者的簽名，但後部卻有大量歷代名人的題跋。

楊老從以下幾點對該畫進行了考證：首先，這幅畫的編年沒有問題，而且它的內容和《東京夢華錄》裏的記載是一致的。比如，當時開封的橋是木結構的而不是石頭橋。其次，這幅非常精細的民間風俗畫，具有宋代風貌。其他一些蘇州仿造的《清明上河圖》，比較容易識別，內容和歷史上的文字記載對應不起來。對於宋朝的那幅原作，多年來楊老從各種歷史資料和文字記載中已悉心了解了，所以當他一看到那張畫就與心中北宋時代風俗畫的場景不謀而合。楊老激動之餘斷定它就是藏身匿迹了八百多年的北宋張擇端真迹——《清明上河圖》。楊老在《國寶沉浮錄》中，這樣描述自己當時發現時的心情："頓時目爲之明，驚喜若狂。得見廬山真面目，此種心情之激動，不可言狀。"楊老在仔細鑒賞真迹的過程中，豁然意識到歷來假冒《清明上河圖》的作者，很可能并沒有見過張擇端的真迹。因爲真迹的收藏者把自己的畫視爲珍寶，沒有幾個人看到，所以那些仿冒者祇是根據傳聞參照《東京夢華録》等文字記録來畫。也正是因爲這個原因，流傳於世的有三十多個版本相互間差別極大，與真品相差更爲明顯。從此，楊老的名字便與《清明上河圖》連在了一起。不久，這幅國之瑰寶便被調入北京故宮博物院。

楊老從發現《清明上河圖》之後，不遺餘力地先後從民間搶救出《簪花仕女圖》、《虢國夫人遊春圖》等百餘件歷代書畫精品，爲"國寶"的典藏傾注了極大的智力與精力。楊老發現北宋米芾行書《苕溪詩帖》的經過也充滿智趣。一九六三年四月的一天，一位携帶一件布包袱的外地年輕人，將包中一堆破紙團帶到琉璃廠的門市部，希望出售。楊老從這堆亂紙中發現了北宋書畫大家米芾的代表作《苕溪詩》，他事後説道："真没想到在一堆紙團中竟發現散佚已久的國寶名迹。我們在紙團中，選出三十七件書畫，其中宋元作品有八件之多，且多精品和孤本，實在令人興奮不已。"著名紅學家、書畫家馮其庸先生將之稱作是"國寶巧遇'國眼'，劫中遇救"，可謂是一語中的。

二、"品德"與"品行"

"楊老才大，學問大，但是待人卻極謙和、毫無架子，遇之如春風，接之如冬陽。"著名學者馮其庸先生這樣評價楊老的爲人。經常接近楊老的人也這樣評價："接觸多了，發現楊老有個特點，就是臉上總挂着温和的笑。説句大不敬的話，真是一個好老頭兒。"

但就是這樣一位"好老頭兒"，在"文革"中遭受了非人的待遇，卻依然能够不計個人恩怨。當時楊老和鄧拓關係較好，造反派要楊老交代和鄧拓的關係，爲此前後被抄了三次家，還被開批鬥會。有次在開批鬥會時，楊老被人打了一個耳光，導致他視網膜脱落，幾乎什麽都看不見了。他被送到醫院檢查，被告知需要住院粘貼視網膜，治療後視力可以恢復到零點幾，但是造反派不準楊老住院，楊老的右眼從此失明，左眼視力也祇有零點幾。"文革"後不少人建議楊老可申請三等殘疾，楊老卻表示不要國家津貼和照顧，説過去的事情就讓它過去吧。楊老還自己開玩笑説："我是一隻眼睛，獨具慧眼嘛。現在我九十歲了，還活着，還有一隻眼睛可以看，還可以寫稿子，這不是挺好嗎？"其性情之豁達可見一斑。

一九五二年楊老和調查小組在長春歷經千辛萬苦，陸續追回了清宮散佚的書畫達一百三十多件，這些珍寶在上交後與其他捐贈徵集的法書名畫一起，調撥給了故宮博物院。一九五四年，北京故宮博物院繪畫館在國慶節之際隆重開館，《清明上河圖》無疑成了故宮博物院繪畫館的鎮館之寶。當被問到那時的心情時，楊老表示當時感覺確實很愉快，起碼故宮博物院繪畫館重新開館了。

"我衹求工作，不想什麼報酬。"楊老對名利的淡薄讓人感動。作爲一個鑒定大家，楊老一生鑒寶無數，卻從不收藏，家裏沒有一件國寶。楊老的兒女們對記者説："不是沒有人送他古董，是有人送給他他就捐給博物館。"他還不是以自己的名義捐，是以給他送文物的人的名義捐。在楊老從事文博工作五十年之時，省政府爲他舉行紀念活動，國内外許多知名畫家、書法家爲他創作了近百幅書畫作品，他全部交給了遼寧省博物館收藏。一九九四年他應邀去新加坡、馬來西亞講學，其間爲當地鑒定文物，得到一些報酬，他將所得的鑒定費如數交給了博物館。"事能知足心常愜，人到無求品自高。"透過楊老寫下的這副對聯，可窺見他坦蕩的内心。

楊老治學之嚴謹給人留下了深刻的印象，這與寬厚待人并不矛盾。當年楊老到瀋陽以後，聽説清代著名小説家蒲松齡後代移居西豐縣，保存着《聊齋志異》手稿，這讓他極爲興奮。楊老專門請省委書記高揚同志幫忙。由蒲松齡後人保存了二百五十年的《聊齋志異》手稿很快轉到了楊老的手裏。面對衹有上半部手稿的楊老十分痛心。他在領導的同意下，開始了手稿鑒定工作。他從判斷筆迹的真僞入手，并對内容進行分析，收集了豐富的資料和旁證，在三個月間對二十五萬字的半部書稿逐字逐句認真校勘。經過多方研究考證，楊老確認手稿是蒲松齡真迹，交由東北圖書館珍藏。不料，楊老的鑒定受到了權威的否定。原來《聊齋志異》手稿認定後，人民文學出版社計劃影印出版，審讀期間，一些國家級研究單位的著名專家認爲，這部手稿并非原稿，而是手抄本。面對高山仰止的著名專家，楊老雖然崇拜，但并不迷信。爲了求證自己的判斷，他除了進一步研究書稿，還盡可能地尋找可以比照的"物證"。其中一件是蒲松齡後人蒲文珊捐贈的蒲松齡《農桑經》手稿殘卷，另一件是蒲松齡畫像，上有蒲松齡題字。幾相比較，其書法皆近於楷書，行氣和運筆如出一轍。他向出版社力陳自己的鑒定意見。此時，青島又發現了蒲松齡長詩《古風》手迹，兩相對照，書法風格完全一致。楊老便在論文《談〈聊齋志異〉原稿》（載《新建設》一九五五年十月號）中再次確認了原稿的真實性。後來，人們對於《聊齋志異》原稿認定漸趨一致，文學古籍刊行社很快編輯出版了《聊齋志異》原稿影印本。

三、"遺産"與"遺願"

作爲一名學者，楊老把自己的一生都貢獻給了文博事業。楊老的女兒曾回憶説："我和父親相處的時間是很少的，他的心全都在學術和工作上面"；"我感覺父親的教育，更多的是來自他的著作"；"父親對學術的嚴謹態度，對我們子女有着深刻的影響"。楊老的孩子們都學有所成，但是沒有人繼承父業。有人曾問楊老："您打算把這些知識和財富傳給誰呀？"老先生輕鬆地説："傳給社會，傳給後人呀。"

實際上，楊老留給我們的遺産是極其豐富的。楊老獻身祖國文博事業五十五載，成果豐碩。在長達五十年的文博工作中，他既是鑒賞大師，又是文博事業的管理專家。楊老在文物徵集、陳列展覽、學術研究、對外文化交流和博物館業務管理等方面，爲中國文博事業的發展作出了重大貢獻。他編著的《中國古代書畫鑒定學稿》，開創性地以科學概念定義書畫鑒定，構建了中國書畫鑒定學的體系框架。自一九八三年起，楊老與著名書畫鑒賞家謝稚柳先生等人在全國書畫巡回鑒定工作時，爲編印出版鑒定文字圖目傾注了大量的心血。作爲一名書法家，他以行、草見長，法度謹嚴，用筆凝練。楊老以其淵博的鑒賞學識、深厚的文化底蘊和質樸的坦蕩胸懷，爲後人留下了衆多令人回味的傳世遺産。

作爲中國文物博物館界的一代大家，楊老將鑒定與研究有機結合，撰寫、編輯出版了大量專著和論文，成爲中國書畫理論體系中的寶貴遺産。《唐簪花仕女圖研究》、《葉茂臺遼墓出土畫考》、《國寶沉浮録》、《沐雨樓書畫論稿》、《楊仁愷書畫鑒定集》、《沐雨樓文集》等著作都在業界引起了廣泛的影響。其中一九八九年問世的《國寶沉浮録》更是凝聚了楊老近四十年的心血。上世紀五十年代，在長春調查僞宮散佚文物時，楊老將清理過程詳細地進行整理和記録，在厚厚的記録筆記中，清晰可見在每一件國寶的背後幾乎都有着一段傳奇般的典故。《國寶沉浮録》爲千餘件故宮散佚的國寶留下了真實而生動的記實。一九八零年後，楊老應邀訪問了亞、歐、美等十幾個國家和地區，在傳播中華民族優秀傳統文化的同時，積極考察各國的文博事業，特別是嚴謹地探詢《國寶沉浮録》中所記載的至今尚未"完璧歸趙"的從故宮散佚的國寶。楊老每一次出國，都希望能夠多了解這些國寶現在的情況，希望它們能夠盡快地重歸故土。當看到這些珍寶在國外展覽館或拍賣行裏出現的時候，楊老的心情就不好。他表示："我這本書到現在還沒有寫完，一直到我死恐怕也完不了。當年溥儀從皇宮拿出去一千多件東西，這些東西到現在也沒有全部面世，以後還會被不斷發現的。"有人問他有沒有想過，將來指定誰來繼續寫這本書？楊老感慨地回答道："那我就不知道了，誰能寫誰寫吧。我活着能寫多少就寫多少。這本書對世界研究中國文化是有幫助的，所以我要寫。至於我寫不完的東西誰來續寫，我不知道，但是我的材料會都交出來的。"逝者已逝，來者可追。期待着後來者更加努力，將文博事業推向前進。這應該是楊老的心願。"我們每一個中國人都應該爲傳承民族文化努力工作。"楊老的這句話也可看作是留給我們的"遺願"吧。

（陳燮君　上海博物館館長）

回憶恩師楊仁愷先生

郭子緒

楊老走得如此突然，這是我沒有想到的，他之前身體一直很好，每天早晨起來跑步，鍛煉身體，一般的年輕人也不如他。先生一生爲人正派，既有學問，人品又好，對於後學關懷尤佳，如果說我今天大小算是一個書法家的話，那與楊老的幫助與教誨是分不開的。楊老的去世，對學術界無疑是重大的損失，對我而言，更是失去了人生中一位諄諄教誨的老師。值楊老去世兩周年之際，僅將我與老師之間的一些往事記錄下來，作爲對先生的懷念，也以此惕勵自勉。

首先是關於我自己的事情，對我來講是大事，對楊老來講，衹是說了一句話而已。那時我在瀋陽煤礦設計院當電工，遼寧省政府在大會議廳裏要臨摹一幅毛主席寫過的長征詩。當時找不到人，楊老就想到了我，說我既學過畫，書法也挺好，建議讓我試試。後來楊老親自給我寫了推薦信，我當時就在旁邊看，感到很驚訝，因爲楊老的這封信寫得極快且字非常漂亮。有了楊老的推薦，我順利被借調過去負責這項工作。去了之後才發現沒有地方創作，十四米長的幅面需要很大一個空間才能擺下，便借遼寧工業展覽館的大廳來完成這個任務。而當時的遼寧工業展覽館正好缺寫字的，便發現了我，從那以後我便被調到遼寧工業展覽館工作，所以楊老這一句話幫了我的大忙，要不我可能還在當電工呢。在遼寧工業展覽館設計室工作了三年以後，便成立了遼寧美術館，遼寧美術館在文化大革命中被取消了，大約是七幾年恢復遼寧美術館，就把我調過去了。當時遼寧美術館也沒有寫書法的，搞展覽都是設計或者畫畫的，在美術館工作了十年後，才到了遼寧畫院，所以我的老師楊老幫了我很大的忙。得到楊老幫助的不衹我一個，衹要是楊老力所能及的，他都欣然提携，志道據德，依仁遊藝，老先生在做學問和做人方面都是我們的表率。

我們在瀋陽籌備第一屆全國書法篆刻展的時候，也是楊老不辭辛勞跑前跑後，接待全國書家。當時我們對於這種全國性展覽沒有什麼經驗，能够很順利地開成，最後還由人民美術出版社出版了第一本全國書法篆刻展的集子，這很多得益於楊老的支持。原定這個展要在中國美術館辦，因爲遇到了經費困難，我就向朱丹同志建議到我們遼寧美術館來做這個展覽，因爲我們當時的兩個展廳都是不需要展廳費的。這件事得到了美術館兩位館長的同意，我又找到了時任遼寧省宣傳部部長的文

（注一）第一屆全國書法篆刻展前言全文如下：

中國第一屆書法篆刻展覽今年五月在瀋陽隆重舉行。

中國書法篆刻藝術源遠流長，具有光輝的傳統。新中國建立三十年以來，仍在不斷發展，新人輩出，綠蔭滿園，蔚爲甲觀。

爲了展示新中國書法建設新成就，特於五月十日起在遼寧省美術館舉辦全中國第一屆作品展覽，展出二十九個省市、自治區（包括臺灣省在內）和港、澳名家作品近四百件，其中有部分已故大家名作。作品形式多樣，內容豐富，既能窺見傳統功力，又能充分體現新時代的新面貌。

展出地點在瀋陽，正因爲此乃一座歷史悠久，景物幽美之名城，東北地區經濟文化中心。此地有舉世聞名之清初宮殿、東陵和北陵等聖地，都將披上盛裝，迎接國內外書法篆刻藝術家的光臨。尤其是遼寧省博物館屆時展出歷代法書墨迹珍寶，與全國現代書法篆刻展

（接八十二頁注一）交相輝映。

可以相信，通過此次全國性展覽，必將對今后書法篆刻藝術發生深遠影響，對國內外文化交流和增進人民之間的傳統友誼，更具有積極意義！

公元一九八零年四月於瀋陽

（圖一）楊仁愷先生行書《第一屆全國書法篆刻展覽前言》

菲同志徵求意見，文部長也很支持，在與主辦方溝通之後，這個展就決定在我們遼寧美術館舉辦了。楊老因爲有組織大型展覽的經驗，被請來全面負責展覽的工作，省委宣傳部又指派文藝處處長鄭風和省文聯副主席王冠及省美術出版社社長苗波共同主持。第一屆全國書法篆刻展在一九八零年開幕，楊老親自爲展覽題寫

（圖一）

了前言（注一），欣喜之餘言道："可以相信，通過此次全國性展覽，必將對今後書法篆刻藝術產生深遠影響，對國內外文化交流和增進人民之間的傳統友誼，更具有深遠意義。"這次展覽效果非常好，在全國很轟動，應楊老之邀前來的各個地區的書法家們，使我目睹了書法大家的風采。第一屆書法篆刻展覽會的成功舉辦讓很多默默無聞的書家看到了方向和希望，在這界展覽的推動下，中國書協的建立已是衆望所歸，於是在展覽的第二年，也就是一九八一年，中國書法家協會正式成立。楊老雖然一直謙稱自己於書法祇是門外漢，其爲中國書協的成立所做的工作卻是不應被我們忘記的。

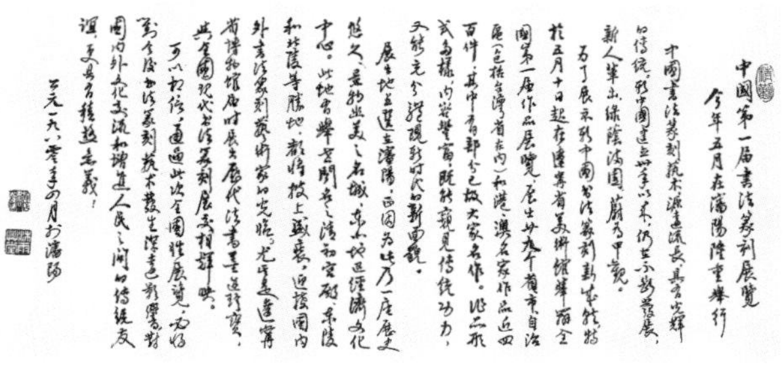

楊老對書畫界的各項事情都是很關心的，在他退休之後仍致力於書畫鑒定工作，并對學術充滿熱情，跟他在一起感覺不到任何學術權威的架子，不改的鄉音總是顯得謙遜而幽默。楊老晚年仍然很樂意參與學術活動，祇要身體允許，他都盡量應邀前往。有一次我陪他去海南，開"中國書畫走向世界研討會"，中央美院的杜建副院長，范迪安院長助理，還有薛永年教授和北京瀚海拍賣公司的人也參加了。因爲我和楊老熟悉，就和他住一個房間，也方便照顧他。會議當天楊老發完言之後，我考慮到先生的身體，提議先回去休息，但楊老執意留下聽完其他人的發言，這種對學術的執著謙遜都是我們晚輩所不及的。

楊老以書畫鑒定之學稱譽，請先生鑒定的人很多，他爲人寬和，很少回絕別人。但是楊老看畫是很嚴謹的，絕不輕易落筆，題簽也都斟酌謹慎。先生有時祇題"看過"二字，不言其他，我曾經追問原由，楊老很坦然地說"這畫我不敢隨便論真假，所以寫看過嘛，就是我看過了嘛"。這幾句實在話，卻是道出了楊老作爲近代書畫鑒定大家的學術人格。

楊老爲中國書畫的收藏、鑒賞和發展奉獻了畢生的精力，對後學提携尤多，如我輩蒙楊老教導愛護，實爲人生的幸事。然而斯人已逝，留給我們的是回憶和思念，但我認爲楊老嚴謹的治學精神、寬和正直的爲人作風卻是更值得我們敬仰和學習的，謹以此文紀念我敬愛的楊仁愷老師。

（郭子緒　著名書法家）

楊仁愷先生的古書畫鑒定生涯

馬寶傑

具有東方藝術獨特之美，寄寓着中華民族獨特審美取向與情感的中國古代書法與繪畫作品是華夏文明的象徵，是中華民族的寶貴精神財富。古往今來，披肝瀝膽，孜孜以求，畢生致力於中國古代書畫鑒定與研究的學者史不絕書，他們爲保護和弘揚中國古代書畫遺產作出了不可磨滅的貢獻。著名書畫鑒賞家楊仁愷先生便是其中傑出的一員。

在長達半個多世紀的文博工作生涯中，楊仁愷先生以其超乎常人的事業心與責任感，勤奮鑽研，默默奉獻，在中國古代書畫的鑒定與研究中取得累累碩果，爲保護與弘揚中華民族的優秀文化遺產作出了傑出貢獻。本文擷取楊仁愷先生之於中國古代書畫鑒定、研究的片段，使讀者走進楊仁愷先生的古書畫鑒定生涯。

（圖一）

（圖一）二零零一年八月本文作者陪同楊仁愷先生在新加坡吳在炎先生寓所整理捐贈指畫作品。

一、獨擔重任——清查僞皇宮散佚書畫

末代皇帝溥儀遜位後，出於其不可告人的私欲，以賞賜其弟溥傑爲名，陸續從北京故宮竊出歷代珍貴書畫一千二百餘件。這批書畫從北京到天津，再隨溥儀到長春，成爲僞滿洲國皇宮的藏品。一九四五年八月，僞滿政權隨着日本戰敗投降而土崩瓦解。這批珍貴書畫或爲溥儀所携逃，或被僞滿國兵所打劫，如秋風中的落葉般又一次流散。這批國寶的命運牽動着楊仁愷先生的心，他在默默地祈禱，希望這些散佚的國寶不至於由此渺無踪迹，更期待着有一天能與國寶晤對，一飽眼福，了卻平生夙願。機會在漫長的等待中真的降臨了。一九五二年三月，長春市公安局在"三·五反運動"中查獲了一批從僞皇宮流散出來的書畫，當時的東北局節約檢查委員會接到報告後，當即決定由東北博物館的楊仁愷和東北圖書

館的趙琦組成清查小組清理此事。不久，趙琦留學蘇聯，由楊仁愷先生獨擔重任。他以長春市公安局查獲的僞皇宮書畫事件爲綫索，從細查僞皇宮倒臺時的具體情節入手，逐一追查具體的當事人，交代政策，説服一些人自動交出從僞宮掠取的書畫。許多認識清楚的人，自願提供情況，如僞宮被掠奪的前後經過、共同伙劫的熟識人員、交往關係、贈送轉售作品的價值和目録、雖未目睹但耳聞的綫索等。在短短的三個月中，弄清了許多綫索，并搜集到歷代珍貴書畫一百三十餘件，其中有唐宋以下名迹多種，全部送交故宮博物院。從此，楊仁愷先生與佚目書畫結緣，踏上了畢生訪求研究佚目書畫之路。

二、驚世發現——張擇端《清明上河圖》重見天日

《清明上河圖》是北宋畫院畫家張擇端的風俗畫杰作，舉世聞名，婦孺皆知。這幅名作的流傳過程頗具傳奇色彩。北宋時當爲宣和内府舊藏，"靖康之難"後落入金人手中。元滅金後，據記載爲官匠以摹本易出，售於貴官，再轉武林（杭州）陳氏。至正年間蜀人楊準傾囊購自陳氏，元末經楊氏轉歸静山周氏文府庋藏。入明經李賢、朱文徵、徐溥諸人遞藏。徐氏殁後，轉歸李東陽，嘉靖年間爲陸完所得，陸氏故去，由其子質于崑山顧鼎臣。嘉靖末爲嚴世藩所有，嚴嵩父子事發後被查抄，入明内府，後爲大太監馮保竊出宮外。傳至清乾隆年間，由陸費墀轉畢沅，嘉慶四年畢氏没籍，始入清内府。八百年來，可謂既流傳有緒，又命運多舛。歷史上以張擇端之名流傳的《清明上河圖》不知凡幾，楊仁愷先生曾過目的就達十餘卷之多，其中多是明清以來的臨仿本，假以"清明上河圖"之名，行以描繪蘇州的社會生活之實。作者多是蘇州地區的民間畫工，以仇英爲代表，這些作品被後世稱爲"蘇州片"。"清明上河圖"是蘇州片仿造古畫的重要題材。以此名流傳於世的作品數目衆多，魚目混珠，導致張擇端的《清明上河圖》一度被贗品所淹没。此件珍品當時同其他明清仿品一道被溥儀携往長春僞宮，後在溥儀倉皇出逃時爲蘇聯紅軍所劫獲，一九五零年秋，由東北人民銀行撥交給新成立的東北博物館。當時這批佚目書畫尚未整理，良莠雜存，其中有三件同名的《清明上河圖》。楊仁愷先生當時也未料到這裏面竟有張擇端的原作。當看到原定爲北宋張擇端的《清明上河圖》時，經過仔細辨認，確定是清代的蘇州仿作——"蘇州片"，原鑒定意見有誤。保管員又從畫堆中找出另兩卷同名的畫作，楊仁愷先生長時間審視原定爲"蘇州片"的一卷，驚喜若狂。旁人問其因，他激動地説："大家手筆，得見原貌，焉能不狂。"爲世人所熟知的張擇端《清明上河圖》就這樣被楊仁愷先生重新發現，得以重見天日。

三、獨具慧眼——發現米芾《苕溪詩》

　　二十世紀五六十年代，爲了東北博物館的文物徵集，楊仁愷先生常到北京琉璃廠這條古文化街。公私合營後，榮寶齋已然成爲國家徵購古代文物的重要窗口。久而久之，他與榮寶齋的人交上了朋友。一九六三年四月的一天中午，一個外地年輕人携帶一件布包袱，内中裝有亂作一團的碎紙，來榮寶齋求售。該店的業務科副科長田宜生耐心地將包袱裏的紙團慢慢理開，看到了鈐有清宮印璽的書畫殘片，判斷出一定是從長春僞皇宮流散出來的佚目書畫，祇是重要性如何，心中無底，忙把恰巧在後院經理室休息的楊仁愷先生請了過來。映入楊仁愷先生眼瞼的正是《佚目》書畫，所以殘破，正是僞國兵在僞皇宮你争我奪的歷史見證。經過整理，確認共有三十七件書畫珍品，北宋四大書家之一的米芾《苕溪詩》、

（圖二）

陳垍《自書詩》、蘇軾《題李公麟三馬圖跋》等名迹均在其中，不能不説是一大奇迹，其中值得大書特書的是米芾的代表作《苕溪詩》的發現。當時雖殘爲數片，經耐心綴合，僅損去八字。《苕溪詩》具有極高的書法藝術價值，可與米芾的另一代表作——《蜀素帖》相媲美。驚喜之餘，楊仁愷先生忙告知一生愛"米字"如命的好友——國家文物局文物處處長、著名古代書畫鑒賞家張珩先生。當時已身患重的張珩先生獲觀此作後，激動不已。張珩先生生前有幸親觀《苕溪詩》墨寶，可謂夙願得償。爲國家又一次發現古代書畫瑰寶，同時又了卻了好友一生的心願，楊仁愷先生亦備感欣慰。

四、八年轉戰——參加全國古書畫鑒定組

新中國成立後，在僅僅十幾年的時間裏，通過象楊仁愷先生這樣一批從事書畫鑒定者的艱辛努力，歷代書畫作品的絕大多數已收歸國有，實現了中國古代書畫收藏上的又一次空前集中。然而，數量浩繁的藏品必須通過權威的、系統的、精確的鑒定，明確具體書畫藏品的時代、真偽及歷史藝術價值，才能使之更好地得到保護與利用。黨和國家對這項文化工程非常重視，早在一九六二年，在周恩來總理的關注下，國家文物局曾組建了由著名書畫鑒賞家張珩、謝稚柳和韓慎先爲主要成員的全國古代書畫鑒定組。限於當時的條件，鑒定組祇對部分省市博物館的書畫藏品進行了初步鑒定。工作不到一年，即因接踵而來的“十年動亂”而被迫中斷。一九八三年，在時任國務院副總理谷牧的主持下，在全國範圍内選調最具學術權威性、在書畫鑒賞與研究上業績顯著的七位專家組成全國古代書畫鑒定組，楊仁愷先生以其突出的學術造詣而入選，開始了長達八年，遍及全國二十五個省、市、自治區的古代書畫巡回鑒定工程。八年的時間裏，每期每地的工作一始，楊仁愷先生必先到達，并以其一貫的飽滿工作熱情和旺盛的工作精力投入到緊張的鑒定工作中。一九八八年夏，忙於籌備遼寧省博物館四十年館慶國際學術研論會的楊仁愷先生突發腦血栓入院治療，不久，接到國家文物局的通知，不顧醫生的勸阻，按時趕到石家莊參加鑒定工作。經過全體專家的共同努力，於一九九零年底完成了全部工作，對全國除臺灣省以外的現藏古代書畫進行了系統整理，摸清了家底，并從學術上逐件確定了古代書畫藏品的時代、真偽及歷史、藝術價值，辨明了許多原模糊不定的作品，還在各地先後發現了原作爲贋品保管的宋、元、明各時期代表畫家傳世稀少的佳作。當時，鑒定組每天過目的書畫藏品都在百件以上，然後還要逐項審核助手們填製的卡片，簽署鑒定意見，通常工作到很晚。可無論時間多晚，楊仁愷先生都要將當天過目鑒定的書畫藏品作系統的整理，并納入到多年積累的學術體系中，加以考證、研究。在鑒定組工作期間，他寫下了一百多萬字的鑒定筆記，將由遼寧人民出版社整理出版。

五、畢生心願——著《國寶沉浮録》

歷史上的古代書畫，多次聚而復散，歷代朝廷建立之初，也都曾派員赴民間搜尋查訪，也留下一些文字記載，但多語焉不詳。溥儀盜寶，危害至深，影響深遠，當時的北洋政府照例派官員去現場清點，如不是發現宮廷太監所記“賞溥傑”賬單，流出宮外書畫的底數將難以摸清。北洋政府據此帳單，編成一本简單的《故宮已佚書畫目録》，用以塞責。此目録漏記達百餘件之多，後來發現的隋展

子虔《遊春圖》、唐歐陽詢《行書千字文》、北宋李成《茂林遠岫圖》等鉅迹，均不在此列，其史料價值遠遜於前人的著録與訪求筆記。楊仁愷先生親歷了搜求散佚書畫國寶的過程，心中始終有一件事無法釋懷，就是作爲一個從事古代書畫研究的學者，自己應責無旁貸地把這段歷史完整記録下來，還歷史以本來的面目。這項浩繁的撰稿工程早在二十世紀五十年代便開始了，楊仁愷先生接觸了大批當事人，留下了厚厚的記録，對陸續發現的大批書畫名品，反復考察研究，之後開始了書稿的撰寫，此書按照歷史的進程，以事件中的人物活動爲經，以對作品的歷史藝術分析爲緯，見人見物，不同於歷史上任何一種書畫著録或筆記，科學性、學術性、可讀性兼顧，洋洋六十萬字，堪稱古代書畫研究的經典之作。《國寶沉浮録》是楊仁愷先生的嘔心瀝血之作，前後歷經三十年的風雨歷程，其中的酸甜苦辣，楊仁愷先生體會殊深。書的初稿在“文革”前夕就已基本完成，茅盾先生特爲此書題簽：“故宮已佚書畫見聞考略。”當灾難深重的“十年動亂”降臨到全國每個角落時，楊仁愷先生成了反動學術權威，他的藏書和包括此書初稿在内的全部文稿被查抄，本人被下放到“五·七幹校”勞動。一九六九年末，又接到命令帶領全家老小趕往遼東山區“插隊落户”，組織的命令，衹有服從。楊仁愷先生唯一放心不下的就是被抄走的所有文稿。他找到造反派頭頭，義正詞嚴，表示如不還書稿，他就堅決不下鄉。書稿還回來了，但被“批改”得面目全非，楊仁愷先生就帶着這唯一的“財産”來到遼東岫岩的一個小山村。勞動之暇，他在擁擠昏暗的茅草房内，憑着記憶，對書稿加以修改補充。“十年動亂”的惡夢結束後，楊仁愷先生的學術生命焕發了青春。修改、補充、補充、修改這部書稿的工作一直未停頓。二十世紀七十年代到八十年代中期，他借講學或參加學術研討會的機會赴國外參觀收藏東方文物豐富的博物館以及私家藏品，對流往域外的《佚目》珍寶得以寓目，并認真加以記録和研究，大大充實了本書的内涵。《國寶沉浮録》的付梓出版，滿足了海内外書畫研究者的需要，也了卻了楊仁愷先生畢生的心願。

六、求真務實——書畫鑒定與研究

工作和治學，構成了楊仁愷先生生活的全部。通過長期的書畫鑒定與研究工作實踐，楊仁愷先生養成了嚴謹、務實、厚積薄發的治學風格和寬廣的學術研究視野。對於古書畫研究，楊仁愷先生認爲對書畫作品真贋問題的判斷應居首位，否則，就有如在沙灘上建高樓大厦，終會毀於一旦。他堅持從基礎做起，在從事古書畫遺産整理工作中，不惜花費極大的工夫，也要把問題搞得水落石出。如同行一直認爲歐陽詢《夢奠帖》和《行書千字文》爲唐代鈎填本，持意甚堅，卻不能令楊仁愷先生心悦誠服。他通過多年的研究，發表了自己的觀點和看法，逐漸使同行服膺了他的觀點。還有更多的古代法書墨迹的真贋問題，楊仁愷先生尚未與同行們取得一致意見，他表示，在未弄清原委之前，仍將繼續堅持己見，有機會就發表心得，以期能有更多的説服力，目的是恢復作品的本來面目。楊仁愷先生始終認爲：如果一件書畫本是真迹，由於我們鑒定者自身的原因而被否定，對祖國傳統文化來説，是不可饒恕的罪過。過去有人誤將前人傳世真迹當贋品，而由我們糾正過來，理所應該，不值得誇耀；唯其以真當假，實在關係重大，當慎之又慎；文物鑒定是科學，而科學本身是嚴肅的，探求真理的手段、尋求客觀規律的法則，每個人都應遵守。

在學術問題上，楊仁愷先生敢於堅持己見，如就《簪花仕女圖》的創作年代問題，他與好友著名書畫鑒賞家謝稚柳先生打起了多年的"筆墨官司"。他遍閱所涉書畫史料，博覽諸多史學文獻，從政治、經濟、文化、社會生活等多個側面入手，深入到作品產生的歷史環境中加以探索考察，又以現存史迹及考古發現的相關資料爲輔證，發表了《周昉〈簪花仕女圖〉真迹研究》、《關於〈簪花仕女圖〉的再認識》、《關於〈唐周昉簪花仕女圖〉一文的管見及其他》等多篇論文，以大量的、多方面的令人信服的論據，闡述了《簪花仕女圖》是唐德宗李適貞元年間仕女畫的觀點。

在漫長的治學生涯中，楊仁愷先生始終在苦苦探索如何突破傳統的"望氣派"、"著録派"等神秘莫測的傳統鑒定方式，建構起科學的中國書畫鑒定理論體系。在總結前人鑒定方法與理論的基礎上，積數十年書畫鑒定理論與實踐探討之功，撰寫了《中國書畫鑒定學稿》一書，建立了中國書畫鑒定的學科體系，標志着傳統書畫鑒定方法向現代實證科學方法的轉變，使書畫鑒定成爲一門可以依據有關理論學習和掌握的學科，這是他對中國書畫鑒定研究所作出的具有創新意義的貢獻。圍繞這一理論體系，楊仁愷先生特別注重實踐，他親自倡導并主持的"中國古今書畫真僞作品對照展"、主編的《中國古今書畫真僞圖典》，以簡明、直觀的方式傳播普及中國古今書畫鑒定知識，使中國書畫鑒定這門學科走下神壇，融入了社會。

（馬寶傑　遼寧省博物館館長）

回憶與楊仁愷先生在一起的日子

孫世昌

楊仁愷先生是我的"五七"戰友、我的老師。我與先生接觸已近四十年，先觀其文，後見其人。一九六三年我還在中央美術學院學習時，看到一本朝花美術出版社一九六二年九月出版的楊仁愷先生寫的《簪花仕女圖研究》，讀這本書時正趕上國畫課劉凌滄（注一）先生教我們白描，臨習劉先生勾勒的《簪花仕女圖》、《搗練圖》（注二）白描稿和《八十七神仙卷》（注三）印刷本。我勾臨的是《簪花仕女圖》，於是邊讀楊先生的書邊勾臨白描，可謂雙管齊下，頗有收獲。特別是楊先生除了繪畫本體的研究之外，還從社會生活和風俗來研究這件作品，引用大量史料及白居易、元積等的詩歌，從宮廷婦女的紗衫、眉式、傅粉、面飾、頭髻、頭飾、簪花，以及伴遊的猧子和丹頂鶴，確認這件作品的表現與唐代貞元年間的生活情景和風俗習慣的一致性。這種研究方法使我眼界大開，作爲一個學生那時我才知道，還可以這樣來解讀一件作品。讀楊先生的書，使我更能體悟畫的造型、用筆、色彩及整件作品的韵致、情調的審美意味和風格特徵。在美術史研究和書畫鑒定上，楊先生的研究方法對學生的啓發很大，所以我印象深刻。

一九六一年在北京舉行的"中國古代十大畫家作品展"，展出顧愷之、李思訓、王詵、米芾、米友仁、李公麟、倪瓚、王紱、徐渭、朱耷十位古代畫家的精品，《文物》雜志還發了多篇專家關於十大畫家的論文。這個展覽對當時全國美術院校師生影響很大。劉凌滄先生和系裏老師帶我們看了多次，在展覽現場常常碰到南方美術院校的老師帶學生一邊看一邊講。後來我才知道，原來這個展覽最初是楊仁愷先生向鄧拓（注四）提的建議，在鄧拓的支持下才由北京故宮博物院和遼寧省博物館聯合搞成的。

一九六五年八月我畢業來魯迅美術學院任教，因爲來魯美後不久就下鄉搞社教工作，以此替代當時大學生畢業必須勞動一年的規定，沒有來得及拜訪楊仁愷先生。一九六六年十月我搞完社教回魯美，"文化大革命"已經開始，那時楊仁愷先生已受觸動，我無法登門。一九七零年的第一天我被當家屬隨夫人到岫岩縣走"五七道路"，到了岫岩後才知楊仁愷先生也到岫岩走了"五七"。他所在的公社在岫岩南部，我所在的公社在岫岩的最北邊。在一次"五七"戰士到岫岩縣城開會時，我找到了楊仁愷先生與他見了面，沒想到楊先生一見我就說："你就是那個

（注一）劉凌滄（1908—1989）河北固安人。字凌滄，我國著名的工筆重彩人物畫家。中央美術學院教授。

（注二）《搗練圖》是唐代畫家張萱之作。"火燒圓明園"後被掠奪並流失海外，現藏美國波士頓博物館。

（注三）《八十七神仙卷》，是一幅佚名的白描人物手卷，也是歷代法書名畫中最爲經典的宗教畫，絹本水墨。爲一代畫聖吳道子的冠世鉅作，也是吳道子現世僅存的一部白描絹本。因場面之宏大，人物比例結構之精確，神情之華妙，構圖之宏偉壯麗，綫條之圓潤勁健，而被歷代畫家奉爲圭臬。現保存在徐悲鴻紀念館，並爲鎮館之寶。

（注四）鄧拓（1912—1966），新聞家，政論家，原名鄧子健，福建閩縣竹嶼人。筆名馬南邨、向陽生等。著有《鄧拓散文》《鄧拓文集》《鄧拓詩詞選》《燕山夜話》等。

中央美術學院來的，你知道我跟你的老師王遜有一段筆墨交鋒嗎？"我說："知道，文章大部分我看了。"我又緊跟着說："我來東北之前，幾位老師對我說，以後在專業上有什麼不明白，去遼寧省博物館找楊仁愷先生請教。"大約楊先生看我的態度誠懇，就把話岔開了。後來我被調到縣"五七"辦公室搞大宣傳板，畫報頭、插圖，當時原遼寧文化局局長文菲和遼寧美術出版社的謝華夫也調來一起搞，楊仁愷先生一到縣裏就來看我們。有一次他來縣裏對我說，岫岩發現一座古墓，他到縣裏來是向文化局說明古墓的價值并申請保護資金，看來楊先生不論到哪裏，也是文博學者的姿態，他對中國文化遺產的熱情很使我感動。從岫岩起，我跟楊仁愷先生開始了又是戰友又是師生的交往。

楊仁愷先生與魯迅美術學院素來有緣，爲保存傳世名迹，他曾組織我院晏少翔、鍾質夫、季觀之等幾位教授臨摹遼博名畫，他們之間交往已久。我記得晏少翔教授走"五七"道路回校後，臨時住在院內附中的房子，爲整理他的收藏，曾請楊仁愷先生鑒定。當時我跟着楊老看了晏老所有的收藏。楊老在"文化大革命"中被造反派打壞了一隻眼，視網膜脫落得幾乎看不見，他在看畫時彎着腰，眼離畫面很近，邊看邊與晏老議論，我聽兩位老人的議論學到了不少具體的知識。

（注五）趙夢朱（1893—1986）原名恩熹，後以字行，號明湖，河北雄縣人。歷任中國畫法研究會、湖社畫會、北京國畫研究會評議，京華、華北藝專等院校教授。中國美協會員，魯迅美術學院教授。

我院趙夢朱（注五）教授在文化大革命後不久就去世了，他的兒子爲了給病危的夫人看到兒子娶婦，打算賣掉趙老的畫，於是找到中國畫系，但因系裏沒有收藏經費，系主任陳忠義來找我，叫我跟楊仁愷先生商量是不是遼博收藏。我打電話對楊老說了這件事，楊老認爲趙夢朱是京津畫壇名家，又是東北美術界元老，東北博物館收藏他的畫有價值。不久，博物館的馬寶傑同志就來魯美趙家看畫、鑒定，并辦理了收藏手續。這批畫除了一幅趙老收藏的齊白石畫，大部分是趙老的畫，其中有一幅趙老與他的親戚北京名家于非闇合作的花鳥，畫得很精，兩位京派名家合作很難的。我與楊老的學生，現任館長馬寶傑的交往，就從此事開始。

上世紀八十年代末，有一位建設銀行的書畫收藏者，要從瀋陽古舊書店買一件翁同龢的字畫手卷，他通過我院財務處長請我給看看。這個手卷前邊是一幅翁同龢晚年體格的字和一幅學石濤的小幅山水，卷後有不少清末民初名流題跋。翁同龢的字和畫沒有問題，卷後的題跋也符合那個時代的書風，最後有一段于右任的草書跋很精。但我感到卷後諸跋所用印泥好壞相差太大，這些名流不是官僚就是文人，地位都不低，怎麼有的用如此差的印泥呢？於是我當即給楊仁愷先生打了電話，楊老叫把手卷拿給他看看。我們到楊家，楊老看了手卷後說："没什麼問題，可以收藏。"他對卷後印色好壞的差異解釋說："寫跋的人不一定都在自己的書齋裏，所以印泥好壞有差別，祇要字畫和跋沒問題就行。"還有一次，一位收藏者通過我院一位教授的關係，拿出來一件郎世寧的立軸請我給看看。畫的是花下犬，其畫法、絹的質地都與我見過的郎世寧畫有明顯差別，於是我對持畫者説：“畫法不對，用絹太差，問題很大。”這位持畫者説這幅畫是他祖上用北市一座樓換的，而且給我院某教授看過，説是真的。我聽出了他的語意：人家名教授都説是真的，你怎麼説是假的呢？於是我想，不如拿給楊仁愷先生看看，我也順便學點東西。給楊先生打了電話。獲得他的許可，我們坐車到了楊家。在客廳裏畫還没有全部展開，楊先生就説：“假的，作假連後門造的水平都不夠。”後門指北京地安門，清末民初那一帶有專門偽造清宮如意館畫家“臣”字款的偽品。我家解放前曾在地安門住過一段時間，所以我請楊先生給我講一講“後門造”，楊先生看着我笑了笑。他從“後門造”的中西結合畫法及工整畫風，講到偽造清宮收藏印以及裝裱的華麗富貴氣，聽完楊先生這麼一講，持畫者已無話可説，而我又順勢向楊老學了一回。楊老住在博物館院内時，距魯美不遠，所以常去楊老家請教。後來楊老在外邊買了房子，離魯美遠了，我去楊老家也少了。祇是過年過節去看楊老，因爲過年過節時楊老的客人很多，所以我順便請教的機會也少了。

　　楊仁愷先生是遼寧書協和美協的創辦人之一，美協、美院、畫院搞的學術活動，經常可以看到楊老的身影。楊老歷來熱心於遼寧的文化事業，我親身參與了晏少翔先生和楊仁愷先生主持的“湖社畫會”（注六）的復會活動。一九八九年晏少翔先生從北京回來，把我叫到他家，説北京原“湖社畫會”的老會員相聚，因爲正趕上國家提倡民族文化的好時機，畫家們打算恢復“湖社畫會”的活動，大家商量請晏少翔先生主持其事。因爲晏先生家住瀋陽，爲方便起見打算在瀋陽復會。晏先生拿出文化界名人和畫界名家復會意見書和簽名，其中就有楊老的簽名。晏先生説楊老很支持他參與復會活動。二位老先生叫我與遼寧畫院書家郭子緒具體操辦此事。當時正當我國整頓民間社團的時候，此時復會不是一件容易的事，爲此楊老幾次到晏老家與我們商量復會的各項事務。楊老那麼大歲數，一趟趟往魯美跑，正當壯年的我和郭子緒都很感動。一九九零年十月在魯迅美術學院美術館舉行了復會第一次書畫展。爲展示“湖社畫會”的歷史，展出了金城、陳少梅等已故畫家的作品，北京的王世襄、馮其庸、田世光、周懷民、孫天牧、徐北汀、馮忠蓮和天津的孫其峰等名家，我院的四老和楊老，還有臺灣畫家和大陸中青年畫家也都有作品展出。楊老拿的展品是他在沐雨樓中畫的墨竹立軸，文雅氣息很強，給我留下印象。爲這次畫展而出版的《現代中國畫作品集》是楊老題的簽寫的序。

　　一九九六年魯迅美術學院爲了健全學科建設，院領導決定以基礎部美術史論教研室爲基礎，組建美術史論專業。因爲當時我是基礎部主任，又是中央美術學院美術史系出身，責成我主持史論專業工作。當時東北各大學還没有美術史論專業，組建工作一切都得從頭開始。除了報請建立新專業的各種手續，最重要的是

（注六）一九二六年十二月，金城、金開藩與中國畫學研究會分裂，和同門子弟二百餘人，另組湖社畫會，以“提倡風雅、保存國粹”爲宗旨，廣泛聯係南北方畫家，招生傳授畫學之外，分期分地舉辦展覽。湖社除了與日本畫家成立中日繪畫協會，當時日本著名畫家皆提出作品參展或在《湖社月刊》中發表，此外湖社積極參與西歐、北美國家展覽。湖社并在天津、山東、武漢、上海、汕頭、東北成立分會。湖社畫會是中國畫學研究會之外，北方規模最大的美術團體，其影響之大、會員之眾、傳播範圍之廣、維持時間之長，爲近現代中國畫壇鮮見。

專業設置和教學安排及教學大綱編寫。當時史論教研室負責全院中外美術史、中外工藝美術史、藝術概論、美學的教學任務，這幾門專業課的教員可以解決，衹有書畫鑒定課我們沒有專職教員，因爲書畫鑒定是史論專業不可缺少的專業課，我衹好求助於楊仁愷先生。我把情況對楊老説了後，楊老認爲組建東北第一個美術史論專業很有意義，能爲東北培養一批這方面的人才。當我講到中央美術學院美術史系組建時，書畫鑒定課由文物局張珩先生講了開頭，主要內容由故宮徐邦達先生講，長達四個月，我把徐先生給我們上課對楊先生講了後，楊先生聽出我的來意，就直接説："學院與博物館合作是件好事，不過我的四川話學生不一定能聽懂多少。"由於我的堅持，楊仁愷先生答應給我們開個頭，其他部分由他派人給上。一九九八年我院聘楊仁愷先生和中國藝術研究院副院長、紅學名家馮其庸先生爲名譽教授。在楊仁愷先生陪馮其庸先生來我院講座時向全院公布，并由院長宋惠民和我陪同二位先生看了我們圖書館的書畫收藏。

二零零零年我院招的第一班史論專業學生已經三年級，中外美術史和工藝美術史已學完，按教學安排應開書畫鑒定課。開課那天八點之前，楊仁愷先生如約來我院，主管教學的副院長李寶泉特意來看望楊仁愷先生，并表達了對博物館和楊先生支持我院教學的謝意。當時楊仁愷先生應美國大都會博物館之邀赴美參加"王己千書畫收藏研討會"（注七）回國不久。於是楊先生以此次研討會爲題開了第一課。這次國際研討會，圍繞美國華裔收藏家王己千以半賣半送的方式轉給紐約華裔金融證券家唐驪千，并由唐驪千贈給大都會博物館的董源《溪岸圖》的真僞問題而展開的，出現了肯定與否定兩派意見。否定派以美國學者高居翰爲代表，他對《溪岸圖》提出十四點質疑，認爲此畫是張大千造的假。日本學者古原宏伸否定了《溪岸圖》在近代流傳的兩個證據，以爲是徐悲鴻和張大千合謀造的假。肯定派以美國學者方聞和何慕文爲代表，方聞從藝術史、風格、圖示、技巧特徵的角度分析，認爲《溪岸圖》應是宋初的古畫。何慕文則運用現代科技手段，展示了《溪岸圖》修補四次的原貌圖像及多方古代收藏印章，又展示了《溪岸圖》絹的編織結構是古絹的圖像，有力地證明了《溪岸圖》是宋初古畫而不是張大千造的假。中國去的學者如啓功、楊仁愷等都是肯定派。楊老給學生講時，拿着他帶回來的中文報紙舉着給學生看。并由此引申出兩個問題：首先，西方學者雖然有肯定與否定的區別，但他們的鑒定方法都是從風格、圖式、技巧出發。而中國鑒定家則認爲風格、圖式、技巧都是可以模仿的，衹有筆墨的時代風格和個人風格、習慣很難模仿。中外學者在鑒定方法上存在差異，怎麼樣互補是我們要面對的問題。其次，怎麼樣運用現代科技手段來補充"目鑒"的傳統，也是我們面對的問題。楊先生的課使學生一下子領略了大家的風采，開了眼界，感受到了國際學術研討會的學術氣氛，一下子就接觸到目前學術界的前沿議題，使我和教

（注七）一九九九年由美國大都會博物館舉辦，齊集世界各地專家學者，重點討論《溪岸圖》的真僞。

員們深受啓發。楊先生的課雖然祇有半天，但他提出的問題，卻要影響今後書畫鑒定學的發展。

二零零五年十月末的一天，楊仁愷先生給我打來電話，說他想在魯美招中國書畫鑒定研究生，爲博物館培養人才，叫我跟院領導講，看能否操作。接電話後我馬上向院領導匯報了，院領導認爲楊仁愷先生是我院名譽教授，又是書畫鑒定大家，在我院招研究生對整個東北的人才培養是求之不得的好事，并

（圖一）

指示研究生處去辦。但當時二零零六年研究生招生計劃已經上報，進入電腦，研究生處說如果通過院內調整解決的話，就變成了"黑戶"。院領導認爲這對楊老不合適，叫我與楊仁愷先生商量能不能改在明年操作這件事。我把事情對楊老講了，楊老也覺得"黑戶"不好，同意明年操作。後來爲了便於日常教學管理和實地教學，由我和現任博物館館長馬寶傑配合楊老，三人同招。經楊老同意後，二零零六年開始操作。正在辦理這件事時，楊老在北京住院了，所以招生計劃參考書目、筆試出題、口試問答及筆試判卷都是由我和馬館長辦的。

等到二零零七年二名研究生和三名研修生招進來時，楊老病情好轉，從北京回到瀋陽住進金秋醫院。我到金秋醫院看望楊老，并把招生情況向他老人家全面匯報了，又把我和馬寶傑商量的教學設想也對楊老講了，楊老聽了後很高興地說："辛苦你們二位了。"九月一日開學報到的第二天，我和馬寶杰帶着五名學生到金秋醫院拜見楊老，這五名學生站好隊一起給楊老鞠了躬，算是行了拜師禮，并在一起照了相。沒想到這是學生們最後一次見楊仁愷先生。

楊仁愷先生走了，學生失去了他們尊敬的導師，中國失去了一位書畫鑒定大家，我失去了一位難得的良師益友，這師友的情誼使我久久難忘。楊仁愷先生逝世時我寫了一副輓聯：

護國寶辨眞僞業績澤惠藝壇；

探原委求眞理學品教益後人。

僅以此聯緬懷我的老師、益友楊仁愷先生。

（孫世昌　魯迅美術學院美術史論系教授）

（圖一）魯迅美術學院第一屆書畫鑒定研究生班拜見楊仁愷先生。前排導師（左起）：孫世昌、楊仁愷、馬寶傑。

緬懷楊仁愷先生

薛永年

我接觸楊仁愷先生，始於一九七二年。彼時文物工作上馬，因爲研究淵源於李公麟的張渥，我從吉林省博物館到瀋陽看李公麟的《九歌圖》，受到楊老的熱情接待。那時他才從幹校回來不久，屈指算來已經三十六年了。三十餘年來，我作爲晚輩後學，無論在隨同國外考察、出席學術會議相遇，還是在協助編寫文物教材、合力培養書畫學子方面，都經常有機會親自聆教，受益良多。今年楊老遽歸道山，追憶前塵，深感他不僅在鑒定發現保護法書名畫上卓有功勛，而且是一名社會責任感與歷史使命感極強的文化人，是一位博大宏通熱心於培養後學的學者，在許多方面堪爲學界表率。現略述數點，以志緬懷之忱。

促成中國書法家協會成立

（注一）高居翰（1926—2010）美國加利弗尼亞伯克利大學藝術史和研究生院教授、美國研究中國繪畫史的資深元老。

（注二）沈鵬（1931年生）江蘇人，著名書法家、美術評論家、詩人，曾任中國書協主席等職。

我回京攻讀研究生期間，曾去遼寧省博物館收集論文資料，留校後更多次奉命陪高居翰（注一）等外國專家去遼博考察，後來又多次率學生前往參觀，每次都得到楊老熱誠幫助，也有機會陪同參與楊老的一些活動。一次宴會是楊老與書法界聚會的，遼寧本地和來自北京的沈鵬（注二）等名家一一在座，大家都極力稱頌楊老對書法界的貢獻。外界人很少知道，楊老與當代書壇淵源甚深，中國書法家協會的成立，即發端於瀋陽一九八零年的第一屆全國書法篆刻展覽，而遼寧主持籌辦并爲展覽撰寫前言的專家恰恰是楊老。據說，當時各省都由副省長帶隊，各省市都派代表隊携作品來到瀋陽，從近千件作品中評出兩佰幅參加展出，實現了全國書法界從未有過的交流，産生了非常大的反響，推動了書法熱潮的蓬勃興起。正是這次書法展覽的成功舉行與書家的會師，促成了中國書法家協會在一九八一年的成立。據說，楊老也是醞釀中的中國書協主要領導之一，但是他功成身退，所以外界很少有人知道他推動中國書協成立的功績了。

帶領年輕學者編寫書畫教材

大約在一九八六年，國家文物局主持編寫文物博物館系列教材，楊老主動接過了《中國書畫》，我因一九八五年在美國陪同國內書畫界鑒定諸老考察海外遺珍，與楊仁老接觸稍多，遂被錯愛充當了他的主要助手。就我所知，他主編的這本教材，在組織人員和發凡起例上別具隻眼，形成了三個最明顯的特點。第一個特點是帶領年輕學者集體編寫，吸收了故宮博物院的楊新、楊臣彬、穆益勤、單國強和中央美術學院的本人，把編寫教材的過程變成了館際交流和培養新進的過程。第二個特點是緊密結合文博工作，在定位上明顯區別於一般的書畫史，既不忽略歷代名家流派和風格的淵源流變，尤爲重視現存有年代和創作時期的代表性作品，特別着眼於梳理歷代書畫徵集、鑒定、保藏的歷史經驗。第三個特點是從多民族國家的實際出發，獨辟遼金西夏一章，編入了他多年個人研究遼金西夏書畫的成果，爲研究古代少數民族政權下書畫發展開了新的生面。惟此之故，此書出版後深受文博界和美術史界的歡迎，一版再版，還授權臺灣出版界發行了繁體字本。

不遺余力地培養書畫研究人才

（圖一）

楊老一向重視培養書畫研究人才，在本館，他口傳心授苦心孤詣地先後培養了好幾位年輕人。在文博界美術界，他同樣傾注心力。我每次帶中央美術學院美術史系的學生去館實習，他都放下手中重要工作親自陪同，出示難得一見的國寶級收藏，逐一詳加講授，而且幫助聯係瀋陽故宮博物院和瀋陽文物店，帶領前往。不僅如此，他還自己出資爲同學們準備好午餐——熱氣騰騰的包子，使我們大有賓至如歸的感覺。在他受聘擔任我院研究生導師之後，更在與金維諾（注三）教授的精誠合作下，傾其全力培養現在已任中央美院人文學院院長的尹吉男君，帶領他參加古代書畫鑒定組的鑒定過程，指導尹君利用淮安王振墓出土書畫的新材料，以出土書畫、傳世書畫和文獻記載相參證的新方法，討論了書畫史與書畫鑒定學中的主流風格與非主流風格問題，在學術上取得了新的突破和一致好評。此外，他還爲遼博破格引進年輕研究人才，并送我院攻讀研究生，甚至爲該生在美國爭取到經濟贊助，同時不斷通過我督促該生敦品力學。楊老全力培養後學的不懈努力，以爲中國的文博事業和美術事業造就了有實力的人才。

（圖一）本文作者與楊仁愷先生在美國大都會博物館鑒賞書畫。

（注三）金維諾（1924年生）筆名若金，歷任中央美術學院美術史系主任、教授，著名的中國藝術史研究專家。

鑒定研究貫通古今　扶植創新積極熱情

（注四）劉九庵（1915—1999）五人古畫鑒定小組成員之一，著名古畫鑒定家、書法家。

對書畫鑒定而言，識真與辨假密不可分，張珩先生在世時即主張籌辦書畫贗品展覽。一九九四年，故宮博物院接受國家文物局的委托，由書畫鑒定小組成員劉九庵（注四）先生主持，利用全國巡回鑒定的成果，調集各博物館藏品，主辦了真偽對照的大型書畫展，在國內外產生了廣泛影響，但展覽圖錄——《中國歷代書畫鑒別圖錄》一九九八年方始出版。楊老考慮到社會的需要，作爲了解全國書畫鑒定小組成員，他及時利用遼寧省博物館和瀋陽的有關收藏，在一九九六年主辦了同樣展覽，而且次年就出版了《中國古今書畫真偽圖典》。這個展覽不同於故宮博物院展覽之處，在於增加了"近現代書畫真偽種種"部分，展出了近現代多家真偽對比的作品，包括齊子如爲齊白石代筆之作，填補了急需的學術空白，對於幫助藏家和鑒定從業者增長近現代的鑒定經驗極有裨益。

楊老治書畫之學，古爲今用的意識非常自覺，他與多數老輩書畫鑒定家言古不言今不同，十分關注當下的書畫創作，不僅在《中國畫》雜志上最早介紹移居國外的王己千水墨畫的創新，而且與瀋陽書畫界始終保持水乳交融的親密關係，與很多瀋陽的中青年書畫家都是莫逆之交，熱情指導，積極撰文評介，無私扶植提携。我每次去瀋陽看望楊老，總會在他府上和席間遇到當地的書畫家，比如宋雨桂、許勇、聶成文、郭子緒、馬學鵬，還有指頭畫翹楚楊一墨。楊老不僅爲他們的作品題跋，而且爲他們的書畫集作序，指導提高，爲之延譽。楊一墨對我說，他能在指頭畫上有所作爲，實際的導師正是楊老。

（注五）島田修二郎（1907—1994）日本學者，中國美術史研究專家。曾任美國普林斯頓大學教授。

我常想，把楊老定位爲鑒定家，其實不能涵蓋他的建樹，以具體鑒畫的得失來評價他，更忽視了他治學的貢獻。他其實是一位治學領域廣泛的學者，有書畫碑帖，有古籍版本，有工藝織綉，有美術史論，有美術考古，也有當代書畫論評。當然，他在集中研究故宮流散書畫、以《國寶沉浮錄》開創書畫鑒藏史體格、發展書畫鑒定學學科方面，成就的顯著更是舉世周知。最後我要說，楊老在待人接物上的潤物無聲，給我留下了尤深的記憶。他爲了把我介紹給日本美術史泰斗島田修二郎（注五），便以我兼能治印的特點，囑我爲島田刻印，以架設結識的橋梁。他雖然比我年長二十多歲，但他從來不以師長的身份居高臨下，八十歲以後多次來京都親自爬上我家的四樓來舍敘談。去年，他住院之後，我在徐萍女士的陪同下去看他，他依然堅持扶着四角代步器把我送到門口。雖然他的仙去，我未能從遼寧治喪方面及時獲知，但卻夢到了楊仁老前來告別。因此我要寫下這篇文字，銘記他的教益與遺愛。

（薛永年　中央美術學院教授、博士生導師）

懷念楊仁愷老先生

劉慎思

　　楊仁愷老先生離開我們已經兩年多了。兩年多來，他的慈容笑貌時常回蕩於我的腦海，情感的潮水時時涌上心頭。文星隕落，國失瑰寶，民失"國眼"，一代鑒定大家、文化泰斗的終結，我失去了一位長者、恩師、益友，真乃痛心疾首。楊老是人民鑒賞家，是海內外享有盛譽的藝術前輩和文化泰斗。他爲國家乃至世界發現和保存了無數的藝術珍寶和文化遺産。國內外的文化前輩稱楊老是大學問家、大鑒定家、大書畫家。在他九十壽辰時，我曾賦詩祝賀："學問鑒定乃大家，造詣雄奇精書畫。目辯真贋撰鉅著，沉浮國寶重露華。孜孜耕耘七十載，耄耋享譽貫天涯。自古巴蜀多文豪，承襲蘇郭楊稱甲。"我常爲巴山蜀水孕育了楊老這樣的文化大家而感到興奮和自豪。

　　楊老出生於四川岳池縣，我是四川儀隴縣人。兩縣曾同屬川北行署，嘉陵江由北而南流經兩個縣域，而後奔流不息地匯入長江。千百年來，巴山蜀水孕育着巴蜀兒女，也寄托了我們這些離川遊子的鄉思、鄉情。自上世紀八十年代有幸結識楊老以來，我們遂成忘年之交，他的品格、學識及長者風範無不給我以深刻的影響。

　　從部隊崗位退休後，我有了更多的時間同楊老接觸，向他學習。一次，有朋友要我寫一榜書"萬物靜觀"，請楊老題款，我把作品送給他，他好似未假思索，提筆就寫："此句'萬物靜觀'大字橫披，得之於宋代理學家程顥，將軍書此勉勵，蓋有深意藏焉"他淵博學識和驚人而準確的記憶令我欽佩。

　　二零零四年，楊老出於對博物館事業的關心，親自提議讓我擔任省博物館特別顧問。事前我表示：謝謝楊老的信任，但部隊有規定，不能在地方兼職。楊老説，

（圖一）

（圖一）楊仁愷先生九十大壽宴會上，劉慎思將軍贈送賀辭。

你退休前是省軍區政委，兼省委常委，現在退下來了，更應該利用自己的特長爲

博物館事業發揮餘熱。後來，經省文化廳批準，我被聘任爲省博物館的特別顧問，努力爲博物館事業的發展盡微薄之力，以不辜負楊老的一片熱心和信任。

多年來，楊老屢次點評我的書法作品，爲之題跋，并多次贈我墨寶，整理出來有近百件。二零零六年，在他有病住院期間，我把這些作品整理出來，準備出一本書畫集，他極其支持，并親自定名爲《翰墨情緣》（注一）。作品清樣出來後，正在康復中的老人家，雖然行動不便，但對每一件作品都看得很仔細，他還把博物館的同志叫到醫院，自己口授，字斟句酌爲《翰墨情緣》寫寄語，之後，儘管因腦血栓右手已失去寫字功能，仍然堅持親自簽名，"蜀客仁愷"。飽含深情的寄語和簽名，字字千斤，寄意無窮，成爲對我永生的贈言。

楊老是公認的大書畫家，復旦大學教授王蘧常（日本書法界稱之爲"當代的王羲之"）先生稱頌楊老的書法："先生於書，初嗜蘇長公，喜西樓帖，後及石門頌，龍門十二品，復合漢碑晉帖爲一冶，凡數十年所造益雄奇。"

國內外都以能收藏他的書法爲榮，登門或寫信求字者應接不暇、不計其數，然而楊老總是有求必應，毫不吝嗇。即使在二零零四年身體有病後，仍然如此。一天，我去看病中休息的楊老，他拿着幾封信和寫好的幾幅字交給家庭服務員小梅給寄出。我問這是給什麼人寫的，還要郵寄？小梅説："素不相識，從信的內容看國內國外什麼樣的人都有，兩年多來，經我郵出的已經有上千份了。"小梅説："南方一個省的一對夫婦帶病到家求爺爺寫字，爺爺給寫了。後來他又來信要寫，爺爺一下給寫了八幅作品讓我寄出，當時我問爲什麼寫這麼多，爺爺説，他兩口子都有病，寄幾幅字就是給他們解決困難"聽後我吃驚而開玩笑地對楊老説："楊老，您真是菩薩心腸，人家把字畫當商品賣高價，您搭着郵費作貢獻，您是真正的傳播文化的使者。"前些天，我去楊老家核實此事，小梅説："求爺爺作品的信，我保存了兩紙箱，凡是寫過的他都注明'已復'；一時因爲忙而暫緩寫的，他都注明'徵稿待復'。"

對於單位或集體要求書法作品的，楊老也是有求必應。二零零五年入冬時節，省軍區軍官訓練中心落成，後勤部領導給我打電話，要徵集兩幅遼寧名家的字畫，問誰的最好，於是我請楊老推薦。對於畫，楊老首推鐵嶺市指畫家楊一墨。對於書法，我説當然是楊老寫最好，但您身體不好，不好意思請您寫。楊老説："我能寫。"當時我高興極了，説："那就有勞您大駕了。"他親自給楊一墨打電話，并於翌日邀集到省軍區後勤培訓中心。楊一墨作畫，楊老同時展寫了一丈二尺大幅書法作品毛澤東詩詞《沁園春·雪》。祇見他筆走遊龍，行如流水，一氣呵成，此幅作品成了他一生大幅書法的絕筆。

楊老是大鑒定家，他積累豐富的歷史知識和鑒定經驗提出了"書畫鑒定學"這一新的理念，把中國古書畫鑒定作爲一門科學來對待。因而，國內外稱他是古

（注一）《翰墨情緣》楊仁愷、劉慎思合著，二零零七年十月第一版，遼寧人民出版社出版。

字畫鑒定的“國眼”。上個世紀九十年代初，遼南某地收藏界的一位朋友，拿着一幅吳昌碩的《梅蘭圖》要我引見請楊老鑒定。他説：“這幅畫是在上海看到的，要價六十萬元，我已還價四十萬了，如果是真迹，我就要買下了。”還説因爲是高價，必須請楊老鑒定鑒定。看這幅作品時，楊老看得很仔細，往返收放三次。最後他搖了搖頭説：“不真！”事後，我問楊老，那幅畫看上去很陳舊、古樸，怎麼不真呢？楊老説，它是吳昌碩同時期的人仿的，梅花仿得很像，蘭草畫得很亂。我問那還能值多少錢呢？他説，民國初期的畫作也能值幾千塊錢。

二零零六年初，轉業到南方某省的一位老戰友，帶了三幅説是元代的作品，請楊老鑒定，其中兩幅標價三百萬以上的是贋品，一幅作者不太出名的是真迹。一次一位朋友帶了張大千的兩幅作品請楊老鑒定，一幅八尺大作是附有某權威鑒定單位頒發證書的作品，楊老看後説，這是現在某些人和有的畫家聯手掙大錢的。對另一副張大千的兩平尺兩色《梅花圖》看得十分仔細。記得初冬的室內已很冷，他看了兩遍，站起來活動了活動手脚，對我説，看來這幅有點像。事後，他又坐下來縝密思辨和分析，寫下了“張大千真迹”的題款。這些年，我還多次觀看楊老鑒定書畫的情景，不管是古代的還是現代的，總是贋品多於真迹。一次鑒定五幅啓功的書法，祇有一幅是真迹。一位當代畫家畫的虎，五幅作品，竟然全部是贋品。

正是出於對原作負責、對收藏者負責的一種使命感，出於對社會文化事業發展的深慮遠見，更是出於文物工作者的職業道德，楊老總是一絲不苟地對待每一件書畫作品。面對商品社會，收藏領域古玩字畫包括當代作品贋品充斥，真贋難辨的今天，多麼需要更多的像楊老這樣的鑒定家。然而他卻離開了我們，成爲中國鑒定大家時代的終結和空白，對於文化事業的損失太大了。

（劉慎思　原遼寧省軍區政委）

憶楊老二三事

單國強

　　文博界的老前輩、書畫鑒定"五老"之一楊仁愷先生於二零零八年一月三十一日仙逝，雖享年九十三歲高齡，然遽然聞之，亦深感痛惜。楊老作爲文博事業的開拓者、書畫史論研究的著名學者、書畫鑒定的資深專家，他的諸多建樹早已爲世人所知，且名揚海内外。本人作爲晚輩，難窺全豹。然我與楊老亦交往甚久，既有師生之誼，又屬忘年之交，今謹將親與交往的幾件難忘之事，略作追叙，以抒緬懷之情。

　　我與楊老接觸最頻繁、時間也較早的一項工作是編撰《中國書畫》一書。此書爲國家文物局主持的文物博物館系列教材之一，由楊仁愷先生擔任主編，約一九九八年組織編撰班子啓動，楊老約請了故宮博物院的穆益勤、楊臣彬、楊新、單國强和中央美術學院的薛永年等五位同志參加。在第一次召開的編撰委員會上，楊老便擬就了編寫要求，具體内容可見《中國書畫》"第一章緒論·五、編寫本書的意向和有關説明"。在定章分工討論中，大家各自選定了一章，楊老一人則承擔了三章，不僅任務重，而且難度大，尤其"第四章遼金西夏"，以往書畫史從未單獨立章，一般都附屬在五代或宋代章節中，這次楊老認爲："現在關於遼金西夏的資料，包括傳世卷軸和壁畫，數量已不少，足以説明遼金西夏的繪畫情況。"決定單設一章，在大家都心存畏難的情況下，他主動擔起了此章的撰寫，這使與會者非常感動，都決心快而好地完成自身的任務。在不到半年的時間裏，大家就都寫成了初稿，交楊老統一審閱。楊老在逐章逐節批閲修改意見後，先後組織了兩次集體審改會，交換着閲改各章，楊老則通閲修改稿。兩年後，此書即定稿付梓，於一九九零年五月正式出版。這是我參與集體撰寫專著中寫作時間最短的一部書，楊老親自撰稿并逐章審改的負責精神和認真態度，也使我領會了一位真正主編的責任，因此在我以後擔任多部叢書主編的工作中，也盡量照此去做，以盡其責，由此也較好地保證了進度和質量。此書出版後，受到文博界和社會上的廣泛好評，購者如潮，先後再版了十餘次，并經由臺灣一家出版社出版繁體字版，在海外發行。十年中，楊老關注再版發行同時，也想着撰稿人的著作權問題，曾多次寫信給出版單位上海古籍出版社，希望考慮稿費的再版補償，尤其悉知臺灣要轉版，就更强烈地提出了此要求。幾經交涉，出版社終於補償了若干稿費。楊老如數都轉交給了我，請我來分配，他寫信表示：我不管錢財，也不會分配，初版是你分的，以後也由你來分吧！二零零一年，本書經過全面修改、充實，出版了修改本，稿費也是由我分配的。可以看出，楊老在錢款處理方面考慮是比較鄭重、謹慎的。

還有一次與楊老一起活動是在一九九九年，當年十二月九日至二十日，美國大都會博物館邀請中國專家赴美訪問，參加"王己千珍藏書畫展"研討會，尤其是對五代董源《溪岸圖》真偽的討論。一行有團長啓功先生，成員傅熹年、楊新、單國霖、李維琨和我。至紐約後即與正在美國訪問的楊仁愷先生會面，共同參加了幾次活動，接觸比較多。十二月十一日舉辦研討會一天，集中討論了董源《溪岸圖》的真偽，我們都參加了，啓先生撰寫了論文，由方聞先生代爲宣讀，結論是筆墨風格與董源其他存世作品相近，署款雖似後添，但字體也是北宋流行的體貌，故這是一張北宋的畫，而非張大千偽作。會間其他中國專家在接受采訪時，也均同意啓老的意見，并補充了一些自己看法。楊仁愷先生在接受《世界日報》記者采訪時亦表示：從筆墨角度看，《溪岸圖》屬北宋早期作品無疑，但署款是後添的，作者是否董源需進一步研究，意見與啓先生不謀而合。訪問期間楊老還與我們一起參觀了大都會博物館的"王己千珍藏書畫展"，觀摩了庫藏的歷代書畫珍品，至華盛頓弗利爾美術館觀摩庫藏宋元名畫，參觀沙可樂美術館展覽，在見到正在重裱的北宋郭熙《山水圖》時，楊老就和我們小聲議論：畫是宋畫，風格相近，屬郭熙傳派，但款字墨新，似後添。正當議論時，啓功先生說了一句："就叫《郭熙出浴圖》吧。"全體大笑，結論就此一槌定音。在觀摩閑談時，他告訴我，到博物館看藏品，盡量少議論，要尊重館裏的意見，因爲請你來是欣賞，不是鑒定。此話頗具深意，我不禁點頭稱是。活動期間，每次去博物館，都安排豪華轎車接送，但賓館距博物館均不遠，我等稍年輕者往往步行來去，楊老也經常跟隨我們走，以活動筋骨，有一次晚出門，沒跟上，竟一個人找到了博物館，真可謂老馬識途。幾天朝夕相處，楊老的平易近人，謙和慎言，不事張揚，不爭待遇等言行，給人留下了深刻的印象。

還有一次是一九九六年六月二十日至二十六日，應比利時尤倫斯男爵（注二）邀請，赴比利時鑒定，到法國、德國去參觀訪問，隨訪人員有徐邦達夫婦、楊仁愷、楊新和楊麗父女、聶崇正、單國霖、吳爾鹿、江炳强和我。先至比利時鑒定尤倫斯先生所藏中國書畫鑒定過程中，徐老和楊老兩位前輩都直率地發表了自己的見解，楊老也不像觀摩時那樣慎言了，有時

（圖一）

（注二）尤倫斯男爵（GuyUlens）及夫人米莉斯（Myriamllens）英國著名慈善家、收藏家。

（圖一）楊仁愷先生與楊新先生在尤侖斯男爵家中看畫。

還引發起爭論。記得有件清初王時敏的《山水卷》，徐老初觀時認爲似王鑑代筆，楊老覺得還屬真迹，第二天徐老又請拿出來重鑒，經仔細鑒析後，他也同意了大多數人認爲真迹的意見。又有一件晚清虛谷的《花鳥軸》，有人說真，有人說僞，徐老說近代的看不懂，楊老表示再研究，看來權威專家的鑒定態度比我等還慎重，雙方都表示再研究。第二站是去法國，主要參觀魯弗爾美術館，展出的均是西方藝術品，如油畫、雕塑等，因展室太多，徐老後來就去休息室了，說這些東西看不懂，楊老卻一直隨着我們，饒有興趣地逐室觀賞，他表示這些作品難得見到，要好好看看，看來他的藝術欣賞範圍是甚爲廣泛的。最後一站是德國，主要參觀教堂等古迹，他也一直隨逛到底，毫無倦容。其中有件小事我至今記得，即晚上安排賓館住處時，楊老原本和聶崇正同住雙人間，因楊老睡覺打呼，聶先生不習慣，楊老就調到我的單人間，但房中祇有一張大床，我就提出搬到老聶那兒去，他不同意，說我倆很熟，合睡一床沒關係，祇要你不怕打呼。我祇好表示同意，他隨即說：那我先睡，睡着了就好一些了。於是我倆就同床共眠了好幾天，因爲感到榮幸與新鮮，我睡覺也沒覺得有幹擾。這是我與楊老接觸距離最近的一次，可以說是終身難忘。

我與楊老見面還有好幾次，但大多是在舉辦盛大活動的公衆場面，單獨相處的機會甚少。如上海博物館的幾次館慶大展和研討會，故宮博物院的幾次院慶大展和研討會，遼寧省博物館的新館落成典禮及大展、研討會。而最後一次單獨會面叙談是在二零零五年六月，那次是我應某鑒定中心之邀去瀋陽鑒定，有朋友即將此行程告知了楊老，他決定單獨與我會面。六月二十六日臨走那天傍晚，楊老由朋友開車接來至我下榻賓館，在日本料理廳共進午餐，其時他身體已不太好，爲促膝談心，在座祇有我們三人。我問候了他的健康狀況，他回答無礙大事，祇是館裏的事不能過多過問了，接着卻又談起了省館的很多事仍然顯出他對公事的關注。他也問我來瀋陽何幹，我談及書畫鑒定中很多難辦的事，他亦感慨朋友、領導之托難以處理妥善之苦衷。期間很多鑒定的同行者聞訊趕來，紛紛與楊老合影，談話時被打斷，但他也耐着性子與之一一合影。看着楊老過於疲憊的身影，我就勸他先退席，回去好好休息，他也就與我握手言別了。殊不料，這竟是我倆的最後一次見面和長談。以後兩年多內，我就陸續聽到了楊老生病、進院、回家療養、又住院的消息，心中惦念，卻一直找不到機會赴瀋去探望，直到二零零八年二月二日瀋陽記者電話采訪，才驚悉楊老已於一月三十一日仙逝，真後悔當時沒有更久地暢談，但他對後輩的扶持、關懷之情，是我難以忘懷的。

楊老在文博事業、書畫史論和鑒定等方面的突出建樹和貢獻，使他成爲東北人的驕傲，曾授予他“人民鑒賞家”的榮譽稱號。他必定還有許多鮮爲人知的動人事迹，本文僅是直接接觸中的點滴回憶，略表緬懷、思念之情。

（單國強　故宮博物院研究員）

懷楊老（注一）

馮鵬生

　　楊老（仁愷）是一位孜孜不倦、勤學苦作，爲民族文化奮鬥了多半個世紀的老人，在文博事業方面多有建樹。他的力著《國寶浮沉録》理清了溥儀遜位後從故宮盜出的一千二百多件書畫國寶的來龍去脉，并兼述了歷代名畫的真僞和影響，可謂功勛卓越；他的《中國書畫鑒定學稿》系統地整理了鑒定的諸要素和應遵守的準則，具有重要的現實意義。兩部著作都具有開創性。在他生前，我曾撰稿《人民鑒賞家——楊仁愷》發表，在他逝世後的今天，緬懷他傑出的貢獻，彰顯於世，仍是有必要的。

　　當書至此，恰是楊老逝世兩周年的祭日（二零零八年一月三十一日逝世，終年九十三歲）。楊老是新中國木版水印發展到巔峰水平的奠基人之一。拙作《木版水印概説》的産生，不僅得益於他熱心的扶植——提供大量的圖片資料，并共同分析、切磋，更重要的是得益於他與前輩們共同努力，創造了輝煌業績的實踐經驗。楊老深諳傳統"饾版術"的特點，運用這一特殊技藝，能使經典的古代書畫得以翻新，以一翻百，且印刷品與原作相似度極高，是使經典書畫長久流傳、傳承傳統文化的一種重要手段。正如啓功先生所云："木版水印作品僅下真迹一等耳。"

　　所謂"饾版術"，實指我國傳統的雕版彩色套版印刷，後稱"木版水印"。這種技藝雖始於宋代，至明有突飛猛進的發展，但至新中國成立前，榮寶齋祇能印些信紙信箋，咫尺小幅。自新中國成立後方能印製不足盈尺的絹本册頁。五十年代後期，木版水印的《簪花仕女圖》鉅幅絹本大卷誕生，中外大震。當時，周恩來總理、朱德總司令、陳毅老總，都曾以此作"國禮"贈與其他國家的元首。有許多外賓讚嘆説："這種技巧所達到的藝術水平，是令人不可思議的。"尤其是凸現了新中國的文化成就，在世界上産生了鉅大的影響。這一奇迹的誕生，皆因楊仁愷、侯愷等前輩數年的艱苦努力。鑒於保護古典書畫的需要，不能直接勾版擇套，祇能在臨摹本上勾版，

（圖一）

（注一）本文摘自《日進前而不御，遙聞聲而相思》。

（圖一）木版水印信箋。

如此就必須對古畫進行臨摹。楊老在臨摹唐代《簪花仕女圖》、五代董源《夏景山口待渡圖》、宋徽宗摹張萱《虢國夫人遊春圖》等作品的過程中，與榮寶齋派去的臨摹人員朝夕相處，日夜攻關，終於解決了臨摹過程中絹不易着石色、色塊難出勻净效果、綫條難出殘斷韵味等困難，爲複製奠定了堅實的基礎。令人敬佩的是，後來，楊老在追述文章中卻將這一壯舉的功勞，通通記在了他人的身上。直至進行擇套分版、雕刻木版、敷色浸染，楊老多次到北京，同工作人員共同研討，提出改進意見。諸如他提出，水印的絹地着膠礬小，不易着色，但着量過重又影響作品的壽命；印染勻净色塊的石色，必須像宋代畫家一樣要進行反復研製，使之細膩；爲使複製品能再現原作的氣韵，印製者必須通曉原作者的用筆特點，故而需多讀原畫等等，爲複製順利進行起了非常重要的作用，這是很多當事人供認不諱的事實。

（圖二）五代黃荃《珍禽圖》

（注二）王冶秋（1909—1987）新中國文物事業主要開拓者和奠基人之一。歷任文化部文物局副局長、局長，國家文物局局長、顧問。

（注三）張珩（1914—1963）古書畫鑒定專家。字蔥玉，別署希逸，浙江人。歷任文化部文物局文物處副處長兼文物出版社副總編輯，國家文物局書畫鑒定小組第一負責人。

（注四）吳仲超（1902—1984）又名蘭久、鏗，江蘇人。曾任文化部部長助理，故宮博物院院長兼黨委第一書記。

楊老爲故宮博物院繪畫館於一九五四年十月一日正式開放所作出的傑出貢獻，是我們永遠不該忘懷的。眾所周知，故宮所藏的歷代書畫，由於溥儀的盗出

（圖二）

和國民黨南運，已不成規模。新中國成立後，在周總理的關懷下，王冶秋（注二）、張珩（注三）、吳仲超（注四）等領導先後以外匯收回一些，又從私人藏家處收購了一些，雖初具規模，但從系統化觀，仍不盡如人意。一九五二年春，東北文化部成立了三人小組，集中清查偽滿皇宮散佚的書畫。三人之中，趙歧、李明均爲二十幾歲的女同志，楊老則作爲東北文化部專業人員參加，是當時清查書畫的主要業務力量，時年僅三十七歲。工作組在長春、瀋陽、興城、天津等地積極宣傳黨的文物政策，艱苦斡旋，在短短的幾個月中即清查收回偽滿散佚文物一百七十種、三百一十九件，其中大多是美術史上具有代表性的經典作品，後將其中的一百三十件《佚目》中的書畫，轉歸故宮博物院。如此大批量高水平的書畫回歸故宮，使故宮具備了搞歷代繪畫展的條件。故宮繪畫館於一九五三年揭幕。嗣後，天津又轉撥故宮三十件。遂又將東北博物館所藏五代黃荃的《珍禽圖》、宋李公麟的《摹韋偃牧放圖》、宋張擇端的《清明上河圖》等調入故宮，故使庋藏蔚然大觀。加之楊老又曾對溥儀逃跑時被劫獲的一百二十件書畫做過接收，由此可證，在新中國成立後的三年中，楊老目鑒《佚目》中的書畫達三百幅之多，而且要幅幅考訂、辨別真偽、評騭甲乙、登記

著錄、什襲以藏等，工作量之大可想而知。所以説散佚的故宮書畫，相當一部分在追查"回倉"，鑒別真贋，直至使之與民衆見面的過程中都浸透了楊老的汗水。而楊老在當時所論述、剖析這些法書名畫的觀點，至今已不見有質疑之聲。又由此可見，抗戰勝利後在重慶舉辦故宮所藏歷代書畫展時，馬衡院長令其先睹，精心品賞，積累了唐、宋、元名畫法書的知識，才能使楊老在奪回故宮佚目作品的長期鬥爭中，立下耀眼的戰功。在幾年内，能够親睹、鑒別如此大量的歷代名畫法書，對專職鑒藏的人來説，無人能出其右。尤其，他能在真贋混雜的畫堆中，識辨出《清明上河圖》，六十年代又識辨出米芾《苕溪帖》等，這都證明了楊老在鑒定方面的至高素養。論其品格，他雖鍾情書畫，但在清查《佚目》書畫的過程中，未起一絲雜念，令人敬佩。較之另外一些雖具鑒藏知識，但在那時或以前卻幹着染指書畫國寶，或致使外流，或助紂爲虐者，更顯出了楊老形象的光輝。楊老不愧是由我國政府授予"人民鑒賞家"光榮稱號的唯一鑒定家。

楊老不僅僅是一位鑒定家，鉅翁馮其庸説"楊老是一位大學問家"。五十年代他曾發表《對王遜先生有關民族繪畫問題若干觀點之我見》、《關於民族繪畫問題討論幾個主要觀點的再認識》，在關於《聊齋志異》版本真僞，是否具有"民族思想"、"進步思想"的爭辯中，捍衛了"國畫"的尊嚴，顯示了對民族文化的忠貞。當時楊老正當壯年，所撰文章觀點鮮明、語言犀利、論證嚴謹，顯示了豐厚的學養。

北京、瀋陽千里之隔，數十年來，在學習中遇有疑惑，我祇能以書信或電話的方式請教。直至他生病前，他都像我的"私塾"先生，每次都把我請教的問題解釋得清清楚楚。記得八十年代初，他居國務院一招參加鑒定組的活動，有一次幫我校改一篇短文章一直到深夜兩點多，那天我就在他的房間住下了。到五點三十分時，他便和往常一樣起床，去院子裏跑步了。那時楊老已七十多歲，如今回想起來，以瑣事影響他休息，很是内疚。記得大概是他八十六歲那年，夜間談及人生準則時，他猛然説："我們相識已近四十年，知我者，鵬生！"我當即回説："晚生慚愧。"如今再想想，當時我何曾比較深刻地認識到他爲民族文化所作出的貢獻和重大影響呢！比較清晰地認識楊老，還是在他去世後，我每天讀他的《沐雨樓書畫論稿》、《國寶沉浮録》、

（圖三）

（圖三）楊仁愷先生與原榮寶齋副經理馮鵬生先生合影。

《中國書畫鑒定學稿》以及徐光榮先生、王海萍女士所著有關楊老生平的著作，才對楊老有了一個大概的了解。一生的勤奮、多次的坎坷、難尋的機遇造就了楊老，他來得坦坦蕩蕩，功德圓滿；走得從從容容，披着一身的霞光！

在楊老病重的一年裏，我總是忐忑不安，有些舉動則被內人斥之爲"想入非非"、"反常的迂腐"。楊老開始插食管，吃流食，我心急如焚，真是"腸一日而九回，居則忽忽若有所亡，出則不知其所往。"病急亂投醫，我竟動搖了自己的唯物觀：一位前輩生前曾贈我一幅明代絹本《孔雀明王菩薩像》，經載其像有大威力，能滅一切諸毒怖畏災惱，攝受復育一切有情。前些年我家搞過一次裝修，唯恐人雜事亂，於是將像卷起，置入單人床囊內，立置於另一臥室的墙壁。一天午夜醒來，我忽見立著的床面上現出一幅"佛說法圖"。佛端坐中央，兩旁左右協侍，背光火焰尤爲熾盛。我怕是錯覺，用冷水澆頭。回臥床後，圖像依然，我又恬然睡去。至今，我也解釋不清怎麼會産生這麼一種現象。我從未敢入佛門，但也絕不敢佛前妄語。於是，我將佛像掛於素壁，待家人外出時，便洗浴乾净，虔誠地肅立於像前，祈禱説："佛祖，楊老病重，插管進食（注五），必是難忍，晚生惶恐，可否因病授藥，籍方施便，顯盛佛威。楊老一生書生之氣，清心寡欲，祇是嚴謹治學而矣，他是人間鉅才，萬呼解除煎熬，輔其康健。"連續十幾日，天天如此。大概是巧合吧，瀋陽的郭延奎兄來電告之，已拔去楊老的食管，可從口進食。他還在電話裏叫了我一聲"鵬生"，這是聽到的楊老對我最後的一次呼喚。我心中暗喜，腦子也清醒了許多，期盼着他能戰勝病魔，繼續尚未完成的事業。萬萬没料到，二零零八年一月三十一日這一天，楊老還是走了！

二零零八年一月三十一日，楊老走了！二月十五日，我懷抱九十四朵白色的康乃馨（注六），去瀋陽與楊老告別。當主祭宣布："家屬向遺體三叩頭！"我也不由自主地跪在地上，送走了一位自律自強、耿介正直、心懷國家、關愛後生的老人。下跪，在今天來説是一種"迂腐"的行爲，但對我來説，於特定的場合，這"下跪"卻成了一種釋放情感的方式。

楊老曾告誡我説："你也六十的人啦，凡事要抓緊做！"如今，我年已雙六，餘時幾何，自難料定，祇能慎待而已。楊老，您放心吧！

（馮鵬生　中央美術學院教授）

（注五）楊老病重期間，無法正常進食，醫生爲保證楊老正常的營養攝取，故做了插管助食的治療，此種治療痛苦異常。

（注六）馮鵬生先生與楊仁愷先生感情深厚，二月二十四日，他攜九十四朵白色康乃馨由北京到達瀋陽，時值隆冬，馮先生擔心花朵因氣溫太低而凋謝，使用自己的衣服保護花束，情誼之深厚令人感動萬分！

楊仁愷先生二三事

吳悅石

　　楊仁愷先生一九一五年十月生於四川岳池縣，是我國文博事業當之無愧的一代宗師。他以自己獨特的人格魅力和高尚的愛國情操，沐雨櫛風數十年，年近九十仍然努力不輟，讓無數國寶回歸祖國的懷抱，高風亮節，感人至深。自二零零八年一月三十一日先生歸道山以來，我傷感不已，許多往事浮上心頭，時時縈繞，恍如昨日。僅錄二三事，以供友人追念。

　　一九九一年夏秋之際，先生應邀到香港中文大學開會（注一），休會期間，接先生到我在香港半山住所小憩，這時我的朋友送來一件朱光先生舊藏北宋郭熙山水卷原大照片。此件先生已收錄在剛剛出版的《國寶沉浮錄》（注二）散佚國畫節一條。此件曾入清宮內府收藏，石渠寶笈初編已有著述。畫邊有金人任洵（注三）大字長題，十分精彩。朱光先生曾擔任四野要職，解放初期任廣州市副市長，六十年代初調任安徽省副省長，學識淵博，精於詞翰，五十年代曾以長短句著《廣州好》一書，

（圖一）

我有一冊，曾再三研讀，故此印象深刻。朱光先生曾有多件宋人鉅作捐贈北京故宮博物院，如馬遠《水圖》等。此件乃先生用一支派克鋼筆與一位小戰士交換得來，那時這位小戰士睡在馬路邊上將這幅畫鋪在身下。此件朱光先生曾交謝稚柳先生重裱，楊先生在重裝後見過。此外楊先生到安徽公幹，又曾一見。故此，楊先生見此照片十分激動，說一直在苦苦尋找，不能忘懷，不期今日得見，并囑我一定不能讓這件鉅作外流，爭取回歸祖國。當時楊先生說我們二人聯名寫一封信吧，我提議請時任全國政協主席的李瑞環同志關心一下。故而楊先生起草一封給李主席的信并抄錄一遍後交給我，并囑咐再三。我隨後即回到北京，將此信交給單昭祥同志，請其轉呈李主席。李主席批轉給了李鐵映同志，之後又批轉給國家文物局張德勤同志。楊先生說任洵是金人，去宋不遠，書法、文采又好，真迹無

（注一）一九九一年四五月間楊仁愷先生應邀出席由香港中文大學主辦的"古今書畫鑒定學"報告會。

（注二）《國寶沉浮錄》彩圖典藏本，二零零七年三月由上海世紀出版股份有限公司、上海古籍出版社聯合出版發行。

（注三）任洵，金人，生卒年不詳，詩人、書法家。

（圖一）北宋郭熙《山水圖》

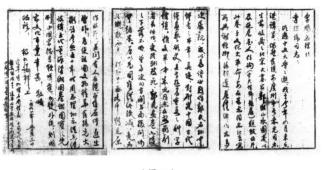

（圖二）

疑。後來又囑我將此件彩色影印一份給他，等《國寶沉浮録》再版時補上，我隨後彩印了三份，分交楊武、常萬義各一份，并請轉交先生。以後先生多次尋問此件下落，因爲此事以後有些曲折，終究未能使先生如願。

二零零一年先生到臺北，也是我陪同前往的。《國寶沉浮録》散佚書畫第一條爲王著《千字文》，周越跋，曾入請內府收藏，《石渠寶笈》注録。王著《千字文》今已散佚，周越跋尚在，且保存完好，并藏於臺灣李敖先生處。九十年代初我曾在李敖先生家拜觀。此物爲李敖先生在地攤上發現，曾與友人合著《周越墨迹研究》考釋翔實，確見李先生史學和文博學功力極爲深厚。由於周越墨迹的發現，爲五代至北宋時期書法的發展提供了準確的實證。見到周越墨迹才清楚蘇、黃、米、蔡以及趙孟頫等書學大家都爲何曾師法。先生見到墨迹非常興奮，他一直以爲此物早已隨王著《千字文》毀於大火，能够見到此卷，真是如有神明保佑。李敖先生仰慕先生的學識和成就，真摯熱情的相交，家中諸多收藏亦使楊先生十分暢懷。此次臺北之行，先生説唯一一件傳世的周越法書能够見到，不亞於當年見到《苕溪詩》。那幾天先生很興奮，説了很多話，李敖先生也受到了感染。先生囑咐再三，此物不能外流，争取回國。李敖先生也表示決不能外流，相機辦理回歸。香港回歸時，先生又再次囑托我，看好這件國寶。以後，幾次在北京見到先生，都曾仔細詢問周越墨迹的情况。先生在此期間也努力聯繫國內的博物館收藏，但始終没有成功，爲此先生一直念念不忘。後來知道李敖先生已出讓給香港的朋友，也祇是嘆息而已。

與先生相聚時，常常議論民國以來諸大家逸聞掌故，而先生於故人都感情深厚，娓娓道來之時能於平常之處感悟人生之體驗。對於我們都是極有教益的。談及張葱玉、徐森玉（注四）二位先生時先生都頓生景仰和愛戴之情。徐森玉先生後人徐伯郊先生也是文博界中人，知識與學養都十分深厚，建國初期受周總理委托，從香港購回顧閎中《韓熙載夜宴圖》、韓滉《五牛圖》等國之重寶。晚年在香港與我住鄰居，楊先生念及徐森玉先生和徐伯郊先生的貢獻，幾次想拜訪徐伯郊先生但都因故未能如願。

二零零零年秋，年近九十的徐伯郊先生尚能行走，祇是有時略感大小便有問題。我便安排楊先生來港時先到徐伯郊先生寓所小坐，兩位耄耋老人見面，祇有簡單的寒暄，并無太多的客套。而我看到他們的雙眼都已是泪花盈眶，不能自已。

我請來陪同的王壯弘先生也十分感動，王先生是原朵雲軒經理、書畫鑒賞家、碑帖學者，錢鏡塘（注五）門婿，沈尹默（注六）門生，年近八旬，也是二位先生的老朋友。當晚我請三位在上海總會晚宴，席間的暢談很是快慰，故人故事，如開閘之水，席間不曾停歇。因為徐伯郊與王壯弘二位先生是書畫界老人，對一些名作的收藏及流向十分清楚，先生詢問得十分仔細。我發現先生對故人、對書畫、對祖國的真摯深切的感情，比對自己親生兒子還好，我從先生的身上學到的是拳拳愛國之心，做人做事的本分之精神。

（注五）錢鏡塘（1907—1983），原名錢德鑫，字鏡塘，以字行，晚號菊隱老人，浙江海寧硤石人。滬上著名的書畫鑒定、收藏家。

（注六）沈尹默（1883—1971），原名君默，字中、秋明，號君墨，別號鬼谷子，浙江湖州人，著名的學者、詩人、書法家、教育家。

（圖三）

（圖三）楊仁愷先生與徐伯郊先生及友人在香港相聚。

　　遼寧省博物館新館落成時，應先生之邀，恭逢盛事，期間展出了宋、元、明、清劇迹如《簪花仕女圖》等國之重寶。其中展品大多數經由先生之手，得以平安入藏。我曾多次赴瀋陽，一則看望先生，二則拜觀館藏書畫。每次先生都會以望九高齡，陪同觀看。先生對每件展品都能將其源流及入藏經過娓娓道來。其間毫髮之心，細之又細，感情之深，令人怦然心動。我等生於太平盛世，難以想象動亂年代像先生這樣為國家、為民族忘我的精神。我也是研習中國書畫的，對傳統文化的學習和浸潤應該是有較深的理解，然我卻缺少先生一輩經歷的天翻地覆的社會變革，那種對祖國、對傳統文化事業的刻骨銘心的深沉的熱愛。聽着先生的講述，我輩應該知道學什麼，也應該知道自己要做什麼，起碼應該不負先生的期許。先生已歸道山，現在想想真後悔，當初先生那麼長時間的講述，如果分別錄製，將是一件多麼快慰的事啊！

　　一次我和楊武去瀋陽看先生，先生堅持在家中設宴，不得已，祇好從命。誰知先生在家中搞了一大桌子菜。那天先生也非常高興，陪我們喝了幾杯。席間先生仍不忘看過的故宮散佚書畫，諄囑我輩盡量努力，爭取畫作的回歸，能做多少就做多少，要對得住歷史。飯後先生興致很好，楊武提議我和先生合作一幅畫，先生能書善畫我是知道的，但沒有與先生合作過，祇見先生扯出了一張整紙，含毫濡墨，在右邊信手一揮，寫出兩塊壽石，奇崛而蒼古、遒勁而老辣，一時間趣意無窮。先生畫完笑着把筆交給我說："我不擅畫，所以先畫，出個難題給你，你是畫家嘛。"我說："歷來長者為先，先生當然要先畫。"我遞補了三竿墨竹，整幅還大有可看之處，先生遂題雙清以贈楊武，楊武十分高興。我與先生相識幾十年，祇此一次合作之畫現藏楊武家中。雖說是合作，實則先生在示範運筆、行筆、取勢、用水、用墨、用氣之法。所謂筆隨心用，勢隨筆出，生生不已，法備氣至。在有心人眼中這就是中國文化傳承之法，故而我可以記憶深切。

以上是我與先生的幾件小事。九十年代以後，拍賣興起，先生總要抽出一些時間爲拍賣會看畫，我們更多的是在拍賣行相見，因爲年紀大了，我都勸先生少出門，在家靜養。先生祇淡淡一笑說：“很難。”我知道世事如此，沒有辦法。既使九十高齡仍要外出。記得先生八十多歲時比年輕人還有精神，不知疲倦。有時我都覺得很累，先生卻依然神采奕奕。雖然先生已歸道山，但是我依然覺得先生還是那麼精神，還不時出現在我的眼前，我不能忘懷這一切。

（吳悦石　著名書畫家、收藏家、中國國家畫院吳悦石工作室主任）

龢溪明月歸龍泉

初國卿

　　二零一零年遼海地區的春天來得特別遲，清明時節尚且不見細雨紛紛，有時北風吹來還要飄過一陣薄雪，立夏過後才見柳色萌動，快到小滿了榆錢才掛上樹梢。尤其是瀋陽南郊龍泉古園一帶，多槐多柞樹的山地裏，更是靜悄悄地像是等待着什麼消息。

　　消息是有的，龢溪仁愷老墓園落成儀式早就定了，時間是六月十二日，端午節前四天。大自然似乎也在悉心靜候這個日子，花發遲遲，想必那時定會一夜間楊老墓畔白色的槐花競相開放，以此來呼應人們無限懷念的心情。

（圖一）

（圖一）楊仁愷先生墓園全景

　　楊老墓園座落在長白山西緣的龍泉山龍泉古園裏。墓後有龍泉山相依，墓前有嶽池水蕩漾。"嶽池"既是一泓湖水，又相合楊老故鄉之名。另"嶽池"於宋時有"龢溪"古稱，故楊老遺文總是以"龢溪仁愷"相屬。許多來龍泉古園見到楊老墓者，無不為人民鑒賞家而感歎："嶽池"連及"龢溪"，"嶽"字帶"山"，"山"涵池中，龢溪明月歸隱龍泉，好一處湖山高臥，沐雨聽泉之境！

　　聽到這樣的評價，我心釋然。當年楊老歸於道山，全國文化界為之歎惋。其藝術與鑒定造詣不說，只那一部《國寶沉浮錄》，就讓楊老贏得了可堪與西晉張華、唐代張彥遠、宋代郭若虛、明代董其昌、清代高士奇等相提並論的中國美術史上的學術大家。楊老走了，在他身後不僅留下了遺憾，也留下了諸多的空白。書畫鑒定界從此閉上了一雙曾經發現《清明上河圖》的慧眼，《國寶沉浮錄》之後誰還會有更新的發現？遼海文化不知由誰來做旗幟性的人物……凡此種種，讓許多人更為懷念楊老，惦記楊老的身後事。

　　想楊老在世時，對我等後學鼓勵、獎掖頗多。因在媒體工作的原因，我有時採訪楊老，請楊老題寫有關文字等，楊老從來都是有求必應。記得我最早知道金毓戳的大名就是楊老告訴我的，他給我講金毓戳對東北史學研究的貢獻，對成立瀋陽故宮博物院，保護長春小白樓流散出來的文物的貢獻。上個世紀末，我在《瀋陽晚報》連載《曠世風華文溯閣》一文，為此曾採訪楊老。他繪聲繪色地給我講述一九五零年剛來東北工作，受聘到東北人民政府文化部文物處研究室做研究員工作時的情景。那時，文物處的辦公地點就設在瀋陽故宮西院。當時有三位研究員，除了楊老，另兩位是金景芳和朱子方。三人受命協助東北圖書館（今遼寧省圖書館前身）整理文溯閣《四庫全書》。因為戰爭緣故，歷盡滄桑的《四庫全書》當時存放在故宮地下書庫。楊老等人逐本逐頁地進行整理、修補，查找錯、漏字。半年多的時間裏，他們辦公、吃住在文溯閣裏，終於將《四庫全書》整理完畢。三人為了紀念這次頗有意義的工作，很長一段時間都互相戲稱"文溯閣四庫大學士"。說到高興處，楊老那天還特意題寫了一幅書法作品："瀋陽的曠世風華——為文溯閣四庫全書題。"刊登在了《瀋陽晚報》上。那天，楊老的興致特別好，那幅書法也寫得格外精彩、漂亮。

自從楊老離開我們，每每想起與楊老在一起的情景，都讓我特別懷念他。懷念他的學識淵博，懷念他通達可敬，懷念他的寬厚待人。　也正因此，同遼海地區的許多人一樣，大家都想為穌溪老人的身後事一盡綿薄。二零零八年秋天，我聽說楊健兄等家人在為楊老尋找墓地，於是我想應當為楊老做點什麼，來更好地懷念他。於是我想到了瀋陽的龍泉山，想到了龍泉山裏的國有公墓龍泉古園，想到龍泉古園總經理王繼君先生。

繼君先生不僅是龍泉古園的總經理，還是中國殯葬協會公墓委員會副主任委員，在經營與管理上很有人文思想。當時他正在組織專家，按着"歷史與人文的貫通，公園與墓園的融合，祭祀與旅遊的兼顧"原則，以遼海文化為主線，對龍泉古園進行重新規劃。於是我對他說：龍泉古園堪稱遼海湖山之勝，楊老又是遼海歷史上最為有名的碩學大家，如果他老人家能安臥龍泉，對於歷史文津和地方文化都是一件大好事。希望龍泉古園能為楊老提供一處墓地。聽了我的建議，繼君先生當即表示：我與相關部門領導請示，希望楊老能埋骨龍泉。三天后，他告訴我：相關領導和古園同意楊老來龍泉，只要家人選了這裏，我們免費為楊老提供最合適的墓園之地。於是我將此意見通報了楊健兄。幾天後的一個週末，我陪同楊家兄妹來到龍泉古園，大家察看了多個地方，最終幾乎沒有什麼疑議地一致看好了現在的楊老墓園所在地。過後，楊老生前友好，原遼寧省副省長、著名書畫家林聲先生，遼寧省軍區政委劉慎思將軍等一起來踏看為楊老選定的墓園，也都不約而同地讚歎道：湖山深處，前有水，後有山，兩厢相擁，確實適合楊老這樣的大家歸隱於此。

二零零九年春天，楊老墓園破土動工，楊家負責設計，龍泉古園等單位負責施工。同時龍泉古園還調整了楊老墓園周邊的相應環境，栽種了多種植物。並將墓園前的水亭命名為"舊雨亭"，还請著名學者、書法家張振忠先生題寫了"岳池"刻石，建立了林聲先生的《楊公祭》詩碑等。

（圖二）楊仁愷先生墓園中的舊雨亭

二零一零年春天，楊老墓園基本峻工。沿著一湖碧水，登上兩層緩步台來到楊老墓前，見楊老墓碑為黃蠟原石，馮其庸先生題寫碑文：人民鑒賞家楊仁愷之墓。碑兩邊古松盤屈，綠蔭掩映。碑後襯景為一展開的近二十米的石刻長卷，從右至左，為王遽常先生撰寫的《記楊仁愷先生》和楊老本人並謝稚柳和馮其庸先生的題跋。四大家文字書法薈萃，刻於一石，堪稱絕品。

小滿前一天，繼君先生邀我到龍泉古園，参观正在施工的楊老墓碑後長卷石刻，我站在墓前多個角度細細觀瞻楊老墓園，深感清幽中蘊涵大氣，空靈裏不失莊嚴。

湖山深處，沐雨聽泉，這大約是所有逝者的理想歸處。歷史上，不管是帝王貴胄，還是凡夫俗子，無不想百年之後埋骨寶地，歸隱湖山。山能藏風，水能聚氣；山觀逝者身影，水聽先人足音，湖山最是埋骨處。所以直到今天，我們所見到的名家陵墓多是在湖山之間。"死去何所道，托體同山阿。"湖山與名人墓園構成了最具歷史興替的人文景觀。楊老墓選定長白山麓之龍泉古園，可謂正得湖山之勝，從此穌溪明月有了最好的歸隱之地。

"穌溪明月"——一個多麼富於詩意的寄託。在楊老墓落成，在楊健和趙胥兄我們一起為編輯楊老紀念集時，在多個書名中我們就曾選擇了這一個。因為楊老在世時，遺墨多屬"穌溪仁愷"。關於此處之"穌溪"，當為楊老故里無疑，但到底具指何處，則其說不一。有人說是楊老家鄉岳池縣有一條小河名"穌溪"，楊老就出生在那條溪邊。有人說岳池古稱"穌溪"，所以楊老自署"穌溪仁愷"。細細考究，我則認為後一種說法比較準確。據史書記載，廣安市原有穌溪縣，為南宋甯宗開禧年間置，治所在今岳池縣白廟鎮。後來穌溪縣於元代併入岳池縣，"穌溪"這一古名也逐漸消失。在今天廣安市岳池縣所轄的十八個鎮、二十五個鄉裏均已找不到"穌溪"之名，只有在楊老的遺墨裏，人們才能經常見到"穌溪"二字。由此可見，一個人，一個偉大的人物之於一方土地、一方文化和一方歷史的重要意義。

如今，在楊老故鄉，在遼海大地，在華夏歷史上，雖然穌溪難尋，但"穌溪明月"仍在，這就是楊老留給我們民族文化史上的一抹月色和一溪清光。

楊老墓園終於落成。穌溪明月歸龍泉，清風一湖，嵐氣一山，楊老安憩於此，盡可享受山水佳音了。同時，有了楊仁愷先生安睡的龍泉古園，與長白山相依存的綿綿山脈與淙淙溪水，從此也會成為遼海乃至東北地區最具湖山特色的三生飄蕭之地。

（初國卿　瀋陽市作家協會副主席、《瀋陽日報》編審）

楊老，我們懷念您

聶成文

時間真快，楊仁愷先生離開我們整整兩年了。

在我的心目中，楊老是一座大山，德高望重，是一位可親可敬的老前輩，是一位值得深深懷念的師長。

在上個世紀七十年代，當遼寧書法還在拓荒階段時，他就利用遼寧省博物館這個陣地，舉辦了遼寧省書法藝術作品展，邀請遼瀋地區很多老書法家和中青年書法家參展，率先揚起了書法藝術的風帆，開了遼寧書法創作的先河。他還熱情支持當時瀋陽最早開展書法活動的瀋河區文化館書法組和鐵西區文化館書法組，參加他們的活動，給予了許多具體的指導。上個世紀七十年代末，由全國六個書法組織共同發起的全國第一屆書法篆刻展決定一九八零年五月在瀋陽舉辦。楊老作爲承辦方遼寧書法界的代表，組織和參與了展品的評選和藝術交流等活動。還接待了來自全國各省市的書家和來賓，使這次全國書法展獲得圓滿成功，爲中國書法家協會的成立作了有力的鋪墊，也鼓舞了士氣，擴大了遼寧書法在全國的影響。一九八二年五月，遼寧書法家協會成立。楊老任第一副主席兼秘書長，對協會工作傾注了大量的心血，抓展覽、抓理論研究、抓對外交流，書寫了遼寧書法發展的新篇章。

（圖一）

（圖一）楊仁愷先生與聶成文等人在遼寧書協的活動中。

他一直倡導學傳統。一九八五年遼寧書協舉辦了第一屆臨帖書法展，楊老親自臨寫了王羲之的手札，帶頭參展，給大家做表率、做示範。他還多次親臨遼寧書協舉辦的臨帖書法學習班，參與授課點評，傳藝布道，鼓勵學員要好好臨帖，好好學傳統，好好加強基本功訓練，好好加強書外之功，提高綜合素養。告誡大家不要急功近利，不要趕時髦，使大家深受啓迪，獲益匪淺。

在遼寧書壇，相當多的中青年書家和書法骨幹都受到過楊老的點撥、提携、關心和支持。如"九畹"、"十五人"、"北園"、"二十九人"等等。遼寧的許多少兒書法新苗也都是得到過楊老的關愛和扶植。正是楊老和其他老一輩書家的辛勤澆灌與精心呵護，才使遼寧書法枝繁葉茂，不斷成長，不斷壯大，形成了參天之勢。

楊老在任遼寧書協第一副主席兼秘書長時，我曾先爲工作人員，後爲副秘書長，我任主席時楊老任名譽主席，在工作上得到楊老的相扶相助，自不待言，在藝術上也得到了楊老的悉心點撥和指教，使我終生受益。在一九七五年我初拜識楊老時，楊老就要我多臨習王羲之的聖教序。後來又指導我克服火氣、作氣，使我一步一步地踏上了書法藝術的正途。在一九九六年我的書風由溫和轉爲狂放時，也得到了楊老的肯定和鼓勵。

我作爲楊老的晚輩和學生，一直對楊老懷着深深的敬佩和感激之情。兩千年我曾作了一首詩——《謝楊老》。

> 小草謝春雨，綠樹謝驕陽。
> 我謝仁愷老，師恩何浩蕩！
> 一謝頻點撥，大路不彷徨。
> 二謝善扶持，快馬加勁韁。
> 三謝垂風範，高山足可仰。
> 我本頑拙石，雕琢透靈光。
> 亦爲平庸材，競慕棟椽梁。
> 沒有明師引，那得江海量。
> 俯身三下拜，尊師壽而康。
> 晚生再奮力，九天更翱翔！

二零零八年二月，楊老以九十三歲高齡辭世，走完他輝煌的人生之旅。從他去世到今年初的兩年內，我曾分別作了三首懷念的小詩。

> 天上太多寶，急須法眼人。
> 先生應召去，何可返凡塵？

這是二零零八年二月楊老去世時寫的。

> 先生去遠天，逾載未回還。
> 當是寶多甚，無暇顧梓關。

這是二零零九年二月楊老逝世一周年所寫。

燦燦滿天星，一星格外明。

分明仁愷老，猶自鑒濁清。

這是今年二月楊老逝世二周年時所作。

楊老的品格和功業已經深深地印在我們的腦海裏，楊老對遼寧書法事業的貢獻已經深深銘刻在遼寧書法人的心上。

楊老功業永在！

楊老精神永存！

我們深深懷念您，楊老！

（聶成文　中國書協副主席）

楊仁愷——值得紀念的中國書協的創始人

劉正成

　　早在中國書協成立之前的上世紀七十年代，我就已知道楊仁愷先生的大名了。這不僅因爲他是四川老鄉，也不僅因爲他是遼寧省博物館館長兼書畫鑒定家，而是他熱心書法藝術事業、提携書壇新人的盛名，尤其是他在瀋陽籌備舉辦了第一屆全國書法篆刻展，這個展覽是中國書協成立的最重要的前奏。

　　第一屆全國書法篆刻展是現代中國書法史上標致性事件。那時，尚未有"中國書法家協會"這個官方文藝社團，這個展覽就祇能是民辦的了。遼寧省以一非"中央"的地方省份出頭，動員了幾乎全國所有省、市、區書法界高端人士參與，辦成中國歷史上真正具有"全國"意義的第一次書法展覽，楊仁愷先生居功至偉。楊仁愷先生曾任中國古代書畫鑒定五人小組成員，這個小組實際上是"文革"後成立的國家文物鑒定委員會書畫專業委員會的前身。由謝稚柳先生任組長，組員還有啓功、徐邦達、劉九庵。現在我們書法史研究日常便用的工具書，即由文物出版社出版的三十卷本的《中國古代書畫圖錄》，是楊仁愷先生在其中的五人小組的功績。五人小組帶着一批專家做助手，花費八年時間，跑遍神州大地普查各省、市、區博物館等館藏書畫，將所有歷代傳世書畫一一過目，鑒定真僞將其編目拍照，然後逐一出版問世，讓老祖宗留給我們的書畫遺産有了清單并公之於世！這個工作就放在今天，也是不可想象的艱難。楊仁愷先生在書畫界的地位可以説是由此奠定的。

　　但真正讓我對楊仁愷先生有更深入了解的是上世紀七十年代末，遼寧青年書法家陳復澄和北京書法研究家王培真二位入蜀求學與之結識後。陳、王二位均在一九七八年考入四川大學歷史系徐中舒（注一）教授的古文字學碩士研究生，他們主動與成都書家聯絡，讓我們得以知道了他們携來的遼寧和北京書壇信息。陳復澄先生還講了楊仁愷先生支持他們這些

（注一）徐中舒（1898—1991）安徽懷寧人，中國歷史學家，古文字學家。四川大學歷史系教授。

（圖一）楊仁愷先生致劉正成先生信札。

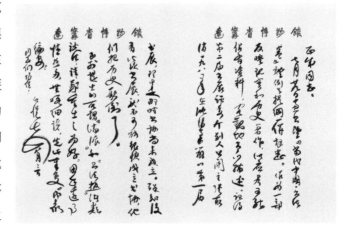

（圖一）

119

青年人在遼寧省博物館辦書法展等。我第一次見到楊仁愷先生，是一九八二年中國書協在四川召開一屆二次理事會時。楊先生對年輕後輩非常隨和親切，在成都錦江飯店會議期間和去峨眉山旅遊途中，我曾主動找機會接近他，得以親自聽到他向我講四十年代在北京琉璃廠字畫行從業的一些經歷，以及他去東北清點溥儀散失清廷書畫的舊事。讓我先前對這位川人前輩懷有的景仰之情變得更加具體和親切。

陳復澄先生作爲楊仁愷先生弟子，還確認了遼寧書壇"九畹"均是楊先生提携的弟子。遼寧書壇"九畹"在當時的中國書界非常有名，甚至超過浙美"五虎"。浙江美術學院陸維釗、沙孟海的五位碩士研究生朱關田、王冬齡、邱振中、陳振濂、祝遂之是在八十年代初方嶄露頭角，但遼寧"九畹"的創作展覽活動在七十年代末已蜚聲書壇，尤其是看了遼寧美術出版社出版的《遼寧書法》第一期後，讓我至今仍記得其中大部分人的名字：郭子緒、聶成文、陳復澄、徐幟、姚哲成、魏哲等。上世紀七十年代末，中國書壇的焦點地區有三個：第一個是上海，第二個是浙江，第三個就是遼寧。可以説楊仁愷先生是第一屆全國書法篆刻展的組委會執行主任。楊先生人脉廣，見識高，又熟稔展覽策劃，抓住了"十屆三中全會"撥亂反正的先機，爲中國書法創造了一個有規模、有聲勢、有水平的文藝群體環境。爲第二年即一九八零成立中國書協打下了堅實的基礎。可以説，楊先生當年的功績和影響力，爲業界公認，楊老能夠功成身退，遠離名利角逐，更令我輩汗顔！

今天，楊仁愷先生在書法界的名氣遠遜於他在書畫鑒定界的大名。但老一輩書家經歷了滄海桑田的歷練，書法的底蘊和老道又豈是虛名能撼動。著名學者、書法家王遽常先生對楊老書法的評價："先生於書，初嗜蘇長公，喜西樓帖，後及石門頌，龍門十二品，復合漢碑晉帖爲一冶，凡數十年，所造益雄奇"。楊先生雖然没有在中國書協任職，但他對遼寧書法事業仍然很上心。記得一九九五年六屆中青展在瀋陽召開終評會時，楊先生親自宴請全體評委，出面組織了遼寧省博物館珍貴藏品觀摩會，還親自陪同中青展評委們一睹《萬歲通天帖》，這部武則天親自指示製作的王氏一門書摹本的芳澤，也深深感受到楊老對我們的關愛。九十年代後期，與楊仁愷先生見面的機會漸漸少了，我也不時見到楊先生的書畫題跋。在我眼中，大多數先生的題跋恭謹，而楊先生的題跋卻放縱恣肆，堪稱"暮年乃妙"！我曾在新加坡大學博物館看見楊先生爲一幀花鳥畫的題跋，雖題跋的位置過於居於中心，其行書瀟灑，天馬行空，宛如米南宫（注二）再世，與他八十年代過於穩重的書風大異其趣。

當然，我并非有楊仁愷先生關門教誨之幸，僅僅是一些較遠距離的粗綫條述説，表達我作爲楊先生同時代人的一種追憶，這種記憶也許能更宏觀、真切地反映出楊仁愷先生對當代文化與書法的影響力。

（劉正成　著名書法家、《中國書法全集》主編）

（注二）米南宫，即米芾，字元章，別署鹿門居士、襄陽居士、海岳外史。與蘇東坡、黄庭堅、蔡襄並稱北宋四大家。

永念師恩重　長留天地間

—— 楊仁愷先生辭世兩周年祭

楊一墨

人的一生如同在旅途跋涉，是由一步步構成的，其中最關鍵的衹有幾步。每當我們邁出關鍵一步時，如有賢者高人指路，就會步入坦途，甚至終生受益。楊仁愷先生就是我在人生旅途中有幸結識的一位賢者和恩師。在先生辭世兩周年之際，謹寫此文，以表追憶緬懷之情。

高山仰止

我原名楊偉，與楊仁愷先生相識於一九八五年。彼時，我在鐵嶺市交通局工作。因受家庭熏陶，少年時即迷戀中國書畫藝術。參加工作後，即使再忙也堅持臨池不輟，從未間斷習書作畫。

一九八五年，我報名參加了遼寧省書法家協會在遼陽市舉辦的書法臨帖班學習。時任遼寧省書法家協會副主席、遼寧省博物館副館長的楊仁愷先生親蒞學習班，爲我們講課。這是我第一次拜識先生。先生大名可謂聞名久矣，我那時尚在青年，加之性格較爲内向，總覺得自己在這位有深厚學養和藝術造詣的名家面前，實有高山仰止之慨，不敢當面請益。但先生儒雅神采和道德文章確給我留下難忘印象。

先生乃四川人士，就職東北有年，仍保有鄉音。一開始，我對先生四川口音不大適應，愈如此愈想仔細聆聽，很快就聽得懂了。這也是先生給我留下的一個深刻印象。

此後，我一直堅持習書作畫。由於書法作品多次入選全國和省書展并獲獎，我被推選爲鐵嶺市書法家協會負責人之一。遼寧省書協每年都要主持召開會議、舉辦各種展覽，我得以經常與會并多次與楊仁愷先生見面。先生由是知道了我的名字，也曾與我做簡短交談。由於當時很多書家和愛好者都十分仰慕他，爭搶着與先生接觸，向他請教，我每每在這時衹能蕭立人後，凝神傾聽，冀望在先生的話語中汲取寶貴經驗，卻始終未能有機會與他單獨晤談請教。至今思之，仍覺扼腕。

拜師求教

進入二十世紀九十年代後，我學書習畫不覺已有二十幾個春秋。書法方面，真草隸篆皆有涉足，廣臨碑帖，在黃山谷、顏魯公、米南陽、謝無量諸家用功最勤。國畫方面，從山水、人物到花鳥、走獸，從寫真造像到寫意潑墨，均下過苦功。在此期間，我曾先後拜書畫家高澄鮮、聶成文、郭子緒諸家爲師，長年臨池，所作書畫作品相繼入選國展和省展，并屢屢獲獎。

一九八九年，我與友人發起創立了鐵嶺市書畫研究會，并被推選爲會長。書友畫友的期待，已成爲奮然前行的動力。回首二十寒暑，自覺書藝畫藝皆有長進，唯提升藝品之路尚覺高遠，更苦於創格之難，困惑不已。一九九一年秋，新加坡"三一指畫會"會長吳在炎先生到遼博舉辦指畫展，受到歡迎和好評。吳先生之所以選擇遼博辦展，是因爲遼寧鐵嶺乃指畫創始人高其佩之故鄉。我在參觀吳先生指畫展過程中，爲高其佩故鄉指畫後繼乏人而憂慮和汗顏，遂立志研習指畫，爲未來藝事探索新徑。

由於我在書畫方面積有二十多年實踐經驗和體會，具備以指作畫的深厚基礎，真正揮寫起來，由最初的不適應到逐步適應，後來竟一發而不可收。一九九三年三月，我隨市政府友好城市訪問團訪問日本鹿沼、浦和兩市，進行文化交流，并舉辦書畫展，還當眾揮動手指，蘸墨彩作指畫，觀眾如堵，呼聲頗高，把畫展推向了高潮，取得了意想不到的成功。日本《每日新聞》和《櫪木新聞》兩家有影響的報紙發布現場報道，予以嘉評。此後，我又在大陸和香港、澳門等地辦展，媒體均作報道，并爲我冠上"著名指畫家"頭銜。外界愈是如此勉勵，我愈惶惑不安。我知道，指畫藝術求索之路還很漫長，既不能自滿又不能因循，訪求名師指點的願望亦越發強烈。於是，我帶着多年創作積累的指畫作品，前往楊仁愷先生府邸請求指教。至此，我和恩師的交往日益頻繁，結下深深的畫緣和情感。

施教有方

我與先生晤談次數，已難準確統計。先生退居二綫後，接待來訪的時間更充裕了。我因擔任鐵嶺市政協副主席及省政協委員，來瀋陽開會、辦事、入黨校學習等機會亦多，每每赴省，總會擠時間拜會先生。先生待我如子，感情熟稔，無話不說。嚴格說來，我在指畫藝術創作實踐中的真正起步，是從楊仁愷先生這時對我的耳提面命開始的。先生的教誨并非"填鴨式"或"頤指氣使式"，而是循循善誘、因勢利導、啓發漸悟，甚至是在潛移默化中施加引導，其師道之高妙，非常人所能及。憶及先生對我的教誨方法，大致分爲以下幾個方面。

一是鞭策鼓勵法。先生對我此前在指畫藝術創作中取得的佳績，給予充分肯定，這使我信心倍增。我自知自己的作品還不成熟，先生乃一代鉅擘，又何嘗不知呢！可他在品評指點我的習作時，總是頷首稱許，把好的方面指出來，要我繼續保持下去。然後，再具體指出還有哪些不足之處，需要改進提高。翻閱先生以往的藝術評論，這種全面、客觀、公正的文風，在先生這裏是一以貫之的。

我反復思忖，先生總是這樣鞭策鼓勵我，就是我不懈探索的鉅大動力之源。如今，我也遇到一些向我求教的青年指畫愛好者。我把先生的鞭策鼓勵法繼承下來，同樣善待我的弟子。我想，這就是先生留給我們的最寶貴的精神遺産之一吧！

二是傳統繼承法。先生是中外首屈一指的指頭畫與高其佩研究專家。早在一九七九年九月，上海人民美術出版社就曾出版了先生所著《高其佩》一書，這是國內第一部專門研究介紹高其佩及其指頭畫藝術的專著，在國內外引起很大反響。在此前後，先生陸續發表了一系列有關高其佩和指頭畫研究的學術論文，爲開展和推動指頭畫藝術研究與傳承起到了示範作用。

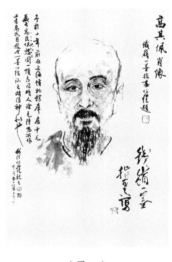

（圖一）

先生曾多次和我談起高其佩及其指頭畫藝術，啟發我從高其佩指頭畫藝術中汲取豐富營養。我當時所作指畫作品，大多受近現代名家筆畫風格影響，對清代指頭畫派的藝術風格略知一二，但缺乏深入研究和體驗。聽了先生的教誨，我開始研讀高其佩以及清代其他指畫家的藝術生平，查閱他們的指畫作品，品味咀嚼指頭畫藝術傳統技法和風格，對高其佩等前賢在指法簡約、綫條拙樸、構思奇絶、意境高遠等方面的建樹，深爲折服，并努力把這些優秀技法和思想銘刻於心，運用於指，化爲未來指畫創作的利器。後來，人們發現我的很多指畫

（圖一）楊一墨先生
指畫《高其佩像》

作品特別是指畫人物、花鳥，綫條殊少，簡約而不荒率，傳神而不失真，皆給予首肯，先生也高度嘉許，還多次在我的指畫作品上欣然題字，褒獎有加。其實，這都是在先生的指導下回歸傳統、師法前賢的結果，也使我終生受用不盡。

三是自然爲師法。先生既提倡師法傳統，亦強調師法自然的重要。按照先生的教誨，我從高秉《指頭畫説》入手，以鄉賢高其佩爲師，學習他怎樣思考，怎樣創作。據先生所著《高其佩》介紹，高其佩很注重借鑒傳統技法，也十分看重對自然的寫生描摹。爲了畫出老虎的神采，高其佩曾潛入深山老林，親自觀察大蟲的生活習性，從而創作出《飽虎圖》、《餓虎圖》等系列作品，堪稱傳世傑作。

先生説：高其佩指畫作品之所以感人至深，就在於他對自然事物觀察細致入微，了然於胸，故描摹對象之神采才能躍然指下。受高其佩和先生影響，我不僅在師法傳統方面下過苦功，也經常深入生活，外出寫生。

（圖二）

以人物寫生論，高其佩就是這方面的高手。他的指畫人物肖像，外人一眼就能認出爲何人造像。指畫受自身條件之限，不能像工筆畫那樣細致入微，但指畫家如能捕捉到人物神采，往往少許指綫就足矣。這是高其佩指畫人物肖像的秘訣所在。高其佩人物寫生的一個突出特點是：凡夫俗子，皆能入畫。高其佩作爲清代官居一品的大員，尚能如此，確實值得師法。在我的指畫人物作品中，我力求多描摹自己身邊熟悉的百姓，通過不同人物的神態、衣飾、背景等，展示新時代、新風貌和新時尚。對此，先生甚爲支持。受高其佩影響，我先後創作了一批指畫人物肖像畫，從中選取多件送請先生指教。先生笑謂："傳神寫照，不讓且園。"話音未落，就在我的作品上揮毫題跋，給予肯定和勉勵。他還在爲我的指畫作品選集所作題爲《且園指

畫後繼有人》的序言中寫道："楊一墨在人物肖像畫取得了新的突破，填補了前人在這方面的空白，值得稱道。"

我曾踏訪過國内諸多名山大川，尤其是家鄉象牙山留下我的許多足迹。以指畫爲山川形勝造像，也是我的最愛。我對指畫山水達到痴迷程度，喜作中堂鉅製。這些作品，很多是我在象牙山寫生後創作的。一九九九年，我的一幅指畫山水《山裏人家》在慶祝建國五十周年遼寧省美展中獲優秀作品獎，并由省美協向九屆全國美展推薦參評。先生觀後嘆道："歷代指畫家傳世作品，極少大件鉅製。你能指寫關東景致，已屬不易，如今竟寫成鉅製，殊爲難得。"先生欣慰之餘，還親自作文一篇，題爲《畫有詩書品自高》，文中之句，雖感過譽，但先生對師法自然的重視與高論，使我不敢有忘，常以此自勉。

四是科班提升法。我習書作畫數十載，完全屬於業餘愛好。早年和中青年雖曾多次拜師學藝，也參加了各種短訓班，但我祇有中師文化程度，受條件之限，一直沒有得到進美術院校系統學習的機會。先生對我的情況甚爲了解，曾多次囑我一定要補上這一課。他説："現代美術教育十分發達，進美術院校學習不祇是圖個科班出身的名義，而是能夠在名師教授下系統地掌握各種美術知識，爲從事造型藝術奠定堅實基礎。"在先生的囑咐和引薦下，一九九九年，我得以進入中

央美術學院美術史專業脱産學習一年。期間，我系統學習了中外美術史，得到薛永年等名師的親授指教，并對以往學習創作體驗、創作思路進行總結梳理，畫風開始有所變化。

五是轉益多師法。先生常説："藝無止境。"要把指頭畫藝術繼承下來，發揚光大，單單從師某一流派或某一名家是遠遠不够的。古人就有"轉益多師是吾師"的説法。所以，應該多學、多看、多練。一方面，先生對我在藝術上敢於轉益多師的做法表示肯定。他在爲我的指畫作品選集所作題爲《且園指畫後繼有人》的序言中寫道：

"一面從理論上吸取指畫技法的若干營養，一面精讀今人潘天壽、錢松嵒諸大家指畫的代表作，心領神會，不懈地通過藝術實踐，他的指畫創作在不斷地提高，從而比較熟練地掌握了指畫的全面技巧，并有所發展。"另一方面，先生鑒於我的内向

（圖三）

性格，曾多次把我舉薦給他的一些好友，諸如紅學大家馮其庸、新加坡指畫家吳在炎等。先生施教有方，表現在各個方面。他能根據後學者的不同情況，因人施教，舉一反三，循循善誘。我這裏衹是結合自己的切身體會，單純就先生指導我研習指頭畫藝術的過程，舉要追憶，想來諸位方家會理解的。我覺得，先生爲人師表之處，最緊要的是如何做人。先生一生坦坦蕩蕩，磊磊落落，温文爾雅，學富五車，但他品格高尚，對待弟子友朋，總是那麼謙遜和善，平易近人，從不盛氣凌人。這是先生德高望重、蜚聲海内的主要原因吧！

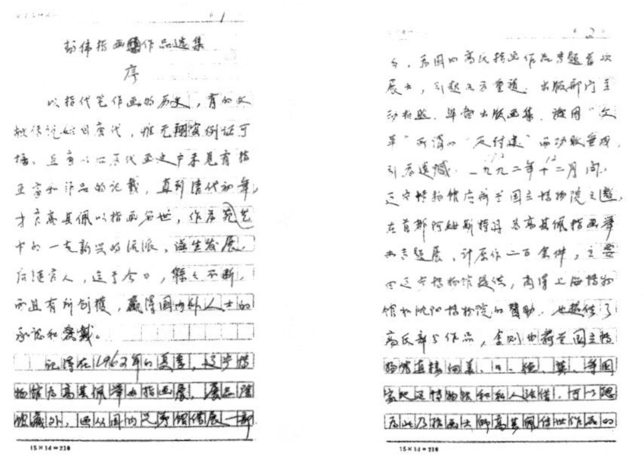

（圖三）楊仁愷先生爲楊一墨先生作品集所作序言的手稿。

楊一墨

永念師恩

先生晚年與我交往甚密，感情甚篤。我早年喪父，自從入先生門下，一直把先生奉爲恩師和慈父。也許同姓氏的緣故吧，先生待我如子亦如友。記得在一九九七年五月，我赴新加坡舉辦指畫展覽期間，先生恰好亦在新加坡訪問，我們相見甚歡，曾在下榻賓館作徹夜長談，并隨先生拜訪了新加坡"三一指畫會"會長吳在炎先生，與新加坡指畫同道一起交流指畫藝術。先生後來到鐵嶺出席會議，還曾莅臨我的寒舍，品嘗我夫人做的家常菜，在我的畫室品茗談天。除了談畫藝，我們的話題甚廣，幾乎無所不談。先生的家人也拿我不當外人，尤其是師

母對我十分關懷。先生一家人秉持優良家風，每次到先生府上拜訪，都有回家之感，備感親切溫馨。

先生入院後，我曾數次到醫院探視。儘管醫囑不得接待來訪，但先生得知我來看望他的消息，總是破例接見，因探視談話時間超時，醫生護士一再提醒，先生還是捨不得讓我離去。在先生彌留之際，我最後一次探望他。在限定三十分鐘探視時間裏，我簡要匯報了鐵嶺中國手指畫研究院籌建情況，先生聞訊後十分高興，并向護士要來紙筆，寫下了祝賀和勉勵的題詞。先生此時身體虛弱，神志也有些恍惚，所以這幅題詞的字迹也有些模糊，但意思卻十分清晰。孰料，這竟是先生的絕筆！

先生仙逝的噩耗傳來，我備感震驚！數日前，我最後一次拜見先生時，先生就有"這回怕是不中用了"的話。現在，先生的話真的應驗了。我平生很少流淚，可先生走了，我痛哭失聲……

先生逝世周年祭，我爲先生指畫造像，并做了一首五言長律。造像和長律，是我内心感情的真實流露。毫不誇張地説，沒有先生的指教，就沒有我的指頭畫藝術成就，就沒有我的今天。堪可告慰先生的是，在先生的鼎立扶助下，中國第一個由政府創辦的鐵嶺中國手指畫研究院已經如期成立，《指畫研究》雜志亦同時創刊，鐵嶺指畫研究創作隊伍亦發展壯大起來。先生聞知這一訊息，定會含笑於九泉的。

先生走了，可他的音容笑貌、道德文章永在人間，永遠值得我們學習、景仰和緬懷。先生乃千古完人，必將萬古流芳！

（楊一墨　指畫名家、鐵嶺指畫研究院院長）

追憶楊老

王中秀

我常想，若要塑一尊菩薩，開相要找仁慈的原型，那麼仁老是最適合不過的了。"仁老"是我對楊仁愷先生的稱呼。兩年前他接到我寄去的拙編《黃賓虹年譜》（注一），他還用墨筆給我寫來回信，那筆迹一如往常那樣恣肆挺勁，我心裏閃過一絲欣慰：我佛保佑他老人家長命百歲。自後我忙於在圖書館尋覓材料，想再編本新書寄他，沒想到卻傳來他老人家駕鶴仙去的消息。

（注一）二零零五年六月由上海書畫出版社出版發行。

（圖一）王中秀先生編著的《黃賓虹年譜》

（圖一）

我認識仁老并不早。那是在一九八九年的早春二月，我剛調到上海書畫出版社的第三個年頭。一天早上，社領導風風火火來找我說，快，一起到延安飯店去見楊仁愷。緣由是同事方大才兄所執編的仁老任主編的《高其佩畫集》剛出清樣，卻被乙肝纏上了，後期工作由我來了斷。就這樣，像還未梳妝就被拉上轎的新娘，毫無準備的，在他下榻的延安飯店裏，我見到了久聞大名的楊仁愷先生。出乎意料，在書畫鑒定與出版領域聲名赫赫的楊仁愷先生竟是位眉慈目善的老人，我一下子忘了進門前社領導要我少說話免出洋相的叮囑，居然和他聊出了不少話題。什麼話題，今天已經不記得了，這并不重要，重要的是拉近了我們一老一小彼此的距離，開始了我們近二十年的交往。

那個時期，仁老正和國家古代書畫鑒定組的同仁在全國各地跑，鑒別公家的書畫收藏。於是，我們的聯係大都是通過書信完成的。由於畫集附錄的"著錄"釋文原來是依據反轉片借助放大鏡做的，錯釋誤斷在所難免，而清樣就清楚得多，我得將改正處一一向仁老匯報。沒想到仁老大爲感動，到書出版，他又來到上海，還是在延安飯店他下榻處，叫我去見他。出乎意料的是他一見面就握住我的手，說："你救了這本書！"他容不得一點小小的失誤！我看到了在慈祥背後他學者較真的一面。

就是這次來上海，他又來電約我單獨吃飯。在聊到鑒賞的話題時，他說了一段令我頗爲吃驚的話。大意是說，時代特徵對鑒別書畫很重要，比如面對某書畫家的作品，沒有傳世作品可作比照，祇知他是某時代的人，我們照樣可判斷它的真假。聊着聊着，我說，我讀到您書裏説希望有一部書畫鑒定學的著作問世，那請您來寫行不行？於是，《中國古代書畫鑒定學》便上了上海書畫出版社一九九零年的選題計劃。

於是，我們的通信便離開"高其佩"環繞這個新話題展開着。當時未涉足鑒定之域的我便開始讀相關的書籍，同時抓住一個實踐機會：一位故世數十年的名畫家的後人有幾箱子放到屋梁上而免遭"十年動亂"橫掃的古書畫，因分家在即，找我"分分真假優劣"，於是我借這個天上掉下來的機會，朦朦朧朧摸到一些"鑒別訣竅"。就憑着這半瓶子醋，便不知天多高地多厚地提出對將要問世的《鑒定學》結構的設想，好在仁老沒有笑話的意思，既然沒笑話，我就一封信接一封信地提各種設想。緣於仁老的忙碌和新書的宏大，一九九零年并沒有完稿。社裏考慮到仁老的年高，建議他物色位青年人來協助。他果然聽取了建議，這就是後來劉建龍兄的介入。

一九九四年秋，我開始着手《黃賓虹文集》的編纂，到北京找兩位專家，順路去瀋陽拜訪仁老。他剛出國歸來，於是他撥出整整三天時間來和我聊。我怕影響他工作，他打斷我話頭説："這就是工作！"尤其叫我過意不去的是，他把他女兒叫來弄出一大桌子的菜。他很讚成編纂黃賓虹文集，他說他這裏館藏書畫中有不少黃氏的題跋，可録出收入。跟我同去的還有位想出版仿真珂羅版名畫圖卷的朋友，仁老一聽很興奮，提出不少建議，甚至連選哪些作品都考慮到了。

《鑒定學》是我們聊的當然話題。仁老説書稿進展不快，好不容易商調來的劉建龍兄到北京中央美院進修去了，得幾年功夫。像説件天大秘密似地，他低聲説："《鑒定學》稿子沒模樣，卻有兩家出版社來爭，但書稿是你約的，當然得給你。此事難辦啊！"我安慰他："誰家出，不重要，重要的是希望書稿早日殺青出版。"

記得那次我帶了一套龔半千（注二）手卷的照片，他一見連連稱奇，拍着我腿説：收藏不在貪多，有這麼一件就稱得上是收藏家。又説：寧要一件龔半千，不要一屋張大千。

令我難忘的，在我臨回上海的那天傍晚，在仁老家吃罷晚飯，進來一個高個子老人。仁老一見他，就說："叫你來吃飯，怎麼不來？"介紹之下，名字極耳熟，原來不是別人，就是我要找的黃賓虹老的學生、當年北平雪廬畫社創辦人晏少翔教授。正是這次意外的邂逅，從晏老那裏我聯係上一些身處天南海北還健在的黃賓虹老的學生和執弟子禮的老人，大大方便了《文集》的搜集工作。

回到上海不久，我就收到仁老叫人寄來的館藏黃賓虹題跋抄件。此後不久，在上海舉辦的林散之百年書展上，我又見到他。那時我正在尋覓黃賓虹參與其事

（注二）龔賢（1618—1689）又名豈賢,字半千,又字野遺、豈賢,號半畝,又號柴丈人,江蘇人。與同時活躍於金陵地區的畫家樊圻、高岑、鄒喆、吳宏、葉欣、胡慥、謝蓀等並稱"金陵八家"。工詩文,善行草,源自米芾,又不拘古法,自成一體。著有《香草堂集》。

的"故都文物研究會"的綫索。仁老一聽，説也許朱家溍知道，馬上拉來與會的馮其庸先生，叫我寫封信請他轉交。雖然，這件事後來是通過《故都》旬刊解決的，但仁老一遇上學術問題便熱心腸的古道性格，給我留下深深的印記。

歲月不居，《文集》搜集編纂占去我退休前的絕大部分精力和時間，雖然我們的通信還有《鑒定學》的話題，他的助手也成了我的好朋友，可是，最後成書卻沒有經過我的手。當我看到仁老十年磨一劍的書放到書架上時，我還是由衷地感到欣慰。

佛説："一切有爲法，如夢幻泡影，如露又如電，應作如是觀。"前塵如夢如電，無數有作爲的人事很快被歷史塵埃埋没了，可著作等身的仁老卻永遠屹立着。

《國寶沉浮錄》、《中國書畫鑒定學稿》兩部大書，將永遠地闡述着仁老勤奮的一生，銘刻着他不朽的功德。

（王中秀　上海書畫出版社編輯）

鑒寶護寶　立言立德

—— 紀念父親楊仁愷

楊　健　王　琦

　　馮（其庸）老悼念我父親的一副輓聯"沐雨櫛風數十年鑒寶護寶奉祖國，焚膏繼晷千萬字著書立言爲人民"高度概括了父親的一生。但祇有在父親離開我們的兩年後，在整理父親留下的資料的過程中才對馮老長聯的內涵和父親一生追求的真諦有了新的認識。

一、　鑒寶護寶的一生

　　父親從一九五零年進入文博行業以來，參加的鑒寶護寶、文物保護的工作可以重點歸納爲三項主要任務。第一個任務是父親一九五零年從北京剛到東北，奉東北文化部之命參加清查由末代皇帝溥儀携帶到東北的共一千三百餘件清宮散佚書畫（以下簡稱《佚目》）的下落，其中東北人民解放軍從準備逃往日本的溥儀等人處收繳的一百二十餘件轉交博物館，父親參與接收和鑒定，并由他起草了《一九五零年東北博物館庋藏溥儀書畫鑒定報告書》，這裏就包括了父親在多幅真贋混雜的《清明上河圖》中鑒定出了北宋張擇端的傳世真品，使這幅九百年來充滿傳奇的神品收歸人民所有。爲追回溥儀當年存放在長春僞宮小白樓中，被僞滿國兵大兵哄搶的書畫，父親輾轉於長春、北京、天津、興城和瀋陽之間尋找知情人和當事人，反復宣傳人民政府的文物政策，清查回收了一百三十件《佚目》書畫，相當部分爲一級文物，連同上述的一百二十件，共同構成了目前北京故宮博物院和東北博物館（現已更名爲遼寧省博物館）古代書畫藏品的重要組成部分。

　　集中的清查結束後，父親對《佚目》書畫的追查和研究并沒有停止。六十年代在北京榮寶齋，從一個年輕人兩次送來的兩包袱碎片中，他發現了含有北宋米芾《苕溪帖》等近五十件《佚目》書畫中的精品。七十年代在遼寧博物館兩次徵集、鑒定"前國兵"徐忠誠和孫啓富共十四件《佚目》書畫。他終生以查清《佚目》書畫爲己任，在文化大革命走"五七"道路的窮鄉僻壤裏，他白天勞動之餘，晚間整理《佚目》的資料；改革開放後參加國際會議的閑暇中，拜訪了世界主要的博物館，追踪《佚目》中的國寶足迹。建國五十年來，在父親和全國文博工作者的不懈努力下，《佚目》中的國寶已有七百多件歸全國近三十家博物館收藏，這樣去掉已知的一百六十餘件在海外（包括臺灣）和私人手中外，仍然有近三百幅不知下落。二零零四年，當中央電視臺《大家》欄目的主持人采訪九十高齡的父親時，問及誰來接替他這項工作，他回答："我積累的資料都交了出來，至於誰來接着做下去我也不知道。"實際上父親晚年看到經常會有《佚目》中的書畫在拍賣中不斷刷新着拍賣成交價的記錄，感到要使《佚目》中剩餘的國寶回歸國家博物館的可能越來越渺茫，誰有錢誰就可以拍到國寶的新游戲規則一直困惑着晚年的父親。

父親參加的第二個重大的鑒寶護寶任務就是一九八三年至一九九零年由國務院組織的全國書畫巡回鑒定。六十年代的第一次全國書畫鑒定因爲文化大革命而中斷，這次巡回鑒定就是新中國成立以來最徹底的，歷時八年，行程數萬里，遍及全國二十五個省市、自治區，對超過二百個收藏機構和部分私人藏品進行鑒定摸底，共過目了六萬一千件古代書畫，對絕大部分書畫的真贗有了結論。父親以他一貫的飽滿的熱情去接受這次使命，八年裏鑒定小組每年集中兩次，每次鑒定三個月，每次他一定是第一個報到，八年裏他和謝（稚柳）老没有一天缺席小組的活動，大家都以爲這是因爲父親的身體在幾位老先生中最好。實際上在一九八六年的夏天，父親第一次腦溢血發作，住進遼寧省人民醫院，爲了按時去集中，不顧醫生和家人的勸阻，没有等身體康復就飛往南京報到，他寧肯病倒在鑒定的崗位上也不肯缺席鑒定小組的活動住到醫院裏。父親的一隻眼睛在文化大革命中被造反派打瞎，另一隻眼睛又是高度近視，可以想見他這八年中每天白天鑒定書畫，晚間查閱資料、整理筆記，超負荷地使用唯一的病眼，一天下來眼睛又脹又痛，他從不在他人面前露出眼疾，但是每天回到賓館自己都要爲眼睛做按摩、上眼藥水以保證第二天的正常工作。就是在這種情況下，父親這八年中在完成鑒定小組的正常任務之外，整理出六十本鑒定筆記，超過五十萬字的記錄和注解，超額完成這次鑒寶護寶的任務。

父親在遼寧省博物館工作的五十多年中，一直負責館裏的文物鑒定和徵集工作，這也是他付出畢生心血的鑒寶護寶的第三個任務。遼博五十年代初期徵集的《佚目》國寶，主要爲宋元之前的書畫精品，明清兩代的數量不多，父親認爲博物館的收藏需要不同朝代的作品以供學者及後人研究。"文化大革命"前的十年，平均每年父親經手徵集的書畫近百件，其中僅一九六零年一月一次購入唐寅、祝允明、石濤及王原祁等人書畫三十三件；一九六三年起陸續買入徐渭、吕紀、高其佩、唐寅等人三十餘幅二十一件。改革開放後，私人資本進入文物收藏領域，博物館的文物徵集工作面臨重大的考驗。父親憑借自己在文物界多年的信用和人脉，在文化大革命之後居然不可思議地徵集到超過五百件的明清書畫。其中一九七七年吉林大學的于省吾教授向遼博捐贈五十九件；一九七八年北京師範大學的啓功教授向遼博捐贈十九件家傳明清書畫；一九八七年在上海政府的支持下從上海朵雲軒徵集了二百餘件；晚清著名收藏家高野候的後人，高其淵、高其進昆仲捐贈了一百一十七件，一直到二零零零年由菲律賓首富莊萬里家族向遼博捐贈十五件。這其中唐寅的傳世名作《茅屋蒲團圖》是一位上海老實業家的藏品，父親爲其鑒定後動員他讓給遼博收藏，前後長達一年半的時間裏，父親和他的助手黃偉利君利用國家書畫鑒定小組在上海工作之便，登門拜訪老先生數十次，爲了不給鑒定組添麻煩，每次都是步行數里路，即使在梅雨天也未間斷。父親習慣穿雙布鞋，在雨中走過巨鹿路到老先生家時，已經是從鞋濕到褲脚，感動得老先生近乎奇跡般地將這幅名作讓給了遼博。實際上這些徵集來的作品哪件不是浸透着父親的心血，記錄着父親鑒寶護寶的歷程呢。

遼寧省博物館是在國內博物館中最早開展近現代書畫作品徵集工作的。父親參加了齊白石老先生的作品徵集，形成了白石先生不同時期作品三百餘件的館藏，在省級館中自然稱冠。父親也是在國內博物館中最早開展革命文物的徵集，遼博現存的近三百幅毛澤東詩詞的書畫，作者不僅包括了當時的文化名人，也涵蓋了新中國大部分第一代領導人。還記得一九六三年暑假我初中畢業，父親破例帶我去北京，同行的還有遼博的趙洪山和李慶發兩位叔叔。我們住在離榮寶齋不遠的一個小旅店裏，白天我出去玩，晚間自然回來的早，但是父親很晚才回旅店。幾年後才知道父親這次到北京爲了徵集名人書寫的毛澤東詩詞，逐一拜訪北京的名人，包括章士釗、郭沫若、沈雁冰、李淑一、沈尹默、許德衡、傅抱石、華羅庚和嚴濟慈等人，中央領導和將軍們的作品則由榮寶齋出面代遼博徵集。五十年彈指一揮間，當年的徵集者和被徵集者都已逝去，但這批文物將永遠記錄着那一個時代的精彩。

任何一個文物工作者，一生能夠有幸參與上述三個項目中的一項，都是無尚光榮、不虛此生了。父親作爲新中國成立後黨培養的第一批文物專家，不但三個項目都有緣參加了，而且那麼全身心地投入，無怨無悔地奉獻，并且都取得前無古人的成果，不能不說是創造了一個奇迹。除了在三大項目中的貢獻外，父親的一生中，同時在木版水印技術的奠基；《聊齋志異》原稿的研究；中國指畫的繼承和發展；中國書法協會的成立；古書畫的臨摹和高仿真的推動及中國書畫鑒定學科的建立等六個領域裏都作出舉世公認的、開創性性和奠基性的貢獻。“人民鑒賞家”的稱號是實至名歸了。

二、著書立言的一生

父親一生踐行着從實踐到理論，再從理論到實踐的唯物主義的認識論，筆耕不輟，著作等身，凝聚了他一生在鑒寶護寶實踐中的思考。

《國寶沉浮録——故宮散佚書畫見聞考略》無疑是傾注了父親的畢生心血的代表作。不但總結了故宮散佚書畫清查回收的全過程，客觀反映了新中國成立後的文物保護政策，而且是集古書畫鑒定學、中國書畫藝術史論、歷史文獻考證學及愛國主義教育爲一體的鴻篇鉅製。中國歷史每次改朝換代都是對文物收藏的一次灾難，大部分没有記載，少數有記載的也是語焉不詳。當時的北洋政府對溥儀的這次盜寶案也是以《故宫已佚書畫目》薄薄一册目録了結此公案。父親首先在清查《佚目》的過程中，發現《佚目》中竟漏計百餘件之多，而且其中不乏國寶級書畫，補正後的佚目已經成爲國家書畫鑒定界公認的最權威的認定。其次本書在中國書畫史上第一次把近千餘件國寶書畫在這場劫難中的命運，做到見人見物見情節，給沉浮的國寶賦予了生命，使枯燥的目録鮮活起來。所以不論是書畫或者歷史專業人士，還是對奇聞軼事感興趣的廣大讀者，都會從此書汲取自己所需。這部書出版後的十八年間，五次再版，多次登上暢銷書的排行榜，一部專業的學術著作，得此禮遇，實爲罕見。

這部書的初稿，歷經十年，在“文化大革命”之前完成，自然也與父親共同經歷了這場“革命”的洗禮。父親因爲“臭老九”的身份加上與鄧拓的來往，受盡了非人的待遇，三次被抄家，反復被批鬥，被打瞎一隻眼睛并且要遣送到農村。作爲同意去農村的唯一的條件，父親要求造反派歸還這部手稿（《國寶沉浮録》）。當時抄家的東西包括幾十件父親新中國成立前收藏的明清及近代書畫（包括祝允明、鄭板橋、曾國藩、張大千、傅抱石等人的作品）和父母一生的積蓄，大批的珍貴書信。況且一九七零年的政治形勢下，全家被攆到農村勞動，是要有扎根農村一輩子的思想準備的，誰也不敢奢想父親何時能够重返博物館工作，繼續完成他的書稿。所以對父親的要求，不要説造反派感到奇怪，就連我們家人也搞不懂爲什麼書稿是最重要的。多年後我向父親問起這個問題，父親的回答卻意外地簡明：“祇有書稿是屬於我自己的。”父親使我懂得，財富與生命相比，祇是身外之物；而立言與生命相比，卻能留下永恒。

父親在完成鑒寶護寶的三大任務過程中，包括《國寶沉浮録》這部專著在內，累積完成了近百篇的書畫鑒定方面的論文和著作，父親越來越感到古書畫鑒定的這一有千年歷史的行業，無論從實踐還是理論上都需要科學化，系統化，要跟隨時代一同發展。一九八八年起，父親在國家文物局主持出版的文博專業教材《中國書畫》中擔任主編和主要撰稿人時，經常思考的問題就是：既然高等院校設立了文物博物館專業，那麼中國的書畫鑒定是不是其中一門學科？已經傳承千年的古書畫鑒定如何繼續發展？在護寶和鑒寶的實踐中如何運用鑒定學？十二年後，父親以一部六十餘萬字，五百五十幅圖片的《中國書畫鑒定學稿》系統地回答這些問題。這樣新中國成立以來的古代書畫鑒定的研究"由張衡先生開頭，中經徐邦達先生擴大，到楊仁愷先生綜其大成，并定名爲《鑒定學》，這是一個劃時代的飛躍。"（引自馮其庸先生文章《雲鶴其姿 松筠其品》，二零零四年）除了建議成立"中國書畫鑒定學"這一新學科本身的貢獻外，父親總結近千年書畫鑒定的經驗，結合自己五十年古書畫鑒定的實踐與思辨，在推出這一新學科的同時，歷史上首次確立了"中國書畫鑒定學"的學科體系要以唯物主義的實踐論和認識論作爲基礎；規範了鑒定書畫的真品、贋品的主要方法是使用比較研究法和辯證法；明確了新學科要傳承古代書畫鑒定中特有的方法中的精華（包括時代、風格、流派、款識、著錄、題記、印鑒、裝裱、流傳、了解作僞手法等）；提供了歷史上大量翔實生動的鑒定案例爲借鑒；説明了"中國書畫鑒定學"是建立在古典文學、歷史、藝術、社會學、考古學、版本學、民俗學及印刷術等多學科基礎上的綜合性學科。 對於這古老的新學科，上述觀點的驗證尚需時日，但是這部著作和新學科的誕生，無疑標志着傳統的書畫鑒定也開始向科學化、系統化的方向轉變，推動着書畫鑒定與時代共同前進。

父親是專職的博物館學家和書畫鑒定家，并不是專職的作家。已經完成的近千萬字文章、專著都是在業餘時間裏完成。幾十年如一日，每當夜幕降臨，華燈初上時，也是父親凝神思考、伏案疾書的開始。深夜入睡的父親，每天早晨五點又準時坐到寫字臺前，以保證上班前可以寫作兩個小時。這一習慣，五十年來，無論在家裏還是出差在外，無論下放到農村勞動還是遭受批鬥之後，雷打不動。父親晚年時被冠以各種讚譽的頭銜，名目繁多的"大師"、"家"，對此他曾經告訴我，實際上最準確的頭銜應該叫"苦行僧"。即使父親像苦行僧這樣與時間賽跑，當他被病魔擊倒住進醫院時，仍然有幾百萬字，七、八本著作沒來得及整理出版，其中包括八年書畫巡回鑒定筆記、海外書畫鑒定日記、原創的詩詞和題跋、及部分書畫評論和序言。我知道父親離開我們時，這些沒有出版的著作是他唯一的牽挂。今年春節，遼寧省博物館馬寶傑館長告訴我，館裏已經把出版父親的遺作列入今年計劃，想來可以了卻父親的心願。

三、無怨無悔的一生

對於國家的鑒寶護寶事業，父親是真正做到奉獻一生，九死不悔。在那極左的年代裏，即使父親在回收《佚目》的任務中，立下前無古人的功績，仍然没能改變命運對他的磨難。從一九五七年在遼寧省博物館被定爲"內控右派"開始，父親背負了長達二十多年的恥辱的十字架，生活在没有尊嚴的陰暗中。"反右"、"反右傾"、"四清"直到登峰造極的"文化大革命"，每次運動一來，動輒就要停止父親的工作，對父親一次次精神到肉體的摧殘。說實在的，父親的遭遇還不如右派分子，右派還有甄別摘帽的一天，父親這個"內控右派"就像被判了無期徒刑一樣，終日負重前行。多少年後經常有人問，爲什麽楊老家六名子女都去學習理工專業，沒有人繼承父親的衣鉢，個中苦衷又怎能解釋端詳。我想當時猶如在煉獄的父親把下地獄的機會留給自己，希望子女們能够上天堂。

祇有了解父親這段磨難才能理解他爲什麽在七十高齡選擇加入中國共產黨，一是獻身黨和國家文博事業初衷不改，二是打碎身上二十多年的政治枷鎖，不再受政治運動的折騰，以便專心從事鑒寶護寶、著書立言。實際上父親入黨後，不僅他個人，整個國家都不再受政治運動折騰了，如釋重負的父親也終於攀上自己事業的高峰。

也祇有了解父親這段磨難才越讓人欽佩他的胸懷和對文博事業的九死不悔的忠誠。對於這二十多年在遼寧省博物館裏不堪回首的苦難，父親很少再去提及，他不想把這場民族災難的責任追查到博物館的某些個人身上。八十年代他做博物館副館長時，"文化大革命"中打瞎他眼睛的人，他同意工資照漲；劃定他爲"內控右派"的人在"文化大革命"中也被迫害去世了，子女流落在外地，生活沒有着落，父親把他們接回瀋陽，安排到博物館工作，就在這時我的妹妹也曾想從破產的工廠調入博物館，父親明確地告訴妹妹，祇要他活着就不要去想。

入黨後的父親一如既往地，甚至"變本加厲"地把一切奉獻給了博物館的建設。父親去世後，我們子女在整理父親遺物時發現一幅吳作人先生畫的水印的金魚立軸，我們誰也分不清這是不是真品，妹妹便去請教博物館保管部趙曉華主任，趙主任不假思索地說："你們家還能有真品？有的話，楊老早拿到館裏了。"我們子女在想，父親一生主持并且徵集超過一千件書畫珍品入藏遼寧省博物館，家裏沒有借光收藏就算了，怎麽自己家的藏品也要捐？直到清理完父親的遺物，我們才清楚了父親的藏品去向，懂得了父親對文博事業的拳拳之心。

按照文物從業人員的職業操守，不能利用職務之便進行個人收藏（不要說有人公開舉牌，就是暗地收藏也不可以）。父親從一九五零年到東北文化部之後，真正做到個人就再沒有收進一件文物，相反父親一九五零年之前收藏的三、四十件藏品已經所剩無幾。這其中有三次捐獻，第一次捐給抗美援朝買飛機大炮，已無明細記載；第二次，一九五三年捐給遼寧省博物館入藏，有據可查

（圖一）楊仁愷先生爲遼博捐贈書畫的憑證

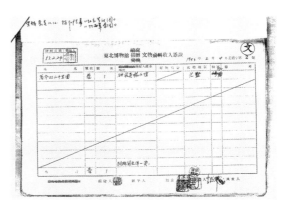

（圖一）

135

的是清中期畫家高岑的代表作《江山千里圖》；第三次，"文化大革命"抄家時洗劫一空，以後真就不還了（據説被造反派私分），這十幾件實屬"被捐獻"。

　　"文化大革命"之後，理論上説父親已經無畫可捐，但是趙曉華告訴我們按照保管部的統計父親的捐獻達到七十件之多。幾經周折我終於搞清父親的獨特的、帶有創新的捐贈三大類：

　　一、父親作爲國家級的書畫鑒定家和書法家，多年來求他看畫寫字的人不斷，其中一些人要給父親報酬，父親不接受，就送來一些文物做禮品表達心意。父親認爲有價值的就轉贈給博物館，嚴格地説不是轉贈，因爲每次父親都通知保管部把捐贈證書寫給原主人。東北畫家馬學鵬告訴我，有一次他同一個懂瓷器的朋友到家裏做客，這個朋友看見父親書房的角落裏有兩件瓷器的年代還夠，知道父親不玩瓷器，就讓馬學鵬出幾萬塊錢求父親讓出來，父親自然沒有答應，覺得既然有價值就通知博物館保管部來人取走瓷器。在保管部一摞厚厚的捐贈文物收入憑證中，記載了企業家屈先生贈送給他四件南宋和明代的青瓷器物、平頂山市市長贈送他的汝窑瓷片、張堃生先生贈送的左尉始平公碑拓、廣武將軍碑拓，還有很多獲贈的齊白石、石魯的作品，紅山出土的夾砂罐等等。這類捐贈，父親是用自己的服務換取他人對博物館的捐贈。經手無數珍寶入藏遼博的父親看重的不是這些文物本身，而是想通過這一過程喚起和培養全社會向博物館捐贈的意識和習慣。

　　二、遇到相對重要的文物，父親也會動用資金替博物館收購。父親的一個朋友淘到一副遼代的銅馬具，父親認爲由遼博收藏比較合適，但其他的博物館也要出高價徵集。爲了及時留下這個文物，父親拿出自己珍藏的啓功先生的一幅書法和茅盾先生的一封信札，由莊廷偉君去籌集資金買回馬具，這次捐贈證書的名字，當然不是父親，但也不是原主人，而是出錢收藏啓先生和茅盾先生字的人。爲了充實遼博的館藏，父親沒有什麼是捨不得的。

　　三、父親這種創新的捐贈方式也被他推廣到國際上。改革開

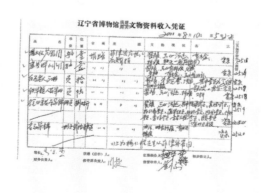

（圖二）

放以來父親數十次被邀請參加各種的國際會議、文化文物交流及鑒定服務。開始的一些勞務收入父親通常作爲黨費交給他所在的黨支部的書記王海萍，也曾捐給博物館作爲人才培養的費用。二零零零年八月父親應邀爲菲律賓的華人收藏家莊萬里家族鑒定書畫超過三百幅，工作結束後莊先生要付給父親一筆不菲的鑒定費，父親婉轉地告訴這位著名的收藏家、慈善家，他希望代表遼寧省博物館接受一批書畫的捐贈而不是收取個人的鑒定費。這一批包括清人蕭雲從、奚崗的十五件精品，由何香凝美術館的王鵬先生協助直接携帶到深圳，再轉機瀋陽。至於一九九二年至二零零一年之間父親"六顧獅城"，促成新加坡著名指畫家吳在炎先生向遼博捐贈一百八十一件精湛的指畫作品，更是在世界華人界傳爲佳話，也進一步鞏固了遼寧省博物館作爲中國指畫收藏最豐富的博物館的地位。

父親創新的捐贈是那麼自然和平静，不爲作秀，不爲業績，祇爲自己鑒寶護寶的使命。父親的晚年，經常爲文博事業的發展奔走疾呼，但在商品社會的大潮下，人心不古，父親的呼吁顯得有些曲高和寡。"寄意寒星荃不察，我以我血薦軒轅"，父親鬱悶中不改獻身文博事業的痴情。

父親的墓地落成之際，母親帶領我們子女在父親的墓碑後銘記："道德文章爲世範，高山景行心往之。"與其説是紀念父親，但更像是懷念師長，亦師亦父，立言立德，是父親留給我們子女的最寶貴的財富。

（楊健　楊仁愷先生長子、瀋陽航空航天大學飛行器結構分析研究所教授）
（王琦　楊仁愷先生長媳、原遼河油田法院法官）

追憶恩師楊仁愷先生

王海萍

　　光陰如梭似箭，轉眼間楊仁愷先生辭世已經兩周年了。他生前曾經多次對我說：“人生短暫，生命有限。活着就要老老實實做事，清清白白做人，到老了那一天就去見馬克思了。”

　　我抹去思慕的淚痕，開啓回憶的閘門，仰望先生的英靈，總算沒有留下太多的遺憾。

　　那是二零零三年十月間，受楊仁愷先生、遼寧省博物館、文物出版社的委托，爲該社編輯“文博名家畫傳”（注一）系列叢書，撰寫楊仁愷專輯。當接到這個任務時，一種無比的興奮和激動震蕩着我，因爲當時正值先生九十大壽之際，又是新館即將開館之際，如能爲此做些具體工作，也是備感榮幸的事。但給我寫作的時間很短，又是爲這樣一位國內外知名的人物寫書，心中實爲忐忑不安。楊仁愷先生非常了解我的心態，把我叫到他家裏鼓勵我説：“你跟我這麼多年，了解我這個人，不需要你爲我歌功頌德，就把我做過的事實實在在地寫出來，去讓別人評價好了。相信你會寫好的，就把我當作試驗品，大膽地去寫吧。”老人家輕鬆詼諧的幾句話，頓時給我打足了氣。

　　回想我自一九七一年到博物館工作至二零零二年退休至今已三十七年之久，從講解員做起，到保管部主任、館長辦公室主任。在這漫長的歲月裏，博物館熏陶了我，學習、工作鍛煉了我，尤其是因爲工作的需要，跟隨在楊仁愷先生的周圍，亦有二三十年的光景，耳提面命的機會自然多於別人。和先生在一起相處，深深地感受到他一生對文博事業鞠躬盡瘁，死而後已；對學術研究孜孜不倦，鍥而不捨地探索求真；對理想和原則的堅定性及人生操守的不可動搖性；待人以誠，助人爲樂，心熱似火。寬博的胸懷，宏大的氣度和脫俗不凡的舉止言行使我永志不忘。當年先生已屆九十高齡，生活非常充實。思路敏慧，筆翰如流。每天都有做不完的事，每天都在履行

（圖一）

（注一）此系列由文物出版社策劃出版，其中《中國文博名家畫傳——楊仁愷》已於二零零四年十月出版。

（圖一）楊仁愷先生在指導王海萍女士修復古畫。

他自己的諾言：“老老實實做事，清清白白做人。”

在寫作的過程中，我認真地翻檢先生一生所走過的路程……幾十年來在遼寧省博物館的發展建設、藏品保管、陳列設計、對外聯絡、人才培養、學術研究等各個方面都作出了突出的貢獻，功不可沒。僅撿點滴回憶足可證之。那是我任保管部主任之初，正趕上館內新建的文物庫房要啓用，文物搬遷之前我領大家進行了一次文物大清查，在考古庫房裏清理出一大批蟲蝕、霉爛非常嚴重的明清影像。這批影像原本是解放初期楊仁愷先生在北京琉璃廠發現的，當時挂在墻上無人問津，引起了他的注意。他深知明清兩朝有錢、有勢的大户和官宦人家經常請職業畫師爲家裏的長輩或祖先畫像，用以供奉或瞻仰。後來這些大族衰落之後，就將老祖宗的畫像拿出來賣錢，價格很昂貴，多爲外國人所購，稱“洋裝貨”。新中國成立之初，外國人不來了，琉璃廠也就賣不出去了。當時在楊先生的建議下，張拙之館長決策，僅花了很少的錢就買得二百餘幅。不幸的是“文革”期間博物館的庫房多年失修，破損漏雨相當嚴重，致使這批影像毀於一旦。當時還有鄧拓等一些在“文革”受迫害的老一輩革命家的書法墨跡也都被造反派用粗毛筆畫上大墨叉，這自然是“破四舊”時留下的罪證。“文革”後博物館人員在清查庫房文物時，因爲它們破損嚴重，無奈將其全部列入準備銷毀文物的上報清單中，一直等待上級批准後好處理掉。看到這些被毀的文物，我心痛萬分，於是請示館領導看能否搶救修補它們。但是由於修復這批東西即需一大筆經費，又需要極高水平的技術人員長時間的細心操作，難度很大，一時無法落實。後來在楊仁愷任副館長期間，我匯報了此事，他立即組織有關人員，進行搶救性的修復。在館內裝裱技師戴立强、徐昕等人的努力之下，克服了重重困難，攻克了一個個技術上的難關，日夜奮戰，終於將其中損毀嚴重的七十多幅影像修復一新，將二三十幅被打墨叉的名人書法恢復如初。當時在國內博物館的修復技術和水平上也是一個奇跡。一九九八年在館內舉辦了“館藏明清影像展”，至今這批影像成了我館珍貴的藏品種類之一。

一九八八年十一月中旬，應澳門市政廳的邀請，我隨楊仁愷先生赴澳門爲籌建中的澳門藝術館進行書畫鑒定工作，這是澳門回歸前文化工作中的一件大事。藝術館籌備處的兩位年輕負責人工作態度十分認真，他們事先製好表格，在鑒定每件作品時，要求必須填好作者、年代、質地、名章、題跋及鑒定意見，不能缺項。我和楊先生一邊看畫，一邊登記，緊忙活。第一天從下午三點開始工作，近三個小時就看了四十多件，大多是明清的真迹，以廣東地方名家的作品爲多。看他一件一件非常仔細認真地看，作爲遼博出身的我對於這些畫自然是不以爲然了。楊先生看出我的心思，非常嚴肅地對我説：“做任何事情都要講究‘認真’二字，我們難得有機會看到這麼多明清時期廣東地方的畫作，這是最好的一次學

（圖一）

習機會。"確真如此，退休後常應邀到廣東，每每見到那些地方畫家的作品就能知其一二了。鑒定的書畫很多，任務很重。第二天從早九點到下午六點又鑒定了一百二十餘件，其中有廣東地方名家蘇六朋（注二）早、中、晚期的作品，相當精好。楊先生高興地説："我過去對此人的看法平平，實則不然，當另眼相看。"他每天伏案閲畫，忙得連水都顧不上喝，吃過午飯後，大家怕他累着，勸他睡個午覺，他婉言謝絶了，

并笑着説："我也是爲澳門回歸心急呀！"稍作休息，又開始了工作。在澳門藝術館僅五天的時間，共過目書畫三百餘件册，并認真地做成一套完整的鑒定檔案，受到澳門藝術館領導們的稱讚和感謝。經常隨同楊仁愷先生外出，他兢兢業業、一絲不苟的工作作風深深地影響着我的一生。

畫傳初稿完成後，楊先生是在醫院的病榻上爲我閲稿的，他用顫抖的手托着稿紙，非常仔細一字一句地看，有的地方用紅筆作了删改。而後叫我去醫院，對我説："我看了一遍，你的文筆很樸實，没有虛誇的地方。我就喜歡這樣，千萬不要吹，讓别人討厭。"這番簡單的對話已是給我最好的鼓勵了。文物出版社要電子稿，可我當時不太會用電腦，更何況要打出十幾萬字的文稿。我退休在家，博物館的同志工作都很忙，不好意思張口求人。楊先生就鼓勵我學着打字、插圖。他説："路是人走出來的，衹要下決心，就會有收獲。"果真，在我的勤奮與努力下，終於親手一個字一個字地打完這本書稿，將一個光盤交給文物出版社。由此，我的電腦使用水平大有長進，現在已年過花甲的我，利用電腦編撰書籍、查詢資料、了解社會、了解世界已是游刃有餘了。

二零零四年十月《中國文博名家畫傳——楊仁愷》正式出版了，我興奮不已，因爲這是我的處女作。在整個寫書的過程中，我深深地被楊仁愷先生的事迹所感動，被他的人格魅力所徵服，我用我的一顆真誠的心將他的人生寫出來，用以啓迪後來人，發揚老一輩文博人的敬業精神，去完成先賢們未竟之業。

（王海萍 遼寧省博物館副研究館員）

（注二）蘇六朋（1791—1862），字枕琴秋琴，號怎道人。廣東人。清代畫家，世人稱其與蘇仁山爲"嶺南畫壇二蘇"。

（圖一）本文作者隨楊仁愷先生赴澳門，在爲籌建中的澳門美術館進行書畫鑒定工作。

永不消逝的魅力

崔　陟

　　我在文博界工作的時間不是太長，祇有十八年，但是令我欣慰的是和楊仁愷老先生也認識和交往了十八年。這十八年間我們雖然見面不多，但是卻很投緣，彼此間總有一種親切的感覺，這一點我的同事們都看得清清楚楚。當然，這種關係就像在同一棵樹上，老幹呵護新枝，嫩芽依附主幹，共同呼吸着時代的氣息。

　　説起我和楊老的相識，至今我也有一個不解之謎，不知道我是怎麼給他留下最初的印象的。那是一九九一年，我剛調到文物出版社工作，一進門就趕上編輯中日合作出版的《中國真迹大觀》這麼塊硬骨頭。遼寧省博物館藏品豐富，自然要到那裏去拍照。我早就聽説過那兒有一位書畫鑒定大師楊仁愷先生，論資格相當於京劇裏的"四大須生"之一。聽説要去見這樣一位名人，我心裏非常忐忑，甚至有個奇怪的念頭，希望楊老特別特別忙，没有時間接見我們這一行人。那祇是個人天真的想法，而見面則是理所當然的事情了。

　　那天，我們正在拍照，聽有人説"楊老來了"。我抬頭一看，一位身量不高，但是精神矍鑠的老人走進來。他説話非常客氣，聽得出來是四川口音。他給我的第一印象就是那雙眼睛非常的明亮，簡直就是放着光芒。難怪他是書畫鑒定大師能一眼看出真僞，原來有這般的火眼金睛。我正在這樣尋思，楊老已經來到我的身邊。一起來的同志，把我介紹給楊老，他打量了我一番説："好，好。"記憶中僅此而已。

　　楊老提出要我們到他家去吃飯，我更加窘迫，但也無法阻攔。那頓飯吃的時間很長，楊老和我的同志們天南海北地聊着，我祇是支着耳朵聽。楊老不時地對我説："吃……吃……"，我祇是答應："哦……哦……"

　　回到北京大約一個月後，我正埋頭工作，忽然聽見有人喊："小崔！"聲音不是太熟悉，但聽起來很親切。我本能地迎了出去，看到楊老，一下子愣住了。他笑着伸出手來説："我是楊仁愷，你不認識我嗎？"我説："我當然認識您，可您怎麼……"他笑得更燦爛了："我們是老朋友啊！"

　　從那以後，我們就熟識了。我再去瀋陽，總是怕他因爲太忙，而見不到面，他來到北京，我們也總要見上一面，哪怕祇説上幾句話。我對楊老頗有一種相見恨晚的惆悵，恨自己爲什麼不早幾年跳槽過來，當他一個入室弟子。眼下是不能

這樣做了，那會給人往自己臉上貼金的疑似。

我們曾有過多次交往，而且每次都給我留下了難以磨滅的記憶。一九九八年，到澳門參加第三屆中國書法史論國際研討會，楊老一再叮囑我們那裏和內地情況不一樣，晚上出門要早回來。第二天，他把我們幾個結伴出行的人叫來，分開詢問，諸如到什麼地方，幾點回來。對楊老我們當然說實話，他聽了滿意地點點頭說："好，基本吻合。"當天晚上，爲了不叫他擔心，我們就不出去了，圍在他身邊，纏着他講在北京榮寶齋發現米芾《苕溪詩

卷》的故事，他的精神和興致都很好，講得津津有味，我們聽得都入神了，他一邊講我一邊構思一篇紀實故事。楊老見我沉吟不語，便問道："你要寫什麼吧？"我笑着說："您稍不留神就落入圈套了啊！"他笑得更開心："這樣的故事還有好幾個，今天不說了。"

還有一次，我們在廣州南越王墓博物館參觀，我和一位朋友一邊一個攙扶着楊老，聽他講述相關的知識。誰料風雲突變，一伙小學生衝進來，少說也有二百號，吶喊着在展廳裏奔跑，我們立即身陷重圍。要是哪個冒失鬼碰撞一下，那還得了。偏偏那個朋友被衝散了，祇剩下我一手攙扶楊老，一手撥開亂跑的學生。我突然想起《三國演義》裏的常山趙子龍單騎救主的事情，轉念一想，不對！人家救的是扶不起的天子阿斗，可我保護的卻是"國寶"啊！我們好不容易衝了出來，我心有餘悸地說："總算是國寶無恙！"楊老又笑了："什麼國寶，是活寶，一字之差啊！"我發現他的目光還在那些孩子身上，就問："您看什麼？"他忘記了剛才的處境，有幾分動情地說："這就是希望啊！"

兩年後，我有幸和楊老去日本參加第四屆中國書法史論國際研討會，宣讀論文時我被安排在第一個，心理不禁有些緊張。當我站在講臺上往下看時，一下發現楊老來了，頓時鎮定下來，宣讀時不時地看上老楊幾眼，發現他聽得很認真。我真的好感動，因爲當時有六個分會場，堅信他不是走錯了，肯定是給我鼓勁來了。我順順當當完成任務，坐到楊老身邊。趁着短暫的間歇，他輕聲對我說："該說的都說了。"走出會場時他又告訴我，書法論文不應該是僅限於作品和作者本身，可涉獵的範圍很廣，但也不是漫無邊際的，怎樣選材是個關鍵。要言之有物，而且要讓人聽得進去。我知道這樣聆聽教誨的機會不是很多，所以和他在一起要留神他的每一句話，那都是經驗之談，都是經過多年的提煉和積累而成的啊！

有一次在遼博看《虢國夫人遊春圖》，楊老問我："你說畫裏邊哪個是虢國

夫人？"我對畫了解不多，沒敢輕易回答，目光在畫面上游弋。楊老又一次笑了："記得那首唐詩嗎？"我頓了一下，他接着背誦起來："虢國夫人承主恩，平明騎馬入宮門。卻嫌脂粉污顏色——"我想起來了，馬上接下去："淡掃峨眉朝至尊。"然後指着其中一素面婦人，看看楊老。他依舊笑着告訴我，這祇是一種說法，還有幾種不同的說法，最有創意的是說這是畫的殘卷，主人——也就是虢國夫人根本沒在畫面上。他問我現在怎麼看，我說跟您老一樣，他開心地笑起來。

我們之間的接觸漸漸多了，我發現楊老有個特點，就是他的臉上總是挂着溫和的微笑。說話時笑，静坐時笑；祇有他老人家睡着了笑不笑，我一直不知道。我想，這笑應該也是一種習慣，多年形成，不易改變；這笑也應該說是待人的一種態度，謙和而沒有任何架子；這笑也是交往的一種方式，誰也察覺不了他的内心世界。這笑原是本能，也成楊老最有代表性的表情。祇要你見到楊老，就發現他在笑，不是老奸鉅猾，而是老謀深算。他的人生之路是那麼曲折，受過多少打擊和挫折，恐怕他自己也記不清了。他把一切都看得清楚，看得明白，對一切都是一笑了之，笑已經成了自然。

我發現楊老特別有鏡頭感，祇要我一舉相機，他就對着我"定格"，當然是微笑着。也正是這個原因，我給楊老照的相很多，而且不乏傳神之作。不是我照的好，而是他會笑，笑得總是那麼到位。

文博界是一個深奧寬廣的海洋，在這裏游泳，弄不好要嗆水的。所以

（圖二）

（圖二）楊仁愷先生

有的人就總是套着游泳圈游泳，以保安全。楊老可不這樣，對一些問題總是敢於提出自己的看法，有時甚至是很尖銳的。因此，他也遭到一些菲薄甚至嘲諷，有些人的言談幹脆離開了學術問題。我聽了很是替他不平，真想質問他們：你有什麼資格這樣說？可是我也像楊老一樣，把那閑話當作耳旁風，祇是微笑而已。

文物出版社編輯一套文博名家畫傳，楊老自然是名列其中。當楊老聽說這件事後，祇提了一個條件，那就是讓我當這本書的責任編輯。按說這件事是好事，足以證明楊老對我的信任。可是這也遇到一個問題，那就是這套書是兄弟部門的選題，我不能做編輯。按說應該和人家去商量，可是商量不行又怎麼辦？爲了不負楊老的盛情，我祇有先禮後兵了，做完相關的工作也就是發了稿件後，才去找二編部主任周成說明此事。我知道十分失禮，因爲平時關係不錯，人家沉吟良久，祇得說："就這樣吧⋯⋯"現在這套書已經出版了十幾本，都是二編部的同

143

仁做編輯，祇有楊老一本是由我客串的。

我佩服楊老的學問和爲人，曾多次想説是他的學生，可從來沒有，後來成爲我平生幾件憾事之一。佩服一個人是發自内心的，是自願的，也是不可逆轉的。儘管我不是他的弟子，但是我覺得能認識他老人家，能多次聆聽教誨，能爲他的“畫傳”做責任編輯，已經是三生的幸事了。其實，我在學問上受他影響很大，讚同他的許多觀點。我的一個朋友看出這一點，説我從來不和楊老抬杠。説得對，我和他抬什麼呢？他是大學者，我是一名普通的編輯，我向他學習還來不及呢！

去歲冬日，無情的疾病奪取了楊老的生命。我冒着嚴寒去送行，看着楊老的遺容，我覺得他仍然在微笑。我覺得他是在對每一個來者説，我累了，該休息了……我是一個愛落泪的人，但是那天我忍住了。因爲我不願意傷害老人家的平和心態。

因爲編輯那本“畫傳”，我對楊老有了更深刻、更全面的了解，同時也加深了對他的敬佩。我覺得他身上有許多東西值得我學習，有一點特別應該學到，就是他那特有的微笑。他那特有的微笑，具有永不消逝的魅力。今後我要像那樣，對工作、對生活、對一切都以笑相持。不知道我能否做到，因爲那確實不是一件容易的事情。有一點我可以保證，那就是要時刻提醒自己，盡全力去做。

楊老走了，不覺得已兩年多，謹以以上文字略表懷念與敬佩之情。

（崔陟　文物出版社編輯部主任）

144

好大一棵樹

—— 紀念楊仁愷先生

趙曉華

憶起楊老，我的眼前總是浮現一棵大樹，所以借用了這一句歌詞作爲本文的題目。

我曾是這樹下一草，楊老之於我有導向之恩，化被之澤。我眼中的楊老，勤奮敬業，坦蕩無私，正如一棵大樹，努力植根，固一方土地；枝繁葉茂，潤一處花草。

楊老的勤奮敬業，是每一個近距離接觸過他老人家的人無不深受感動的。楊老給予青年同志學業、事業方面的提掖，更不勝枚舉，有口皆碑。由於工作關係，作爲晚生後輩、下級同事我常去他的家中請教、請示，映入眼簾的永遠是兩種形象：或在待友，或在讀寫。他的視力不佳，一隻眼睛被"文革"奪走（注一），剩下的一隻也僅存微弱感光，依靠放大鏡他不停地在奮筆疾書（我先睹爲快，發現字裏行間常有重疊，心如五味浸過）——展覽前言、圖錄題跋、館藏書畫著述、徵集文物信函……引無數目光凝矚遼寧省博物館。

歷三十載春秋、多達六十萬字的《國寶沉浮錄》是老人的心血之作，是中國古代書畫研究的里程碑。書中自序云："惟恐時過境遷，歷史資料散失湮没，受責任感的驅使，勉力以赴，不計功罪。"此言是老人真情告白。"責任感"因人而異，"感"有輕重，於是有人信步，有人飛奔。老人因感到的是"驅使"，自然是後者。

老人不獨自己在與時間賽跑，勤奮做事，也不忘帶着身邊的年輕人同行。一九八三年按所在部門要求爲接待外賓，我專門寫了一篇文章，完稿後領導審了八個月也沒下文，我心焦急卻無可奈何。幾次索要回來一看，一字改痕不見。顯然是没予理睬。當天送到楊老家請教，下班前即電話説已改好讓我去取，不久發表。那可是我從事文博工作的第一篇文章啊！白紙鉛字，激動至今（盡管今日看來文筆稚嫩，偷偷汗顏），這也是我一直敬重他老人家的原因所在——責任感的延伸與影響。

彈指一揮間。二零零六年五月，配合遼博舉辦"清宮散佚書畫名品與仿真品對照展"，我應約寫了一本小册子《探遼寧省博物館藏清宮書畫聚散之謎》。初稿完成後即送楊老過目，定稿時楊老當着在場的人鼓勵説寫得不錯，很有感情。我有點不好意思，就在他耳邊説："都是照着您老那本《國寶沉浮録》抄的！"他玩笑曰："天下文章一大抄嘛！"這是楊老最後一次幫我把關定稿，其時老人已年過九旬，在遼寧省金秋醫院的病房中。

二零零七年十日十六日，我從客居地回瀋去看望病中的楊老，這是我唯一一次見到他躺着，身上插滿各種管子，言行不便，但神情祥和，十分清晰有力地喊出了我的名字。我爲逗他高興説："還想要你老的字呢，趕快好起來啊！"他示意護士拿來紙筆（簽字筆和普通白紙）費力地寫下了我的名字，還習慣地署上了"仁愷書"三個字。我説這個不算數，我還是想要您毛筆寫的，下回來一定給我。他笑着點頭答應了，卻違了約。

由此我常常憶念起楊老給我第一幅字時的情景：一九八四年，日本ＮＨＫ和《朝日新聞》社來館采訪楊老作專題節目，現場楊老寫了幾十幅書法，其中一幅爲整紙，上書"學無止境"四個大字，這是我見過的老人寫的最大的字，激情飽滿，酣暢淋灘。按慣例，節目做過後這些作品是會分給在場各位的，於是人們都盯着"學無止境"，企望獲得。楊老逐一添寫上款，輪到此幅時，他提筆環視一遍在場的人，寫下了我的名字。這是楊老給我的第一幅字，是希望，是鼓勵，更是鞭策——潤物細無聲。

待友，老人將其視爲工作，從不忘借機吁請省會各界關注、支持遼博，以多種形式進行文化播揚，無論來者是平頭百姓，還是名人顯貴。正是楊老這種爲了遼寧文化事業的發展而廣交朋友、挖掘各種社會資源的努力，才有了特殊年代文化洪荒期少年小慕瑩對一代人的影響；有了改革開放後文化繁榮期遼寧重工業基地儒商、儒帥、儒官的輩出；有了香港利榮森、梁潔華兩博士給予遼博的鉅額捐助；有了啓功、張仃、于省吾、周懷民、王蘧常、謝稚柳、王己千、王方宇、吳在炎、馮其庸、鄒佩珠（李可染夫人）、黄冑、韓美林……一大批海内外大家個人作品的入藏；有了故宮博物院、上海博物館、北京榮寶齋、上海朵雲軒、香港敏求精舍、日本二玄社等等著名文化企、事業單位與遼博的長期友好合作關係。

（圖一）

一九八九年和二零零四年兩次中國古代書畫國際學術研討會在瀋陽隆重舉行。海内外著名專家學者因遼博、因遼博所藏清宮書畫、因楊老的影響齊聚瀋城，極大地提昇了遼寧省博物館的國際學術地位，那場面令館内年輕同志深受鼓舞，很多人是否在那一刻確立了人生的奮鬥目標，亦未可知。

尤爲令人感慨的是楊老對待捐贈者的態度。上世紀九十年代初我負責管理文物徵集工作，楊老總是特別叮囑，要熱情宣傳贈者"出己所珍，與民共守"的博大精神。每次徵集文物入藏後，他都不會忘記追問"宣傳稿寫了没有？何時見報"，有時督促電話來自他出差的外地。於是我有了數十篇諸如《吴佩孚遺墨歸去來兮》《最後的捐贈》《指繪春秋葉落歸根》《遼博新年細點徵集賬》《五十年珍品入藏紀略》《爲有源頭活水來》等雜文，這一過程使我逐漸明白了如何做人，怎樣做事；這些文字也成爲楊老對博物館之友愛之真切的見證與永遠的紀念。

一九九九年，楊老一次出差歸來，電話通知我説途中有人送他兩件汝瓷片，請館裏搞瓷器的同志去家裏鑒定，如是真品即帶回館裏入藏。辦入庫手續前我勸楊老留一件做紀念，還振振有詞地提醒説："家富萬貫，不及汝瓷一片。"老人説："館裏同志做標本用得着，我留着没用。"什麽都擋不住他對"發"遼博這個"家"的急切心情（注二）。

二零零零年八月，館辦通知説楊老要我去接機，我有點奇怪：楊老每次出國回來總會給我帶件小禮品，這次帶什麽大件了，非要我親自去接？機上的乘客幾乎都走光了，楊老也没出來，我正着急想闖進去，老人笑容滿面地坐在輪椅上被乘務員推了出來，懷裏大包小箱滿滿一堆，他催我們直接去館裏辦入藏手續。原來是已故菲律賓華僑莊萬里先生子女莊長江、莊良友因仰慕楊老而將其父舊藏蕭雲從、奚岡等清人作品十四件（册）托交捐贈。這是當年難得一見的書畫珍品，引起社會矚目（注三）。

二零零零年九月，曾任中國書法家協會副主席的方去疾先生將珍藏數十年的南宋"天子之寶"璽及四十餘甲骨卜辭片捐予遼博。此前幫忙聯係捐贈一事的上海書畫出版社副社長茅子良先生致信楊老，内有一句："業師憶及您老大名，擬將所藏捐予貴館。"由於當年我負責館裏的文物徵集工作，曾見過此信——這完全是因個人間的友情入藏的一批重要文物（由另文《感受大師平常心》詳述）。

二零零一年八月，吴、楊二老携手共創新世紀跨國大捐贈——楊老摯友、新加坡著名指畫大師吴在炎先生一生所存作品一百八十一幅全部捐贈遼博，其中十數幅有張大千、朱屺瞻、張書旂等大家題跋。此項入藏，更加牢固地確立了遼博指畫藏品在海内外的重要地位，楊老功莫大焉！

著名僑領莊萬里先生曾有一句至理名言："士君子居一國，當思有益於一國，居一鄉，當思有益於一鄉，天下財富與天下共。"冥冥之中，這位來自天府之國的"士君子"以自己的一生實踐着這一做人之道，他將自己最寶貴的財富——一輪甲子的年華和終生的追求，都無私地奉獻給了他的第二故鄉，獲益的是遼寧的

（注二）楊仁愷先生在遼博工作期間多次將自己的藏品和友人贈送之作品捐贈遼博，同時動用自己的人脈，廣泛動員各地書畫家、收藏家向遼博捐助。使遼博的藏品日益豐富。

（注三）據陪同人員講述，楊仁愷先生出訪菲律賓鑒定，分文未收，還勸説莊氏爲遼博捐獻所藏書畫，對遼博的關心與熱愛可見一斑。

文化藝術界，更是遼寧省博物館。

楊老正直、率真，他笑迎荆棘與坦途，無驚讚頌與嘲貶，這更讓了解他的人蕭然起敬。如有各級官員來看望他，總是匯報遼博事業發展的情況，希望得到上級領導的重視，獲得政策方面的扶持。而他自己的困難，諸如住房暗冷無光（注四）、子女就業等問題，從不提及。依老人的名望、地位及貢獻，稍有表示，即會有所改善，他甚至對暗中幫忙的同志嚴屬批評，指出"不要公私不分，把個人的事混到工作中來"。

楊老在人生的道路上始終以坦蕩如天的胸懷朝着心中的目標行進。我知道老人晚年有個心願：希望遼博重振建國初期三大博物館之一的雄風。這願望高於一切，這就是他心中的那個目標，它似一把烈烈騰燃的火炬在前方召喚，任何艱難險阻都不會成爲障礙，他爲此付出了自己的一生。

二零零三年，"飛向太空——中國載人航天之路特別展"在遼博新館成功舉辦。那年，楊老已八十八歲高齡，親自前往航天英雄楊利偉的家鄉葫蘆島市，以自己的影響聯係落實展覽之事。展覽持續一個月，展廳內外人頭攢動，盛況空前，沉寂多年的遼博煥發出勃勃生機。

二零零四年十一月十二日，遼博新館正式對外開放，北宋張擇端《清明上河圖》自京返瀋，"省親展"如期開幕，場面憾心動魄！此後一個月，每天早晨六點鐘觀衆就排起長龍般的隊伍購票等待參觀，日接待量多達六七千人——那可是免費開放前的遼博啊！人們以能與國寶晤面爲最大快事。如果沒有楊老半個多世紀前的慧眼識珠，憶及五十多年來在文博界的影響，何以能有這千載難逢的文化盛事！與此同時，爲了宣傳遼博，我（時任綜合協調部負責人）經常邀請省內外媒體采訪楊老做專題節目，有時一天多達數家。老人服從安排，停下手頭的工作，不辭辛苦，熱情接待，向社會各界推薦遼博，如數家珍。事後老人從未提及留存報道的光盤、報紙、刊物之類，倒是我幾次說過要給他帶過去，他總是說不需要——老人將此作爲一項工作來完成，完成了就好，別無其他。

這一年，老人已八十九歲高齡，仍馬不停蹄多次往返北京、深圳、香港各地，爲遼博新館全面重張，爲《清宮散佚國寶特集》（注五）海內外的首發，爲事業發展經費的募集奔走、吶喊……

二零零五年、二零零六年、二零零七年，老人生命的最後三年，他不顧疾患纏身，祇爭朝夕，更加緊了整理文稿的速度，他是想給後人留下點什麼……

"好大一棵樹"是一首歌，歌詞大氣磅礴，曲調深沉委婉：

頭頂一個天，腳踏一方土，

風雨中你昂起頭，冰雪壓不服。

（注四）楊仁愷先生先後在遼歌大院、御花園小區兩處住所，室內都極少有陽光照入，屋內常年需要開燈，方能寫作。

（注五）爲遼寧省博物館新館落成時出版的匯集了遼博極珍貴文物的一部精美畫冊。

好大一棵樹，任你狂風呼，

綠葉中留下多少故事，有樂也有苦。

歡樂你不笑，痛苦你不哭，

撒給大地多少綠茵，

那是愛的音符。

風是你的歌，雲是你腳步，

無論白天和黑夜，都爲人類造福。

好大一棵樹，綠色的祝福，

你的胸懷在藍天，深情藏沃土。

每當電視上出現歌者吟唱時，畫面中總是出現課堂的場景，我一直以爲是在頌揚人民教師， 覺得歌詞所述與楊老的品格極像。後來得知原是一位文藝工作者在返京的列車上聽到胡耀邦同志逝世的消息，浮想聯翩，寫下的一首悼念詩，後來被譜成曲子傳唱，又覺得與我此時的感受很相近。

大樹漸行漸遠，綠葉中留下的故事卻越來越清晰，今生難忘。

（趙曉華　遼寧省博物館副研究館員）

恩師楊老

吳怡龍

捧起案頭《楊仁愷——中國文博名家畫傳》一書，封面上那溫文爾雅、神情莊重，面容和藹可親，嘴上掛着微笑的楊老的照片映入眼簾，想到他這麼一位一生為人類文博事業鞠躬盡瘁的長者已經撒手塵世，永遠離開了我們，兩行熱泪不禁奪眶而流。

與楊老相知相識，緣起先父吳在炎（注一）先生。一個是享譽國內外、德高望重的學者文人；一個是把一生青春托付於指畫的指畫藝術家。自上世紀九十年代起，雖相隔千山萬水，卻阻擋不了兩老建立發展起深厚真摯的情誼，尤其是大家共同對指畫的鍾愛與認同，成了惺惺相惜、心靈照會的莫逆之交。

（注一）吳在炎（1911—2001）新加坡著名指畫大家，原新加坡三一指畫會會長。

衆所周知，指畫的開辟宗師是清代高其佩（注二）。五十年代，楊老開始接觸指頭畫後，便着力展開收集流傳於民間高其佩的指畫，歷盡艱辛，勞心費力，願望終於落實；不但在國內舉辦了高其佩指畫展（一九六三年），把珍貴的高其佩指畫編印成冊（一九八九年），之後還把指畫帶到歐美各個國家介紹展出，讓世人大開眼界，令指畫這塊藝術瑰寶綻放光芒，功不可沒。

而遠在南洋新加坡的先父吳在炎，當年負笈上海藝術專科學院有緣接觸指畫後，從此選擇指畫藝術作為志業，義無反顧，全心全意投入指畫創作，在長期孜孜不倦的研究、學習、揣摩、實踐中，樹立了他獨有的畫風，聲名享譽海外，并成立三一指畫會，無私地傳授技藝，積極培養後進，期盼指畫藝術繁衍不息。

（注二）高其佩（1672—1734），字韋之，號且園，又號南村，別號頗多，如創匠等，鐵嶺人。清代指頭畫家，是指頭畫的創立者。隸籍漢軍，父天爵，以蔭叙宿州知州，宫至刑部侍郎，浙江鹽運使等。卒後謚恪勤。高其佩的藝術才華出衆，能詩、工畫，他在細絹上所描繪的亭臺樓閣、人物、花鳥、魚蟲等等，筆墨精細，設色艷麗，精妙絕倫。

（圖一）

就是這樣彼此愛才惜才的情操，不斷升華兩位老人的情誼。每逢楊老到新加坡來，不論活動多麼頻繁忙碌，必定要到定廬（吳家宅號）與先父家母暢談歡聚。兩方友誼的甘泉，涓涓清流，其間也成就了許多美事：楊老出任三一指畫會的顧問，先父應邀在遼寧省博物館舉行指畫展，兩地中新藝術家因他倆穿針引綫而擦出美麗的火花，建立起珍貴的藝術友誼橋梁，二零零零年楊老以八十五高齡，特為吳在炎九十指畫展親臨新加坡主持開幕儀式并致詞，這一點一滴，細水長流，堅定了彼此的信念，鞏固了彼此的友誼，這也造就了先父

（圖一）一九九二年，吳在炎夫婦來遼寧省博物館訪問。

把心愛的指畫作品除了留存新加坡外，尋得另一個落戶——指畫發源地遼寧，將指畫捐贈給遼寧省博物館永久收藏。

二零零一年先父臥病在床，同年八月份，楊老親自帶領博物館要員來新探望家父并處理接收畫作事宜。當時，楊老在遠赴西藏開會後，馬上風塵僕僕地來到新加坡，下了飛機直奔定廬。見到身患病疾的摯友，楊老手持哈達，輕輕地爲他戴上，用我們熟悉的四川口音親切慰問；眼神流露出真情，盡在不言中。這幅畫面，宛如昨日情景，歷歷在目，在我腦海中揮之不去——楊老真善美的高貴情操，銘記我心。

父親過世之後，我接任新加坡三一指畫會會長職務，在母親顏秀綿的鼓勵與鞭策下，我在指畫道路上繼續前進。在和楊老繼續維係着兩地情愫的同時，總是得到楊老的鼓勵并感受到他對我的期望。我曾經對楊老訴説我畫畫的速度慢，楊老説：“慢，没關係，重要的是畫畫不能停！”這可説是一針刺到要點，得到楊老的照會，從二零零四年起兩年期間，我八次來到瀋陽，其間或與母親、兄姐妹親人同行，或與指畫、同道中人結伴，或單我獨行，每每都得到楊老盛情招待，猶如回到家般的感覺。同時也有機會以藝會友，結交了許多藝術家前輩及藝術愛好朋友，也聽取了很多對我的指畫真誠寶貴的意見；二零零四年三一指畫會得以赴鐵嶺參加文化藝術節指畫展，二零零四年及二零零五年我先後得以在遼寧畫院、遼寧省博物館舉辦個人指畫展、出版吳怡龍指畫作品集，并得到楊老爲畫集立序，這一切都體現楊老扶持關愛提携後輩的長者風範。

二零零七年五月五日，我們一行人包括遼寧省博物館的領導同仁，來到遼寧一間療養所探訪在此養病的楊老。雖然受到病痛的折騰，老人依然風采不減，在女兒的攙扶下，他坐在沙發上與大家暢談。顯然他心情特別激動，臉上始終挂着令人感到無比親切的笑容，耐心聆聽着我們天南地北話家常、説東西。雖然他説話不多，但思維清晰，記憶力超強，不時問及并關心博物館的事宜，在他心中，人民博物館的事業地位何等尊貴，任務何等重大。而當聽到逗樂的笑話趣事，他也開懷大笑，一派豁然欣愉的神態，完全不像是個病人。而令我銘感心中的是，楊老望着我語重心長地叮嚀囑咐：“再接再厲，把你父親吳在炎吳派的指畫藝術，繼續發揚光大。別忘了多與博物館方面聯係。”楊老對後輩之赤心相待，令我感動不已，至今久久不能忘懷。

第二天五月六日，我們一行人來到楊老的住所。根據療養院的規定，楊老是不能離院的。可是性情中人的楊老啊！爲了表達對遠方到訪的客人的盛情厚意，執意要回家設宴款待大家。中午，衣裝整净、坐在輪椅上的楊老，由博物館同仁推着回到好久没回來的家。興奮高興都寫在慈祥親切的臉上。他熱情招待大家用膳，還吩咐女兒拿出最好的白酒讓我們暢飲。又是滿桌的笑語、歡樂的歌聲，還有對我這個後輩一再的鼓勵；這一餐滿盛着濃情深意，滿盛着橫跨中、新兩地的情愫，滿盛着老人家對美好事物的幾許期待，讓我們留下了美好的回憶。數天後我離開瀋陽之前再次探望楊老，這一別竟成永訣。

遠眺遼寧，泪雨成行！

楊老，我的恩師！

我的恩師，楊老！

永遠懷念您！

（吳怡龍　新加坡三一指畫會會長）

做人做事的楷模

張利德

楊仁愷先生的謙和、博學、睿智和仁慈，已經并且正在改變我們一批人的人生，而他對中國優秀文化的貢獻也會使中國乃至世界上每個有良知的人受益。如果一個人的貢獻是超越行業圈子的，又是跨越國界的，那麼，他的偉大也就是必然的。什麼時候，我都覺得"享譽中外"用在先生的貢獻上最當之無愧。

作爲一個頂尖級的中國古書畫鑒定家，他對我們這樣祇有中等文化素養的年輕人的態度，是從不擺架子。我和我的幾個朋友多次回憶仁愷先生時，都有同樣的感覺。

（注一）蔡斯民（1932年生），新加坡著名攝影家，重要藝術策展人，新加坡國家文化獎章獲得者。

越到晚年，先生越忙，他對我們的引導總是循循善誘，愛護有加。他先後撰書向蔡斯民（注一）先生推薦我，使我成爲國際攝影大師的親傳弟子，從而獲得蔡先生精神和物質上的雙重獎掖。還有張美寅先生，先後通過越洋電話和郵寄攝影集的方式邀請我去新加坡辦展。雖然我在二十多年前就辦了瀋陽軍區的第一個軍人攝影展，第二年由遼寧美術出版社出版了攝影集，和我老師江志順攝影展相比，提前了二十年。在遼寧美術館的同一個展廳裏，同是時任軍區政委剪彩，我是心潮澎湃，更是心有餘悸，相當後怕，我那年的攝影展，真是初生牛犢不怕虎，而我一直不敢去新加坡辦展，則是先生的偉大讓我慎行。

在江將軍攝影展開幕那天，江將軍和我都非常榮幸，邀請到了先生的長子和長媳。江將軍說："非常遺憾，我多次來瀋陽，後來又到三零一醫院，都未能拍攝到楊仁愷先生，利德知道，我最愛拍攝人物，見到了你們，也是安慰。"雖然我一直未把仁愷先生希望江將軍領銜辦古書畫複製珍品展的重任告訴江將軍，但那是因爲我覺得江將軍太忙，不僅是軍內外，還有國內外，待時機成熟，憑他的智慧是會承擔這份遺望的，因爲這些古書畫都是用攝影爲主的技法複製的。

我在瀋陽和成都爲江將軍張羅攝影展期間，幾乎都有人問我同一個問題："全軍不乏能人智士，江將軍爲何讓我這個轉業幹部爲之籌展？"我祇好這樣作答："我沒有螺絲釘那樣硬，但我有膏藥的韌性。"我們每個人的成功并不是個人的努力和急功近利可以獲得的。雖說是軍隊和地方的智者，他們都祇是看到了我的其貌不揚，并沒有看到，我有多少個大師級人物的護佑和指點，到現在，我不得不把這個謎底揭開，這是楊老和樸存先生支持我這樣做的。現在，我們也都老了，我不想把這段真實的歷史帶進棺材，而讓那些二流、甚至三流的人去戲說和假想。我從二零零三年九月二十三日那個寒冷而又熱烈的夜晚，就請求爲江將軍籌辦攝影展，直到二零零七年首展，這期間我經歷了多少艱難和委屈，正是這兩位先生的無私支持，才完成了這個的計劃。誰都知道，這兩位先生的每一幅字都是價值頗豐，而每一次幾乎都不是我自己要求的，他們爲什麼呢？就是讓我負起這個文化傳承的責任。也正是他們從精神和物質上的支持，才基本完成了江志順老師攝影作品的詩話製作，當然，還與蔣少武、王光力、李秀芳等攝影老師的多方奉獻是分不開的。仁愷先生這樣跟我說，你把江將軍的攝影製作好了，也就等於把士兵和將軍都請到了宣紙之上，那種示範作用不是一篇《人民日報》和一紙專利證書可以相比的。有了將軍級的人物領銜辦展，你的發明，你對現代攝影的貢獻，尤其是複製古書畫的重要，也就不言自明了。我給你寫的鳳凰詩話稱"攝影名家"也就有了注腳。先生爲了讓我不浮躁，不動搖，先後幾年的節日裏反給我送大米和水果，更多的是古書畫資料和重要的畫冊。先生深深地懂得，現實社會的誘惑太多，讓我這樣一個既當過軍官又當過記者的人平靜下來也是很難的，正是他老人家的循循善誘多方關懷，才讓我心若止水，不爲金錢所動，也没有跳進不少人爲我設的陷阱中。

　　聽聽仁愷先生是怎麼說的吧："啥叫宣紙，她是中國主流藝術的載體，是中國主流藝術的象徵，這就像陶瓷是中國的象徵一樣。用宣紙承載照片，那是宣紙發展史上的里程碑。"安徽紅星宣紙廠的黄飛松，從《人民日報》上看到瀋陽軍區新華分社的黄明松的署名文章，便給楊仁愷先生打電話來，邀請我們去安徽，仁愷先生當即就爲我們答應了下來，又講了這些話，我整理記錄下來，現在仍存在紅星宣紙廠，這是從唐以來就生産宣紙的一個老廠。我和遼寧廣播電視臺的房明震講到這些，他羨慕不已，說我太幸運了。

　　回到這項發明專利的應用上，就我的知識而言，也就能做幾幅名人照片而已。那天我帶着王楠、林聲、李默然、李宏林等"年輕"的"詩話攝影"，去請仁愷先生指點，先生先是叫好，略有所思，問我：能不能把古書畫做上去？我說行！

（圖一）楊仁愷先生與張立德先生觀畫。

隨即，先生從抽屜裏拿出一幅"萬歲通天帖"的樣稿，讓我試驗，從此，一發而不可收。

　　後來，他老人家還親到大連，向大連市常務副市長賀旻宣傳複製古書畫珍品的重要："全國人民可以同唱一首歌，但無法同看一幅畫。我們遼博新館建成，請求國家文物局展示《清明上河圖》，那真是萬人争睹，徹夜排隊，裏三層外三層。你們説，地方老幹部也想看看，那就把這些複製品放在這裏吧，辦一個古書畫複製珍品的陳列室，人人都可以看，看得到、看得起、慢慢也就看懂了。我們總説要繼承民族精神，中國古書畫裏就承載着我們中華民族的大量的民族精神，在没有攝影的古代社會，中國古書畫是中華文明發展最生動、最翔實的見證，要不，怎麽叫價值連城呢？"每每想起這些，先生的風采又鮮活起來。

因爲母親老病我常回四川家鄉，每次回瀋，先生幾乎都讓我爲之講講四川的變化。一次，我告訴先生，我整理了幾句民謡，是歌頌温總理的，可製成詩話攝影，他聽完，連聲叫好，一個國家的老百姓能編一些詩話來歌頌自己國家的領導人，這正預示着盛世的到來和政治的昌明，説完就爲我書寫到我已經用宣紙製作好的温總理的標準像下邊："也要富，也要好，祇要家家有温飽，我們老百姓高呼總理好。"這幾句平實的話既是世界發展的大潮流，也是我們胡主席科學發展觀的要求。

在文章的最後，我不能不寫上三個比我還要平凡的人名，正是這三個初涉人事的孩子，爲先生最後十多年做出了最合口味的飯菜，她們叫李秀瓊、李寧、張韵梅。她們爲先生電腦打字，也見證了先生晚年的繁忙，先生生前也很喜歡這幾個孩子，也曾扶着她們的小手描紅……

仁愷先生是當之無愧的人民鑒賞家，更是做事做人的楷模。

（張利德　著名軍旅攝影家）

爲瑗師《記楊仁愷先生》作注

王運天

日前春分清明間，楊健兄來電，言其兄弟姐妹決定假公曆六月十二日在瀋陽龍泉古園舉行其先父楊仁愷先生嬋靈儀式，又云爲此儀式複製一批鄙藏王瑗仲諱蘧常老師撰書《記楊仁愷先生》文卷，情深似海，今之不可得也，并聚文再出版一冊紀念集，爲之動容，我工作雖忙，如此重大之事不可辭也。

今年，夢裡依稀淚仁師，明年，我周甲初度，事業未成，退休在即。讀東坡先生詩有"誰道人生再無少，門前流水倘能西"（注一），回憶仁師，念及瑗師，真有"不放春秋佳日去，最難風雨故人來"之感受。數年來，我之心常處於徬徨、悔恨，如鵲繞枝，如兒失乳的迷茫世界，對於文博事業，失去老輩，猶如在大海裏失南針，回憶仁師尤恨當初自己不用功，每念及此如時光倒流，恰同學少年，又回到老師身邊，聆聽宏論高崗，法乳千道。故年輕人幸福是在嚮往中，老年人幸福是在回憶中，此言不虛也。我雖未完全老，但已充滿著這感覺。

王蘧常（1900—1989），字瑗仲，初號阿龍，更號明兩、端六。浙江嘉興人。祖父補樓公、父郜昀公均好古史、詩詞，父《圓圓曲》（注二）一首不在吳梅村（注三）之下。承家學，克紹繼裘，四歲學做詩，十一歲讀罷唐宋八大家散文，上及太史公書，後從唐文治蔚芝校長學經學理學，從四公沈寐叟曾植學書、詩，從年丈梁啟超學史。畢業於無錫國學館，一生從教，先後在無錫國學專門學校、光華大學附中、大夏大學、暨南大學、交通大學、復旦大學等校任教。著有《禮經大義》、《諸子學派要詮》、《先秦諸子書答問》、《荀子新傳》、《晏幾道年譜》、《沈寐叟年譜》、《增補嘉興府志經籍志》、《商史世紀本紀》、《商史湯本紀》、《抗兵集》、《國恥詩話》、《梁啟超詩文選注》、《顧亭林詩集匯注》、《秦史》、《王蘧常書法集》等等。

仁師識荊王瑗仲蘧常老師是我作的介紹，一見如故，一位研經博物，紅顏永駐（瑗師語）；一位詩句江南大仲次仲，書名天下前王後王（陳兼與先生語），

（注一）此句出於蘇東坡《浣溪沙》
山下蘭芽短浸溪，
松間沙路淨無泥。
瀟瀟暮雨子規啼。
誰道人生無再少？
門前流水尚能西！
休將白髮唱黃雞。

（注二）此詩收錄於一九八二年齊魯書社出版的《夢苕庵詩話》

（注三）吳偉業(1609—1672) 明末清初詩人。字駿公，號梅村，別署鹿樵生、灌隱主人、大雲道人，江南太倉（今屬江蘇）人。

（圖一）

（圖一）楊仁愷先生與王蘧常先生在明兩廬。

前者研究鑒定吾國古代書畫，後者是專攻先秦史與研究先秦諸子的一代學者。太多的共同語言，又因每次見面我必在場，總有談不完的話題，相見恨晚，溢於言表。但仁師非常尊重瑗師，考慮到瑗師健康原因，每每把晤時間不會長，要暢談也難。

　　一九八七年我還在上海書畫出版社編輯部工作時，《書法》雜誌規劃明年介紹學者書法事，其中有楊仁愷老師，并知我與師過從甚密，便命我與仁師聯繫，要作專欄報導，需拍攝書法作品幾件，并索介紹文章一篇。前者很快就辦妥，後者仁師認為有難度，自己寫，沒那事（仁師習慣用語），請他人寫，請誰呢，遲遲不決，對我說："還是你寫吧。"我有自知之明，何敢受此大任，但暗自要給仁師一點驚喜，在未透露任何信息的前提下，我求助於瑗師，并與瑗師詳細介紹楊仁愷先生的學業行藏，尤以東北貨，時《國寶沉浮錄——故宮散佚書畫見聞考略》尚未問世也。次以"文革"（浩劫）之遭遇，瑗師聽之，極為詫異，瞠目歎息，連呼"蹉伊！蹉伊！"（瑗師嘉興人，此嘉興話，意在不可思議。）不二日，文成，付與我，屬抄一份，圈點一下，一交楊仁愷先生，請其斧正，一交《書法》雜誌。我如是做了。文不足五百字，有太史公遺風，深沉而飄逸，鏗鏘而有韻味，抑揚頓挫，朗朗爽口。文曰：

　　　　記楊仁愷先生　王蘧常

　　　　嚴滄浪論詩，謂唐大曆前後及宋，人各有一副言語，如此見，方許其具隻眼，於鑒定書畫金石，尤應知此。蓋古人所作，各有一時之風裁与神采，往往在牝牡驪黃之外，惟有高識者能灼見之。夫以一人之目，平亭百世之作，或真、或贗、或精、或麤，不能逃其一睐，亦天下之至奇也。我於今世得一人焉，曰：楊仁愷先生。先生蜀人，得山川之助，早歲即喜獵鄉里冷攤，及長遊京師瀏覽於海王邨廠肆，所獵更夥頤沉沉，徧四部，而於書畫金石為尤多，人或稱四庫大學學士，先生自謙以為僅及初杭而已。先生於書，初嗜蘇長公，喜西樓帖。後上及石門頌、龍門二十品，復合漢碑晉帖為一冶，凡數十年，所造益雄奇。又工繪事，初法宋元山水，繼悟故土靈秀，遂師造化，可謂純全已。更旁及花鳥草蟲，亦任於自然。先生既淖及書畫之理致，進而鑒定古書畫，尤於古畫，全以神遇。嘗謂初熟於畫史，既一一尋其根源，并前後藏家，然後察其結構、筆意、鈐印、與夫紙帛之年代，則百不失一矣。人見其若望氣而知，而不知其淬礪目力，蓋數十年之久也。先生有樓曰沐雨，收藏甚富，可知其所養之深矣。先生久長遼寧博物館，館建立今正四十年，海內外之頌館者，亦仰企於先生，多屬余一言，爰為之記。一九八八年二月

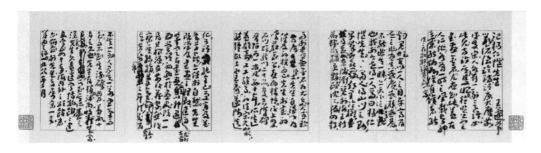

一九八八年三月二日我奉仁師辱書，中有"足下代求瑗老為我撰記，實出望外，獎飾太過，不勝惶恐。愷何人斯，竟勞長者如此厚愛，敢不奮勉以報知遇耶。"

是《記》應加二注，否則今人不一定明白。一、"許其具隻眼"：這是雙關語，一指仁師在鑒定事業上獨具慧眼，二指"文革"（浩劫）中，其被造反派猛抽一巴掌，乃至一目幾近失明，與下面"夫以一人之目，平亭百世之作"，埋下伏筆，前後呼應。又論仁師於鑒定吾國古代書畫的學術思想有登高而思，此樂萬古，立言不襲，自成一家之境界。二、"人或稱四庫學士"：是指追查、收集、整理、考證東北貨，與後之"先生既淖及書畫之理致，進而鑒定古書畫，尤於古畫，全以神遇。嘗謂初熟於畫史，既一一尋其根源，并前後藏家，然後察其結構、筆意、鈐印、與夫紙帛之年代，則百不失一矣。人見其一若望氣而知，而不知其淬礪目力，蓋數十年之久也。"其於東北貨，遍查古今圖書，遍追國寶從北京至天津至長春散佚之經過，乃受人以虛，求是以實，能見其大，獨為其難，故有"人或稱四庫學士"，產生因果關係，邏輯思維、為文之法到極致。

仁師來書未奉復，三月十二日繼而又賜書與鄙，有"瑗老為不才撰記，深感不安，承足下什襲珍藏，我則有愧多矣！"謙恭下士有如此。

一九八八年三月十八日三奉仁師書，有"承瑗老為我作記，文中獎飾太過，始終覺得不安，可否從中刪去溢美之詞，并請刊物將短稿一併刊出，庶幾使讀者了解真象為盼。"謙光風度乃仁師治學態度亦有如此。

是文結構嚴謹，用詞用句達到不可增一字，不可減一字，更不可易一字，我將仁師想法傳遞與瑗師，瑗師眯起眼略略一笑而已，"就這麼定了，我還未盡意"。

仁師與瑗師因為有此友誼的基礎，所以後之遼寧省博物館凡有求於瑗師者，師必應之，目前遼寧省博物館是所有博物館中藏瑗師作品魁楚者，皆仁師之功也。

瑗師撰書《記楊仁愷先生》，八行朱絲欄紙五頁，我視若生命，珍之寶之。復請仁師、壯暮翁謝稚柳先生、寬堂馮其庸先生各作一跋，先裝池成卷，日後再拜求瑗師國專同事選堂饒宗頤先生題引首，儼然一級品文物。庚寅三月初五歲次二零一零年四月十八日門弟子王運天敬為之注。

附題跋三種

沐雨翁楊仁愷先生題曰：

予生也晚，適逢亂世，早歲輟學，投身社會，與世浮沉，為衣食奔波，遑論學業，猶憶三十年代，執教成都，孑然一身，課餘多暇，得以結識有道之士，醉心文史，接近翰墨。五十年代國運初開，遂能從事文博業務，終於與平生愛好結不解之緣，轉瞬近四十載矣。自知無一技之長，雖於八法偶爾有所留意，然極少臨池之功，蒙書界友人以同道相謬許，心有所不安。運天老棣於瑗老前為予求文，獎掖有加，更覺汗顏無既。茲有幸拜觀手跡，滿紙雲烟，文章班馬，書邁急救，前無古人，後無來者。予何人斯，叨此非分，實逾拜賜多矣。運天敏而好學，承瑗老教誨獨多，得衣缽之傳，故於此附及之。己巳歲（一九八九年）清明後二日仁愷敬題於申江之濱

壯暮翁謝稚柳先生題曰：

蘧常先生以博學名天下，以文章名天下，以書法名天下，蓋非予所可得而頌。先兄玉岑曩曾與之為文字之交，時予年二十許，故心儀數十年，未得一相見，客歲以先生高弟王運天兄因得求為書壯暮堂榜，并獲相見，欣快無極。此文記吾友楊仁愷兄載述甚詳，楊老以鑒古得此靈珠荊玉，信足以傳矣。文稿墨跡為運天所寶，將裝潢成卷，屬為之題。己巳春暮（一九八九年）壯暮翁稚柳即將有錦城之行

寬堂馮其庸先生題曰：

此吾師王瑗仲先生作楊仁愷先生傳手跡，夫作家手稿傳於世者，在晉有陸平原平復帖，在唐有李太白上陽臺詩、杜牧之張好好詩，至於顏魯公祭姪稿，雖為劇跡，而原稿已佚，僅能據碑搨以捫認，固已有異於平原墨跡矣。至於有宋一代，則東坡黃州寒食帖等皆為稀世之珍。予曾於故宮展出時低迴流連之，且數數往觀而未嘗足也。吾師王瑗翁為一代文宗，又為一代書聖，此墨跡當與平復帖、太史公書同觀。何則，蓋此卷論文章則太史公之列傳也，論書法則陸平原之書帖也。故吾曰：此卷當與平復帖同傳也。運天吾弟其寶之寶之，世守勿失也。己巳（一九八九年）十月廿日弟子寬堂馮其庸敬跋於滬南寓所

（王運天 上海博物館攝影出版部主任）

159

先生之風　山高水長

杜南發

楊仁愷老師，大家都尊稱他為楊老。

他是中國東北大地上的文化燃燈人，也是新中兩國文化交流的友好使者。

千年來，在中國書畫收藏史的地圖上，東北地區一直是一片空白，五十年代初，楊老來到東北，和許多文物工作者一起參加了文物搶救的重要工作，在白山黑水昇起了一面鮮活耀眼的文化旗幟。讓東北成為各方矚目的亮點（注一）。

遙遠的東北黑土地，和南方赤道附近的熱帶島國，隔距萬里，彼此陌生，在九十年代初楊老來到新加坡以前，兩地的文化交流，也是和距離一樣遙遠而陌生。

一九九二年，楊老初訪新加坡，即獲聘為新加坡國家美術館及亞洲文明館顧問。

一九九四年初，楊老再度訪新，和東北陶藝家關寶琮聯合舉行書畫展，并協助新加坡博物館及藏家鑒定書畫，我有緣拜識請益，一見如故，成忘年交；并撰寫專訪特寫，在報章發表後，他的傳奇經歷、眼光和成就，立刻備受各界矚目。

（圖一）

一九九五年初，楊老和關寶琮復受邀訪新，由我主持在報業中心大禮堂舉行鑒賞專題講座，全場滿座，反應熱烈，當時我向他建議應利用館藏資料的珍貴條件，出版一本古今書畫真偽圖錄，這不僅對書畫鑒賞知識有利，也是中國書畫史上前所未有的一項創舉，楊老深表讚賞，回國後便積極籌備，終於成功出版了《中國古今書畫真偽圖鑒》大型畫冊，這項突出的成績，引起了人們對這一課題的關注和研究，也帶動了出版風潮。

為了讓海外各界對遠處東北的遼寧省博物館有更深入的了解和明確的認識，一九九五年初春，楊老還特別邀請我專程訪問遼寧省博物館，對館藏書畫作了前所未有的系列深度報道，在《聯合報道》連續刊載，引起很大的反響，讓許多人第一次"發現"東北原來是一座精彩而豐富的寶山。新加坡國寶級著名老書法家

（注一）溥儀遜位後將大量清宮收藏珍貴法書名畫帶到了東北。而楊仁愷先生則將清宮散佚書畫追查奉為畢生事業。

（圖一）楊仁愷先生與本文作者等在新加坡鑒賞書畫。

160

（注二）潘受（1911—
1999），原名潘國渠，
福建人，新加坡著名
學者、詩人、書法
家。

潘受（注二），就是看了這一系列報道，以古稀高齡，堅決北飛瀋陽，專訪遼博，傳爲佳話。

楊老熱愛遼博，弘揚館藏藝術的苦心，敢於開放、大膽嘗試新途徑的勇氣和新思維，通過這次史無前例的合作采訪報道形式，打開了一扇時代的天窗，這項創舉，不僅創下了一個新的中國文博宣傳紀錄，也贏得了海外各界人士的讚賞和欽佩。

二零零零年，在楊老的積極推動下，新加坡國家美術館和遼寧省博物館，首次合作舉辦了"中國古今書畫真僞作品展"，這是海外首次舉辦這一個特殊藝術主題的展覽，引起轟動，這也是兩個重要藝術機構的首次合作，是一個劃時代的新紀錄。

通過楊老的不懈努力，遼寧省博物館在海外，成功樹立起重要的鮮明形象，創造了"走出去"的豐碩成果，締造了前所未有的文化紀錄。

楊老不僅積極的推動遼博與海外的接軌，他也很熱心促進新加坡文化藝術與東北地區的緊密聯係，新加坡最重要的指畫家吳在炎老先生，就是感動於楊老的熱情和友誼，方以積極的眼光投向東北這一片中國指畫誕生的"祖庭"（注三），在瀋陽舉行了他晚年最重要的一次書畫展，并決定把他最重要的一批作品，都捐獻給遼博，這也是新中文化交流史上的一大盛事。

（圖二）

（注三）遼寧省鐵嶺
市是清代指畫大師、
指畫創始人高其佩的
故鄉。
（圖二）楊仁愷先生與
潘受先生、吳在炎先生
在新加坡。

除了文化交流的工作，楊老也對新加坡文博事業的發展，投注了很大的熱情和關注。他多次和有關負責人交流意見，其中一項建議，是指出新加坡的土生華人文化，在藝術形式和風格上，有其非常獨特的表現方式，是中國刺綉、陶瓷等藝術，和南洋地方民族色彩兩種文化渾然融合的動人結晶，爲世界文化中的一個異數，值得認真推廣。這項獨具慧眼的精辟觀察，

（圖三）

（圖三）一九九四年在
新加坡，楊仁愷先生與
著名畫家、陶藝家關寶
琮先生舉辦書畫展。

點明了藝術性和地方性的特色定位，不僅表現了楊老對新加坡藝術發展的熱心與關懷，也是他對友好國家和人民文化具有一片赤誠心意的真情流露。

在中國近代文博界專家群中，楊老和新加坡關係最爲密切，在兩地文化交流的工作中，他也是最實實在在地做着推動工作，并且取得最豐碩成果的人士之一，

他最喜愛的一幅照片，就是新加坡攝影名家蔡斯民爲他所拍攝的，後來還成爲他最後的紀念照，正是這份深情厚誼的生動寫照和象徵。

由此可見，楊老所做的這一串工作和成就，其實已經超越了一般的雙向交流，而是一種"三維立體結構"的深度交流，是一種前所未有的文化交流態勢，這裏面不僅有緊密的形式聯係繫，而且有着動人的人文感情。

在中國近代從事文博工作的老一輩專家群中，楊老應該是走過最多海外地區的一位，也是來過新加坡次數最多的一位，而這一切，都是在他八十多歲高齡之後，風塵萬里，一步一脚印地走出來的感人風景。

楊老在中國美術史上的傳奇事蹟，已經是膾炙人口、名垂史册的重大貢獻，而他在海外，爲中國文博事業及推動文化友好交流的努力和成績，或許在中國還未普遍爲人所認識，我希望這段簡單的記錄，能成爲未來研究他老人家在這方面努力成果的一個説明和起點。

楊老的一生，坦蕩勤勉，廉潔儉律，爲人隨和，認真奉公，對文化事業無私奉獻，對朋友情真意摯，充滿人文關懷。

在學術專業界，他是位熱忱的良師益友。

在廣大群衆中，他是實在的人民鑒賞家。

在文化交流裏，他是一道美麗的虹橋，以漂亮的弧度把友誼銜接起來。

在美術歷史上，他是一道高聳的豐碑，永遠屹立在東北的豐饒大地上。

白山蒼蒼，黑水泱泱，先生之風，山高水長。

（杜南發　新加坡《新明日報》總編輯）

162

高山景行　爲人師表

——深切懷念楊仁愷先生

戴立強

楊仁愷先生逝世兩年了，先生的音容笑貌時現腦海，諄諄教誨猶在耳際。

二零零八年一月三十一日清晨，先生病逝的噩耗傳來，我立即動身前往醫院，又隨同去回龍崗公墓，送先生最後一程。先生西去，可謂文博界的一顆鉅星隕落，令人十分悲痛！前來吊唁的人們絡繹不絕，靈堂內哀樂低回，仰望先生的遺像，不禁思緒萬千。

（圖一）

（圖一）本文作者與楊仁愷先生、金維諾先生、曹星原女士在故宮學術研討會會後留影。

先生與家父於"文革"前同在遼寧文化界工作。一九六九年分別下放至遼東與遼西。一九七一年，我從農村被分配到遼寧省博物館，住在館內的獨身宿舍。一九七三年的一天，先生回館辦理借調手續，我與先生在同一間宿捨裏住了一夜，和藹可親與平易近人是先生給我留下的第一印象。不久之後，在一個溫風和煦的日子裏，我受領導委派，跟隨大卡車前往數百公里外的岫岩山村，迎接先生全家搬回瀋陽。一九七四年"批林批孔運動"中，搞"法家著作注釋"，先生與閻萬章先生及我被分在同一小組，承擔注釋柳宗元的幾篇著作。那年二月發生海城大地震時，先生與我正在資料室閱讀資料，在強烈的震感中，一老一少相互攙扶着走到漆黑的樓下。正是在二位先生的指教之下，我在注釋的過程中學到了不少知識，獲取了很多收益。

後來，先生擔任了領導職務，雖然工作較爲繁多，但是每次見面時，總是關心我的學習和工作，經常問在看什麼書，打算寫什麼文章，并叮囑要多學習，爭取多出成果。我寫的稿子也多經先生過目。記得在寫《〈明史·輿服志〉正誤二十六例》一稿時，請先生審閱。他老人家看過後，不僅指出了稿中的幾處不妥，就連一些標點符號也改正了過來。先生有自己的研究課題，而且要處理許多事務，在百忙之中竟如此細心地爲我改稿，關注年輕人的成長和進步，不能不令人蕭然起敬。

當先生聽說我發表了幾篇有關鮮于樞的文章後，鼓勵說：“你可以先寫出系列，然後再考慮合成一本研究鮮于樞的書。”我高興地說：“到時候還要請您作序和題寫書名。”先生答應說：“可以。等看了你的書稿後再說。”之後，因事務較多，又出現了新的研究題目，此事就放下了。這不能不說是一個永遠的遺憾。

在先生的主持下，館裏編寫了一部名爲《遼寧省博物館藏書畫著錄》的書，由於多種原因，書中出現了一些本來能够避免的錯誤。爲此，我寫了一篇稿子，提出一些批評。考慮到先生是此書的主編，就拿着稿子到其家中聽取意見。沒有想到的是，先生看過之後，當即給一家刊物寫了信，建議發表這篇稿子。此事未果後，先生再次給另一家刊物的主編寫了親筆信，推薦這篇稿子。不久，當我拿到發表稿子的樣書給先生看時，他老人家露出了滿意的笑容。作爲一部書的主編，先後兩次爲批評這部書的稿件寫推薦信，促成其發表，這種聞過則喜、虛懷若谷的精神是多麼令人欽佩！

二零零五年，館裏安排編輯《〈清明上河圖〉研究文獻匯編》一書，先生聽說後，非常支持這件事，并欣然命筆，爲此題寫書名。正是在編輯此書的過程中，我寫了幾篇有關《清明上河圖》的文章，得到了先生的肯定。後來，我又寫了《〈清明上河圖〉非張擇端原蹟說》一文。事前，考慮到先生是《清明上河圖》真蹟的發現者，爲了免得引起先生的不悅，事先這篇稿子沒有拿給他老人家看。一天，我去送信，走進先生的書房，臺燈下，先生正伏案拿着放大鏡閱讀《中國文物報》上我的那篇文章，此情此景，令人心頭不由一震。過了一會兒，先生起身對我說：“文章寫得還不錯，有些問題確實還要繼續深入探討。”先生對學術問題的包容之心使我釋然，更顯得先前的想法是多麼渺小。可以說，沒有先生的教誨、勉勵與鞭策，我就不可能取得今天的些許成績。

二零零五年十月，我陪同先生進京，參加“故宮博物院八十周年院慶暨《清明上河圖》及宋代風俗畫國際學術研討會”。與韋陀、傅申、佘城、鍾銀蘭等友人再次相見，先生顯得格外高興。在聽學術講演時，爲了照顧先生的身體，我勸先生不必每位講演都聽，可以回房間適當休息一下。但先生不理會這些，以九十一歲高齡，仍堅持聽完兩天的全部講演。

先生家中藏有很多圖籍。爲了查找資料，我常到先生家裏翻書，每當提出要借回幾本書時，先生都會毫不猶豫地答應。有的時候，天色太晚了，先生就留我在家中吃飯，在飽覽群書之後，又能品嘗四川風味的佳肴。一次，一位陝西的長者慕名來信，想得到先生的墨寶。先生將書法作品寄去後，那位長者爲了答謝，寄來了珍藏多年的古籍《化學闡原》兩函，先生收到書後，很快將書轉交給圖書資料室。多年來，先生經常將一些書刊贈送資料室，希望能有更多的讀者從中受益。

當聽到我在研究明代書法家祝允明時，先生說："雖然我不大欣賞祝枝山的草書，但他是'吳中四才子'之一，又是書法史上的一位重要人物，確實應該深入地研究一番。"一天，接到電話，先生邀我去家中。原來，上海某私人博物館寄來《祝允明行書雪峰記册》的照片，請先生鑒定，因爲資料重要，所以讓我掃描留存。而此前我僅從先生收藏的一本拍賣圖録上見過此册的首尾兩頁圖版。爲了支持研究工作，先生將珍藏幾十年的《祝允明手書李應禎題跋集册》拿出來，此册署有年月，在先生的同意之下，我將此册收入《〈祝允明年譜〉增補》中，并注明收藏者爲"遼寧楊氏"。由於先生的地位與聲望，海内外一些拍賣公司將出版的圖録寄給先生。特別是香港、臺灣、美國等地的一些圖録，更爲難得一見。每當圖録中有祝允明的作品時，先生或直接相告，或托人轉達，而每當得到這些材料時，内心總是興奮不已，感激萬分。正是在先生的支持與鼓勵之下，才有了今天的新認識和新突破。相信若九泉有知，先生也會露出滿意和欣慰的笑容。

前年，我有幸參與《楊仁愷集》一書的編輯工作，負責整理先生的一些手稿。五十多年來，先生一直致力於清宫散佚書畫的搜尋與研究，并爲此作了大量的筆記。這些手稿或以毛筆，或以鋼筆寫就，有的經過多次批校、修改，從中不僅可以得到書法藝術的享受，更可見一位學者的治學態度與精神，這一頁頁手稿猶如一片片心血，一部《國寶沉浮録——故宫散佚書畫見聞考略》，不知凝聚了先生的多少辛勤汗水！

每次去醫院匯報和請益時，在談完書稿之後，先生總要問起館裏的工作，從展覽策劃到文物徵集等等，均一一過問，并提出許多寶貴的意見。即使在病榻上，先生仍然念念不忘爲之奮鬥一生的文博事業。

先生雖然走了，但他的業績將長留人間，先生的言行舉止，爲後來人樹立了一個崇高的榜樣。脚踏先生的足蹟，繼續努力攀登，不斷取得新的成績，這是對先生的最好祭奠。

（戴立強　遼寧省博物館藝術部主任）

憶楊老

許禮平

哲人已遠，懷想風徽。記得承香港中文大學文物館黎淑儀女士的介紹，和楊仁愷先生的認識始於九十年代初。當時楊老是遼寧省博物館名譽館長，以七十七高齡，蒞臨筆者主持之翰墨軒而交訂忘年。初相識印象，老人家所操濃厚四川鄉音的普通話，比筆者廣東腔的普通話還要普通，細聽，只懂三五成，但作為“通語”，還是勉強可以溝通。嗣後，記不清是多少番的請益，能聽度隨往來的增加而漸趨密切。而在下作為出版界中人，縈懷的自然是關於出版的事。

記得楊老有一兩次蒞港，為的是料理遼博所藏《姑蘇繁華圖》（注一）要在此地商務印書館執行復製事宜。當時楊老在下榻的酒店翻閱印樣，雖然印得很漂亮，還是不大滿意，要害一句是：“原件是紙本，印出來像是絹本。”由茲可見老人家對印製質量要求之高，骨子裏也足見老人家對“名”、“實”之間的取捨。

我們又曾談及出版生態，說到半個世紀前，內地出版業自然不如現今之繁榮，編印書刊並沒有現在這麼方便，要出版彩版的書畫圖冊，更是難上加難。因為這牽涉到出版機構的資金和讀者購買力。當時高檔的出版物，都以外銷為主。六七十年代，經銷中國大陸高檔書畫圖冊，集中在商務印書館（香港皇后大道中三十五號）、中華書局（九龍旺角彌敦道），或是集古齋（中環中和行，後遷南華大廈）、新風閣（中環昭隆街）、博雅（九龍尖沙咀加連威老道）。這幾家店常見《宋徽宗草書千字文》、《張旭草書古詩四帖》、《孝女曹娥碑墨蹟》，都是遼寧省博物館藏品，印製極精，而且“各體兼備”，有酸枝盒保護的手卷，有織錦函套包裹着的冊頁，古雅高貴，令人愛不釋手。還有紙套散頁裝，簡樸大方。不同形式，豐儉由人，設想周到。這許多精美複製品，比較集中都是遼博藏品，這種現象，與楊老的熱心和努力是分不開的。楊老聽後說，當時是他親自押送這些稀世珍寶去上海，監工印製，據悉當時責任不輕，壓力極大。雖是一種感慨，卻也令人感到楊老那份自覺的光榮和自得。

一九九四年底，拙編《名家翰墨》月刊，因應形勢變化，改為叢刊，分幾大系列出版。其中一個系列，是《中國歷代名家法書全集》。在楊老大力支持，王綿厚館長、馬寶傑館長鼎力襄助下，又得到北京文物出版社楊瑾社長，後來是蘇士澍社長積極推動，陸續出版了《王羲之 ／ 萬歲通天帖》、《宋徽宗 ／ 草書千

（注一）清乾隆二十四年（1759年）蘇州籍宮廷畫家徐揚用了二十四年的時間創作完成。全長一千二百二十五厘米，寬三十五點八厘米，國家一級文物，現藏遼寧省博物館。

（注二）傅熹年（1933年生）建築歷史學家，中國建築設計研究院建築歷史研究所研究員，中國工程院院士。

字文》、《歐陽詢／夢奠帖》等劇蹟，和《齊白石／法書集》等書。全部彩色精印，盡量原大刊出，個別重要處放大，方便臨摹、研究。這些名蹟出版後，反應不錯，謝稚柳先生、徐邦達先生、啟功先生、劉九庵先生、傅熹年（注二）先生等前輩均予好評、鼓勵。我想，最高興的應該是楊老。

這好些名蹟出版後，曾與楊老道及，令我感觸較深的《歐陽詢／夢奠帖》。這要從六十年代末至七十年代初香港所見現象說起。自"文革"開始後，中國大陸出版物大部分不是被批為封資修，就是被誣為大洋古，繼而批林批孔，評法批儒，總之沒完沒了。舊有的書不許再印再賣，新的不容出版，所以"文革"前所出書刊如鳳毛麟角，驟變古董，是古董價錢的普通書本，書店大都不按原來書上印的定價出售。例如《甲骨文編》（一九六五年中華版）原定價人民幣十二元，要港幣一千八百元，《傅抱石關山月東北寫生畫選》（一九六四年遼寧美術出版社）原定價人民幣十二元，要港幣五百元。一九七二年我在中環商務印書館，花港幣二佰大元，買了冊黑白珂羅版普通綫裝本《夢奠帖》，真是咬牙切齒。當時的二佰港元是甚麼概念。香港一般工薪階層，月薪二三佰元。澳門教書先生有的九十月薪元。家庭傭工一個月六十多元。即是說，普通打工仔不吃不喝，花一個月薪金才能買到一冊黑白的《夢奠帖》。而現在《夢奠帖》是全彩色印製的，還加放大彩版，定價港幣纔一百二十元。縱是現在香港薪酬算是最低的菲傭，一天的薪酬也可以買一冊《夢奠帖》。楊老聽後，曾大為高興地說，這有利於普及。可見，楊老的心意是在於"蒼生"，而不是在於"戰績"。

（注三）萬青力（1945年生）別名白黑、海音，著名畫家、美術史家、美術評論家。

順帶一提，這套法書叢刊，刊行於上世紀九十年代中，出版較早，文物出版社方面估計市場較樂觀，所以大量印製，旨在普及，惟結果未如理想。後來翰墨軒繼續在香港單獨刊行，孤軍作戰。但原定要刊行之陸游自書詩帖等多種項目，卻因之要延期出版，所痛惜者，是楊老已邊歸道山而不及見，令人引為憾事。

（注四）李慈銘（1830—1894）近代學者、文學家。

還有一則，值得一記。筆者喜集名人墨蹟，尤好非專業畫家的繪畫作品，有學術界的、軍政界的、文化界的畫作。這類作品雖然比較冷門，過去不大為人注意，其實別有一番興味。這類作品有稱為士夫畫或文人畫，題名似又不太合適，萬青力（注三）教授也曾建議稱"學者畫"，但筆者總覺尚有商榷處，暫稱之為"名人畫"吧。

（注五）曾紀澤（1839—1890）字劼剛，號夢瞻，曾國藩長子，清代著名外交家，中興名臣。工詩文，書法篆刻，善山水，尤精繪獅子。

楊老蒞小軒時，筆者習慣檢些書畫請老人家觀賞，有一回專拿冷門的名人畫展示，其中有一個清末名家雜冊，都是寫贈"發夫"的，發夫就是楊老的老朋友翁萬戈先生的祖父翁斌孫（翁同龢最喜歡的孫兒，常陪侍在側），特別之處是冊中有一開李慈銘（注四）《台嶠秋瀑》團扇、一開曾紀澤（注五）《清白傳家》團扇，楊老揭到這兩開畫時，眼睛發亮，嘖嘖稱奇。記得從前啟老翻閱此冊時，說過去曾見于思泊（省吾）（注六）先生家中懸掛其中幾開，遂轉告楊老，此冊

（注六）于省吾（1896—1984）字思泊，號雙劍誃主人、澤螺居士、夙興叟，近代著名古文字學家、收藏家。

係于老舊藏。原來楊老與于老也相熟，于老有許多珍寶大都捐贈遼博（其中有利瑪竇的文物）。我見楊老興致勃勃，作為大博物館的大專家，並不嫌小軒拿出的書畫名頭細，遂陸續搬出蘇曼殊（注七）《泛舟圖》軸、鄧

（圖一）

爾雅（注八）《梅花扇面》、宣統弟弟溥傑的《僧敲月下門》軸、冼玉清（注九）《杜鵑啼血卷》、容庚（注十）《仿沈石田山水卷》、冰心丈夫吳文藻（注十一）《田原曉音圖》軸、熊佛西（注十二）《雛雞》軸，和當時尚健在也是楊老老友王世襄畫贈容庚的山水長卷……等，與老人家共賞。

這次開軒"獻寶"，卻成就了另一宗意外收穫。楊老看完這批冷門名人畫之後，表示他過去也曾寫畫，衹是謙稱寫得不好。但筆者打蛇隨棍上，問楊老能否寫一小幅賜贈，一以充實拙藏，一以留為紀念。楊老說近年已不畫了，但答應回家看看能否找件稍為像樣的舊作送我。當時大喜過望，連聲道謝。沒多久，就收到楊老惠賜半個世紀前所作山水畫壹件。此畫作於抗戰勝利後，二零零零年中秋補題。畫為羅紋紙本，尺幅不大的淺絳山水，逸筆草草，蒼秀蕭散，平淡天真，古意盎然，令人神往。感謝之餘，忽想到古語有云：物聚於所好。旨哉斯言。

如今覩畫思人，不禁問一句：楊老，在異域，可還寫畫？

（許禮平　著名出版家、收藏家）

（圖一）楊仁愷先生爲許禮平先生所題詩文。

（注七）蘇曼殊（1884—1918）原名戩，字子谷，學名元瑛（亦作玄瑛），法號曼殊，近代作家、詩人、翻譯家。

（注八）鄧爾雅（1884—1954）乳名賀春，字季雨，別名爾雅，號爾疋，著名書法家、篆刻家。

（注九）冼玉清（1895—1965）著名文獻學家，嶺南第一位女博學家。

（注十）容庚（1894—1983）字希白，號頌齋，古文字學家、金文專家、收藏家。

（注十一）吳文藻（1901—1985）中國著名社會學家、人類學家、民族學家。

（注十二）熊佛西（1900—1965）戲劇教育家、劇作家。

智者必懷仁

——憶楊仁愷先生二三事

曹星原

　　兩年前，二零零八年的一月，傳來書畫鑒定大師楊仁愷先生逝世的消息，令我不禁潸然。自兩年前先生身體欠佳以來，我的來自瀋陽的學生家長常常打電話來告知楊先生的身體狀況，二零零七年夏天，在楊先生病重時，曾帶着我的幾位研究生到醫院探望他時已預料到噩耗正在左近徘徊。但是當大師捨弃我輩而去的噩耗傳來的霎那，泪水糊住了我的眼……遠在海外，祇能推敲一聯以表達我對楊先生多年來慷慨給予我的幫助與教誨的感謝：

先生博通古今，清澄史集疑誤直書秉陳青史垂。

大師名揚四海，明鑒書畫真僞教誨提攜桃李隨。

　　兩年後的今天，再吟此聯，心緒仍然難以平靜。和楊先生二十幾年的交往、一幕幕都回到了我的眼前。無才撰寫長歌哭別先生，更不敢以自己的悲傷向樂觀開朗的大師言別。謹記不能忘懷的二三事以表達我對先生的敬仰和懷念。我們以研究中國書畫爲生，楊先生在書畫方面給予我提供的資料觀賞的方便，學術思想的教益，學問探討的指點是一生取用不盡的資產。所以本篇回憶以遼寧省博物館的藏畫爲綫索來梳理楊先生對後學的教誨。這祇是他對我這個拖著幼年兒子的女學者的幫助。在這個世界上，受到了楊先生幫助而立身成業的大學者們更是比比皆是。

一、遼墓出土畫卷

　　和楊先生交往中最讓我感動的是我在斯坦福大學作博士論文時，去遼寧省博物館要求提看、研究遼墓出土的兩張畫的經歷。楊仁愷先生是遼畫專家，又是對這兩件出土於遼墓的絹本繪畫最有研究的人士。我的瀋陽行既能向楊先生討教，又能伺機觀看一下真蹟。幾經周折，又通過當時正在病中的楊老打到博物館的數通電話的督促，終於獲准觀看這兩件國寶。當我全副武裝地披挂着照相機，手握筆記本和鉛筆走進觀畫室時，愕然發現原本住院的楊老正惬意地坐在單人沙發中笑望着我……我急趨上前向他握手致意時感到他的雙手滾燙——原來他怕節外生枝，抱病從醫院來坐陣。我感動到找不到合適的詞句來表達我的感激心情。

多少年過去了，博士論文也交稿了，但是我對遼代藝術的研究的著作一改再改、總覺得最後定稿的契機尚未到、書中提出的學術論點尚不夠出新、銳利，所以還不能夠向楊先生交待。最近課程結束，假期尚未開始，但是由於趙胥先生不吝邀我著文刊登在紀念楊先生文集，讓我的學術思路又一次回到了遼畫。一邊重讀兩年前為楊先生寫的悼文，一邊感到了完成此書的壓力。壓力之下，居然靈感突來，幾天之內，重新整理幾百頁的文稿，並將全書的綱領架構完成。本書將從理論上排斥將遼代作為徵服王朝的提法，也不苟同漢化說，而是將遼代的民族問題作為新的視角來討論起藝術的形成。

如果沒有楊先生的鼓勵和幫助，上述一切都要打很大的折扣。

二、《清明上河圖》

幾年後，當我作《清明上河圖》的研究時，我的雙胞胎兒子正在蹣跚學步，無法脫身到瀋陽去采訪楊先生發現該圖的經歷。所以祇好打越洋電話請教他一些問題。接電話的是楊師母，祇聽她略離話筒聲帶疑問地對楊先生說：“一個叫曹星原的人找你。”“嗨呀，”楊先生說，“曹星原就是那對雙胞胎的媽媽嘛。”聽後竊喜，原來不僅有“母以子貴”也有“母以子而著名”的好事。所幸楊先生耳聰目明，越洋電話中侃侃而談，詳細地叙述了在當時籌建中的東北博物館的庫房裏明眼識金，鑒辨出連同《清明上河圖》一共五件鎮國之寶。其中的兩件，在當時文化部長鄭振鐸的主持下被送回北京故宮。通過對他的采訪，通過故宮的朋友學長們的幫助，終於作完了拙文並在上海的國寶展開幕同時舉辦的國際研討會發表了這篇文章，後來又在北京故宮的“《清明上河圖》國際研討會”上從不同的角度再次討論這件由楊先生重新發現的國寶。無論是以中文出版的文章，還是以英文刊登的論文，首先我都要向楊先生致以最深切的謝意。

幾個星期前，我終於收到了臺灣石頭出版社發給我的校對書稿。通過許多年的研究，不斷對《清明上河圖》的推敲，這本書居然提出了完全出乎我自己意料的全新說法。這一說法從書名可見一斑：《同舟共濟：〈清明上河圖〉與北宋的社會衝突》。不知楊先生在天之靈是否能夠在聽到這個題目后莞爾一笑？

三、《簪花仕女圖》

三四年前，重拾開了頭又丟下的研究——《簪花仕女圖》攷辨，為遼博建館五十年周年紀念的國際學術討論會撰寫論文。我選取這個題目的原因是為了挑戰自己的研究能力。國內外許多學者的研究給這件作品幾乎没留下更進一步研究、提出新見解的空間。但是我記起了一九九九年時我帶着美國西雅圖大學中國歷史學家伊佩霞（Pat Ebrey）遍遊內蒙古東部的一些考古點、遺址和博物館之後，取道遼博觀看這件作品。觀看中，楊先生細數這件作品中的許多不爲人知的特點之後感慨道：至今還有許多人認爲這件作品是後世的仿作。於是不才的我竟然也想小試我的"鷄刀"。

通过多方论证，我顫顫驚驚、斗胆提出了截然不同与以往的观点：从形制、材料和作品本身可以推论"这件作品的成畫時間不應晚於天宝中期——八世紀下半葉，表現的內容是宮女们争相竞艳，皇帝随蝶所止幸之的唐代早中期的内宮习俗。因此，《簪花仕女圖》應重新定名爲《宮女撲蝶圖》，還其歷史真實面目。" 发言后杨先生立刻亲自走来紧紧地握着我的手说："作得好，作得好，有理有据。謝謝你。"

楊先生，應該是我謝您。實際上是你多年來無私對我在學術上的幫助。我到了美國之後意識到必須避开我在中央美院讀研究生時已經開始了的明清書畫研究，不然難有我獨立於他人之外的學術立足點。是您從考古、品畫、論史、作文等各方面對我不吝的提攜纔使我重新找到了學術落腳點。您是我的距離遙遠但又給我幫助最大的導師。

從我對《簪花仕女圖》作研究時所搜集的文獻來看，寫一本唐代仕女的小書的材料綽綽有餘。或許，爲了楊先生和遼寧省博物館，如果騰得出手，不妨描述一番唐代那造就了女性綽約風姿的社會。

四、《滸溪草堂圖》

二零零七年夏末，我帶了幾個研究生回國籌辦展覽時到了瀋陽。一下飛機，即有人報告說楊先生剛剛住進醫院。安頓之後，立刻帶領學生們前往醫院拜望學生們仰慕已久的先生。身着病人服的楊先生帶著他一如既往的笑容等待著我和學生們。但是楊先

（圖一）

（圖一）本文作者及其研究生到瀋陽看望病中的楊仁愷先生。

生或許預感到了什麼，一手拉著我，一手著我的學生Zoe Li（李佩瑜），眼裏閃著淚花不住的說："我成了廢人了，我成了廢人了。""别這樣想，楊先生。好好養養就會康復的。"可是，當楊先生聽說李佩瑜的論文寫的是文徵明，立刻將

話題轉到遼博所藏文徵明的《滸溪草堂圖》。雖然他的語言已經不容易聽得懂了，但是他談到書畫時的興奮和着迷、對後學的期望溢於言表。

探視時間過了，我們要離開了，從他的身邊到病房門不過五米遠，但是這段距離在這一天顯得特別長。我們一邊退向門口，一邊含淚揮別楊先生。“再見，楊先生，再見，楊先生……”

兩年過去了，但是總是感到如果我回到遼寧，楊先生仍然會笑容依舊地坐在那裏侃侃而談書畫的奧秘。實際上，楊先生根本沒離開我們，他的學術，他的人格和精神與一代一代學人的研究已融為一體。

（曹星原　夏威夷大學藝術系教授）

櫛風沐雨共一樓

唐雙寧

（注一）一九三二年，楊仁愷先生考入重慶公立高級中學，後在私立群覺女子中學教授文史，同時兼任《說文月刊》校對。期間，常與郭沫若、徐悲鴻、沈尹默、老舍、張大千、潘天壽、黃賓虹、傅抱石等名人學者接觸，邊校邊學，得天獨厚。

（注二）抗戰勝利後，楊仁愷先生出川進京，琉璃廠成為其"第二所大學"。在這裏，他遍識國寶珍玩，廣交藏界朋友，與張伯駒、徐石雪、陳半丁等結交深厚。

（注三）新中國成立後，時任政務院副總理的郭沫若親自向國家文物局寫信薦賢。不久，受東北文物管理委員會之邀，楊仁愷先生調東北文化部任研究員。

（注四）自一九八三年起，楊仁愷與著名書畫鑒賞家謝稚柳、啓功、徐邦達、劉九庵、傅熹年和謝辰生共同擔任全國書畫巡回鑒定專家小組成員，對全國各博物館、圖書館、大專院校、文物商店所藏書畫，

二零零八年一月三十一日，楊仁愷先生乘鶴西去。楊老仙逝，書壇至悲至慟。

楊老仙逝，雙寧囿於公務，竟未能抽身前往瀋水之陽扶靈祭奠，遺憾終生。

楊老一代宗師，學界泰斗，道德文章，世人景仰。無論是在陪都重慶與名流學者談天論地（注一），還是在京城琉璃廠"大學"與藏界切磋鑽研（注二）；無論是任職東北文化部研究員（注三），還是作為全國書畫巡回鑒定專家小組成員（注四），都留下煌煌業績，無愧於"人民鑒賞家"（注五）稱號。

我與楊老相識於人民銀行瀋陽市分行行長任上，雖不過十有餘年，卻恩同再造，永生不忘。

我與楊老初識，是請他點評我那"稚嫩不堪"的起步式"書法"作品。書法與毛筆字，既有本質區別——一為藝術，一為寫字工具；又在一般人眼裏又有"驚人的相似"。我之於毛筆字，可追溯到"文革"的抄大字報，甚至更早的小學課程中的"大楷課"。但向藝術邁進，卻緣於楊老的一番教誨，一番鼓勵。

我起步時的書法，說好聽一點兒，是牛犢初生，無拘無束，沒有框框，敢於突破；說不好聽一點兒，是不懂"行規"，不知深淺，信筆塗鴉，貽笑大方。也許是小時候的無帖可讀，放眼紅海洋世界，到處光芒萬丈，但是我當時唯覺毛澤東主席的書法藝術才是真正的"光芒萬丈"，為此，毛澤東的書法成了我心中的"至美"，心向往之，手臨摩之，竟未經楷書，直達"狂草"，但緣於功底淺薄，僅及皮毛而已。

初請楊老點評的作品，即為此類。

記得此前也曾請另一當地名家品評，當時我心性極高，不料卻一盆冷水，全盤否定，言之要推倒重來，從楷書練起。我當時一方面自負心理不減，另一方面也急需大家鼓勵。恰於此時，得遇楊老。老人家細細品味，頻頻頷首，足足一個多小時，連呼"氣韻生動"，"筆走龍蛇"，"有潛力，有潛力"……我提及是否要從楷書練起的問題，老人家說，"有時間練練也可，沒時間就沿着這條路走下去也可，沒有定論，不要迷信"。我問及以我目前情況，臨哪些"帖"合適？老人家脫口告之懷素的《自叙帖》，又補充說張旭的難度大，"但依你的性情，

不妨也可"。當談及瀋陽出版社要爲我出版一本書法集時，楊老不但予以鼓勵，翌日，還親自題寫書名《瀚海漫遊》，并書"筆走龍蛇"四字，款署"雙寧法家善草書，因以筆走龍蛇四字爲頌云"，相贈於我，還告曰"遊一遊嘛，沒有關係"。經楊老的一番鼓勵，我在書法人生的十字路口終於堅定信心，走了下去。可以說，沒有楊老的鼓勵，就沒有我書法的今天。

當然今天回過頭來看，當時的那本《瀚海漫遊》，一方面實在是水準淺陋，不值一提，現在恨不得如數回購，付之一炬；另一方面楊老也是號準了我的命門，知我等人唯鼓勵才能上進。今天回想起來，楊老用心煞是良苦。

此後，爲表達對楊老的謝意，我曾賦"詩"一首："蜀水巴山接遼寧，瓊樓沐雨賴心誠。亦名亦品雙有碑，鑒古鑒今兩鍾情。相馬高功屬伯樂，護花首譽推落紅。齒德并茂九鼎重，麟角鳳毛翰墨興。"贈與楊老。數日後，又得楊老回贈："蕭何曹參兩宿霖，勾稽高手見廣寧。出奇策劃賴籌運，致富裕民愛國情。更喜騷人贈美什，還從草聖探真經。愧我老無涓塵報，獨慕英才有使君"。廣寧是我的老家，即現在的遼寧省北鎮市市府所在地。我深陷"銅臭"，常伴"孔方"，楊老卻將我與蕭曹類比，真是羞煞我也；但楊老在我書法起步階段對我的幫助實在太大了，難於用語言表達。

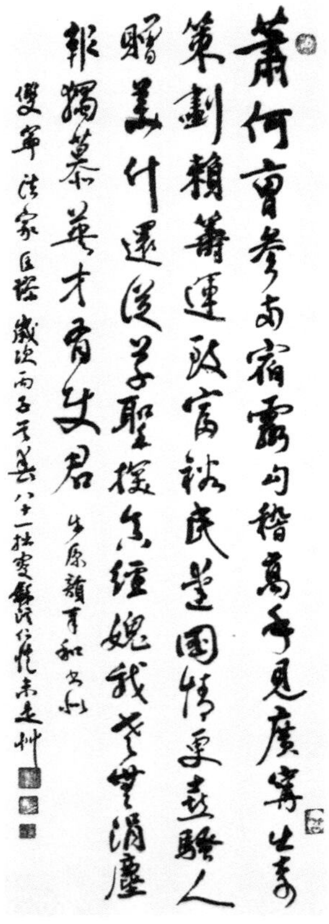

我到北京工作後，楊老公出來京，經常相邀一聚。有時也登臨寒舍，耳提面命，呵護有加。記得二零零二年楊老同蘇士澍先生到我家，看了我的新作，又予新的肯定。蘇士澍先生亦表示可由文物出版社出版一集。啓功先生聞之，欣然題寫書名《唐雙寧書法集》，而楊老則親自爲序，曰："……雙寧先生對草書情有獨鍾，遠學唐人張旭、懷素，近學毛澤東、于右任的草法，心靈手巧，古今貫通，運用自如，習之既久，自己的素養和個性逐漸滲透在字裏行間，正是步入了隨心所欲的境界，已然具有自我的書風，筆走龍蛇，爲之喜出望外。……雙寧先生的書法，具有自己的個性特色，有其獨到之處，故爲觀者所稱道，也就是千百年來，真正書法家之所以一直爲大家所仰慕，它的核心問題，就在於斯。……不應忘記雙寧先生本人在金融、學術、詩文方面的突出成就。他的視野廣闊，思維敏捷，知識面的聯繫廣泛，因此有助於書法藝術不斷地跨入又一個新的層次……他的詩文讀來氣勢不凡，時有驚人之筆，使讀者品味無窮，正是與書法開拓境界的

（接一百七十三頁注四）逐一過目，鑒定真贋，編印出版文字圖目，歷時八年，鑒定書畫在兩萬件以上。

（注五）二零零零年，楊仁愷被遼寧省人民政府授予"人民鑒賞家"稱號。在遼寧，冠以"人民"二字、由省政府命名的"大家"僅有三位：人民表演藝術家李默然，人民作家馬加和人民鑒賞家楊仁愷。

（圖一）

（圖一）楊仁愷先生贈唐雙寧先生的自作詩手蹟

（注六）見文物出版社《唐雙寧書法集》：《獨慕英才有使君》楊仁愷序。

格局完全一致，前人所謂文如其人，書如其人，詩如其人，信然。"（注六）

二零零四年楊老再度蒞臨寒舍，見我當時創作的幾幅後來謂之"飛狂草書"的作品，竟興奮不已，嘆曰"自成一派，堪稱大家"，并評價道"將會在中國書法史上占有一席之地"。楊老回瀋後，又寄一評論文章，稱："……近觀唐雙寧先生的書法，卻驚喜地發現了許多狂草作品，且不乏力作，令人耳目一新。他的作品具備了亂石鋪街、渾然一體、連綿環繞、筆斷意連、氣韵生動等狂草的基本特徵，似可見唐代大家的神韵，又有自己的面目，如王之渙《登鸛雀樓》、毛澤東《七律·長征》等……更值得一提的是，雙寧先生意欲書法創新，繼承顛張醉素的書風，引入蔡邕的飛白，將狂草的橫無行、縱有列演變爲橫無行、縱無列，大膽利用散鋒創造飛白效果，謂之'飛狂草書'。我認爲，社會在前進，書法藝術的生命力也不能停止，雙寧先生這種創新的精神首先就應當肯定。我細細品味了他謂之'飛狂草書'的作品，如'紅旗漫卷西風'、'地動山搖'、'人自醉'等，確有創新之意，方向是正確的。另據我多年觀察，相信雙寧先生會在這方面取得成功。這將在中國書法史上具有里程碑意義。"（注七）

（注七）見清華大學出版社《書法——人類精神的心電圖》《關於對狂草書的膚淺認識》楊仁愷。

二零零五年，楊老最後一次來我家，見我爲翌年紀念長征七十周年書寫的毛澤東長征詩詞書法作品，更是讚嘆有加。二零零六年，當我在中國美術館舉辦"唐雙寧書毛澤東長征詩詞書法展"時，楊老卻因病住進北京三零一醫院。我到醫院看望楊老，當時我秘書和楊老的兩個女兒在場。楊老見面即呼"一代大家"；當看了我的《唐雙寧書毛澤東長征詩詞書法集》後，楊老竟輕輕搖頭自吟，并念念有詞讚曰"當代草聖"、"當代草聖"。

這裏特別需要提起的是，楊老學富五車，經綸滿腹，卻謙遜不已，來函竟稱"雙寧吾兄左右"，款署"弟仁愷"，令我無地自容。相比之下，我借楊老之口，雖如實寫來，卻不免臉紅。

還需一提的是，一九九六年，馮其庸先生蒞瀋，楊老引見，得以結識。後調北京，同馮老也接觸日多。二零零四年的一天，馮老、文懷沙老、葉嘉瑩老蒞臨我家，觀我新作，馮老竟興奮不已，第二天早上電話告知當夜徹夜未眠，自覺用語言無法表達，用詩詞亦無法表達，竟用家鄉古曲子，連用二十二典寫成《唐雙寧狂草歌》，用以表達興奮心情。數日後，馮老又抄錄與我留念。文懷沙老相識後，更是屢次點撥，書我以"相逢便金石，何必試冰霜"，并以當年九十六歲高齡參加"唐雙寧書毛澤東長征詩詞展"且即席發言，讚譽有加，後又親筆整理成文章，亦稱我爲"當代草聖"；而葉嘉瑩先生回信稱我的書法"得毛主席書法之神韻"，這都是對我的莫大鼓勵。

二零零六年中國美術館舉辦我的"唐雙寧書毛澤東長征詩詞書法展"時，各路贈送花籃層巒叠嶂，我告統統撤下，唯留季羨林、文懷沙、賀敬之、楊仁愷、葉嘉瑩、馮其庸、王學仲、沈鵬八座。何也？我的母校《校友通訊》邀我一文"寄語校友"，我在文中答曰："乃神交也。這些泰山北斗式的人物，皆無求於我，卻不遺餘力獎掖後生，提携晚輩，實在讓我感動，乃奉爲神交。"

今天，楊老不幸離我們而去。沒有楊老的指點、鼓勵與教誨，即沒有我書法的今天；追憶楊老的指點、鼓勵與教誨，感激涕零……值此楊老逝世周年之際，思念之情，難以言表，不表又難逃自責之罰，故謹以此書聊補年前未能親奠之憾；楊老工作室爲"沐雨樓"，故此文名爲"櫛風沐雨共一樓"，借以告慰楊老在天之靈。

楊老，您遠去了，弟子雙寧定將不負您的期待，假以餘年之力，爲中華書壇躬耕不息。

楊老，您放心吧！

（唐雙寧　中國光大集團董事長、書法家）

花開正滿枝

——憶念楊老

徐　萍

孔子説："君子立言、立德、立功。"由此，"三立"者既成爲中華民族歷代仁人自覺追求的人生目標，也成爲後來者品評前賢人物、激勵後輩子孫"自强不息"、"厚德載物"的不二標準。於今，楊老已西歸道山兩年有餘，追尋先生背影、仰視前輩行藏，我以爲楊仁愷先生當得起"三立"之稱。

（圖一）

立言。做爲新中國第一代文博工作者的代表人物，楊老對新中國書畫事業的發展、對中國書畫鑒定學的貢獻，是衆所周知的。《國寶沉浮録》、《沐雨樓文集》、《中國書畫鑒定學稿》及楊老其它專論，楊老建立了一代學人之言。

立功。楊老所建之功，國内外專家和一部新中國文博史已有定評。因受才學所限，僅就個人觀察、體悟，楊老的"立功"是以"學"爲基礎，以"德"爲支撐。

立德。前已述及，楊老作爲一位優秀的文博工作者，作爲書畫鑒定的大家的貢獻是衆所周知的。但楊老對遼寧畫院的關愛與扶植，知道的人可能不多。我是在主持畫院工作的十幾年中，接觸到楊老，通過親睹、親歷的一件件事情，認識楊老，感悟楊老，受到楊老"德"的育化的。

受全院畫家和院領導班子的誠請，由省文聯黨組批復，一九九七年四月楊老擔任遼寧畫院顧問。説句心裏話,一九九七年的時候，我對楊老擔任顧問的認識是膚淺的，頭腦中的思維定式讓我以爲祇是"名譽"職務罷了，他老人家可能無暇顧及畫院的事情。然而，十多年來在畫院發展的關鍵時刻，在畫院建設方向的把握上，楊老讓我真切地感受到做爲當代文化學者，當代文化大家所具有的眼光、胸襟和膽識。

當國家由計劃經濟體制向市場經濟體制轉型的過渡期，二十世紀九十年代中期

177

以來，國家究竟還需不需要辦畫院的議論很多，新時期如何辦畫院的問題也尖銳地擺在我們面前。集中起來，第一種輿論是：“畫院是計劃經濟的產物，商品經濟時代國家不必要辦畫院。”這種議論是對畫院的性質和作用認識不清所至。第二種輿論是：“畫院養了一批精神貴族，養了一批不下蛋的鷄，賣自己的畫還拿國家工資。畫院應當解散。”這種批評反映了當時畫院管理體制方面存在的問題，但也有失偏頗，即沒有廓清個人行爲與單位職能的界限。還有種議論説：“找一個大企業家包了畫院，按企業家的要求提供畫作，以保證經費問題。”到底我們在建設中國特色的社會主義、發展社會主義商品經濟的歷史時期，國家還需不需要辦畫院？畫院的職能是什麼？外界的輿論，畫院自身需要改革的諸多問題，都使我感到迷惘，更感受到壓力，理不出思緒。

一九九七年春，趁楊老外出回瀋的機會，我請教於楊老。楊老語氣肯定地説道：“我們必須明確畫院是做什麼的？畫院是發現優秀人才，培養優秀人才，培養大家的地方。政府給予一定的優渥條件，使畫家們能潛心創作，潛心研究，畫院是出大家的地方，是出精品力作的地方。”楊老又説：“團結好一班人，帶領大家出作品，國家和人民都需要好作品，重要的是得幹事。”類似這樣工作思路的交談有過幾次。楊老對畫院的看法是明確的：“一定要辦好畫院。”針對“國外都沒有畫院，中國也不必再辦畫院”的議論，楊老説：“各國的文化、歷史情況都不同，國外沒有的中國就一定要效仿嗎？中國歷史上的畫院對中華民族的文化藝術是有大貢獻的；新中國建立的畫院出了很多優秀人才，出了很多優秀作品，不看到這一點，是民族虛無主義。今天畫院仍然能够爲國家做出貢獻，時代需要，人民也需要嘛！”沒有模棱兩可，沒有含糊其詞。在當時的社會背景下，差不多是祇此一家之言矣！二零零零年十二月，在文化部召開的“全國畫院工作座談會”上，遼寧畫院在大會交流的“會議資料”中，把楊老如上高屋建瓴的觀點發表於座談會，令與會同仁感動和敬佩。直到二零零七年在“時代華章·北京畫院、上海中國畫院成立五十周年學術研討會”上，還有畫院同仁在發言中引用楊老的觀點。黨的十六大和十七大以來，黨關於思想文化戰綫工作一系列方針政策，更加明確了堅持先進文化建設對中華民族全面復興所具有的獨特意義。方向更清楚了。此時，我愈加體會到楊老在經濟轉型期，透過紛繁復雜的社會現象對文化藝術工作方向的清醒認識和身體力行的堅持，體會到楊老對畫院職能的透徹認識。我體會，這份清醒與堅持來自老人家對中國文化藝術史、對中國書法、繪畫藝術發展史和中國歷代畫院歷史的諳熟與了解，來自於老人家對社會發展過程中藝術與經濟、藝術與政治、藝術家個體與群體、文化事業與文化產業、藝術品與藝術市場等諸多規律的深刻認識。能够説明楊老對待民族繪畫傳統較早的持有科學認識，還有一例。我們知道，二十世紀曾有三次關於民族繪畫如何發展的討論。第一次發生在二十世紀二十年代初，康有爲、魯迅、陳獨秀等對當時民族繪畫日漸頹勢的激烈批評所引起的論爭；第二次發生在二十世紀五十年中期，中國美協組織了關於如何堅持民族繪畫傳統、如何發展新中國美術事業的討論；第三次發生在二十世紀八十年代中後期，關於改革開放新時期中國美術發展方向的討論。時在一九五五至一九六六年，當時在東北博物館工作的楊仁愷先生參與了第二次討論，楊老兩次發表論文《對王遜先生有關民族繪畫問題若幹觀點之我見》（一萬五千字），載《美術》雜志一九五六年六月號；《關於民族繪畫問題討論中幾個主要觀點的再認識—— 對洪毅然諸先生若幹論點的商榷》（兩萬字）。以上兩篇文章均已收入楊仁愷先生《沐雨樓文集》（上）第一百九十三、二百一十二頁。今天讀來，這兩篇文章真實、詳細地還原了那段討論的時代背景，記錄了論辯雙方的鮮明論點，也讓我們讀到了楊老的一貫風格——敢於坦言已見。“實踐是檢驗真理的唯一標準”。五十多年來美術發展的實踐證明了楊老關於“民族繪畫與民族語言和民族文化的關係、全面地理解民族繪畫傳統與現實社會生活的關係、民族繪畫傳統存在着民族範圍內的歷史繼承性的問題”等觀點的正確性。秉持獨立的學術立場，暢言邏輯一貫的學術主張，作爲專業學者，是爲有專業道德。

　　楊老從未把畫院的顧問當“份外”的工作，他老人家對畫院的發展與建設是“眷顧”，是“常問”，是名副其實的顧問。在我的記憶中，祇要楊老在瀋陽，無論是畫家的個展還是畫院每年的“迎春展”，祇要畫院請他老人家出席的活動他一定參加。二零零三年春天“非典”肆虐之時，我院兩次組織書畫家搞現場創作，將作品捐獻給戰鬥在抗擊“非典”一綫的“白衣天使”，表達我們和全國人民一道戰勝“非典”的決心，也表達我們對醫務工作者捨已爲人奉獻精神的敬意。本來，五月九日第一次活動作品捐贈給省衛生廳和省防疫部門，楊老已親臨畫院，與衆多書畫家揮毫潑墨，并當場在大幅畫作上援筆題跋，極大地鼓舞了在場的畫家們。五月十三日，按照文化部的要求，我院又組織第二次書畫創作，畫幅要大，件數比上次多。全國各畫院的捐獻作品先在北京中國畫研究院（現中國國家畫院）展廳舉辦展覽，再由文化部贈送小湯山抗非典醫院。此時國家、省、市有關部門已經通知儘量減少集體活動，以控製大範圍感染機會。院領導班子研究這次不請楊老到院裏來，待畫家們合作之後，將作品送到楊老家裏請他老人家題款，老人畢竟已八十九歲高齡了。畫家們也説：“別折騰老人家了，‘非典’病毒挺厲害，得爲楊老健康着想。”我在電話裏表達了大家的心願。沒想到，電話的那端楊老大嗓門地説：“我不怕‘非典’，我聽從革命調遣。”我從沒聽過楊老這麼大聲説話。情急之中，老人都把“革命調遣”這詞兒用上了。這句久違了的詞語，乍一聽，我笑出了聲。我説：“楊老，革命調遣？”楊老説：“是啊！革命調遣。大家都不怕，我怕什麼？我去，我要儘點力！”放下電話，心頭熱浪翻涌，再也笑不出來了。品品這句話的滋味，體會到了老人的一腔熱腸，心生無限感動。聯想起一九九九年夏季，那次四川、湖北發生重大澇情。見了面，楊老搖着頭，憂心忡忡地説："不得了啦，水再不下去，國家要出大禍了。"因爲沒有經歷過水災，我對災害的情形沒有切身體會。但楊老的神情不輕鬆。楊老爲什麼這樣，我也沒有多想。過了些天，又見到他時，他高興地説："好了，好了，水退了！那麼多解放軍在抗洪，下游那麼多老百姓，我真擔心哪！你們沒經歷過水災是不知道，不得了哇！"是啊，我們真是幸福的一代人。楊老他們一生經歷過舊中國的戰亂與災害，他們好不容易盼來了國泰民安。雖到晚年，老人仍時刻關心國内外的大事，關心國家的安泰和富强，楊老真是"國事家事天下事，事事關心。""匹夫有責"已成爲他的自覺意識了。"有責"是德。

楊老堅持來到畫院，畫家們都很感動，高興地與楊老談笑着。楊老還在説："你們都不怕，我怕什麼？"非典"有什麼了不起！"大家歡聲笑語，情緒高漲，老、中、青畫家們都畫了多張作品，盡情揮灑丹青。楊老的行動凝聚了大家，鼓舞了大家，也教育了大家。臨近活動尾聲，副院長楊德衡先生又展開八尺宣紙激情揮毫，繪製了一幅"群鶴圖畫"，尤其生動。畫面上一群振翅欲飛的仙鶴象徵不畏病魔的白衣戰士。畫面的意境和寓意，楊老早已醞釀胸中。楊院長剛剛停筆，楊老大聲吟哦出"白衣僊子圖"的畫名，提筆揮就，全場一片"好"的讚嘆聲。這次繪製的作品幅

（圖二）

（圖三）

（圖二）二零零三年五月，楊老在遼寧畫院。與畫院畫家共同爲抗擊非典一綫醫護人員創作繪畫作品。

（圖三）二零零三年五月，楊老、省文聯主席王秀杰在遼寧畫院。與畫院畫家共同爲抗擊非典一綫醫護人員創作繪畫作品。

面大、數量多。作品交到中國畫研究院，遼寧畫院受到了好評。可是，當《中國文化報》以長篇報導的形式報道文化部捐獻活動時，卻將畫名中的"僊"字寫成"倦"字，因爲"仙"字的繁體字"僊"與簡體字"倦"有些相似，可能是編輯不太熟悉繁體字的緣故吧。事情出來，我請示楊老怎麼辦？楊老沉吟了一下説："還是不要給歷史留下誤解，與《中國文化報》的編輯們聯係一下改過來！"《中國文化報》的稿件那麼多，能爲這一個字作出更改嗎？我心裏很爲難。但楊老的態度是明確的，不容商量。經過與責編研究，《中國文化報》將這件作品重新單獨刊登出來，在介紹作品的文字中將作品題名寫正確了（上次

祇是發報道，未發作品），糾正了這個失誤。楊老很滿意，還一再説：“不要給歷史和後人留下誤解。”由這件事，我感受到了楊老的嚴謹和負責任態度，感受到他“嚴”的一面；也感受到他的性格中“嚴”的外表所蘊含着對工作、對事業“熱”的本質。能做到對所從事的事業熱忱與嚴謹的高度統一，是德。

　　還記得一九九七年六月上旬的一天，楊老來畫院參加一個活動，我看到他好象有些心事，情緒不如往常那樣飽滿。公事辦完了，他拉了我一下，小聲對我説：“謝（稚柳）老走了，我早上剛知道。老朋友啦，五十多年了。”楊老的樣子很難過，任兩行老泪流下來，也不擦，還是喃喃地説：“走了，五十多年了，我要去上海送送他。”很長時間才平静下來。楊老與謝老他們有着半個多世紀的感情淵源，他們都是在書畫鑒定領域爲國家作出過重大貢獻的專家，他們是在學術上堅持各人所見，在事業上相互支持，在人格上相互欣賞又相互信任的君子摯交。楊老對朋友是真誠的。正因爲如此，才有新加坡指畫大師吳在炎先生將一百七十五件（組）指畫精品無償捐獻給了遼寧省博物館的義舉，促成了遼博指畫收藏古代有高其佩，現當代有吳在炎，古今雙珠合璧的盛事。吳師母顔秀綿女士親口對我説：“楊老了解吳先生的藝術，看重他的藝術，尊重我們。我們願意把指畫放在中國，永遠放在遼寧省博物館，和高其佩的指畫同存遼博，這是吳先生的決定，也是我們全家的心願。”楊老對朋友重情重義，德也。楊老以自己的學術聲望和人格魅力贏得了國内外各方面人士的信任與尊重，也爲中國、爲遼寧贏得了友誼，這都是蔭澤後昆的善舉。

　　蔭澤後世的事情楊老做了很多。遼瀋書畫界的書畫家中，許多人是受到楊老和楊老那代老藝術家的鼓勵、提携、培養成長起來的。書畫家們舉辦展覽，出版書、畫集、到國外去交流考察，楊老爲大家寫了多少篇序言、多少篇展覽前言、題寫了多少幅展標、寫了多少封推薦信，一下子難以統計清楚了。有些篇章是洋洋萬言，且爲有些書畫家撰寫的序言不是一篇、兩篇。楊老總是以心接物，以誠待人。特別是對那些在藝術事業上有追求、有志向的晚生、後輩，從不問出身，不看地位，不問門派，祇要一心向學，從來是有求必應，不遺餘力，不求回報的。這些晚生有省内的，也有省外的，還有國外的。我曾在紀念楊老逝世一周年的追思會上親睹一位現在香港大學發展的中年文博工作者，發言中歷述楊老對其教誨和抬愛，泣泪同聲地呼“楊老，吾師吾父”的感人情景。這口碑留在書畫家們的心裏。

　　一九九八年五月，遼寧畫院在新加坡舉辦畫展，這是一個展銷兼顧性質的展覽。出席展覽開幕式的新加坡文化部的官員、美術界宿耆、藝術教育界、新聞界、企業界的來賓中許多是楊老的朋友，都來支持遼寧畫院的展覽。因爲楊老在獅城的影響，展出期間，新加坡的朋友和觀衆都想求楊老一幅墨寶。楊老都欣然滿足了大家的心願，當場寫就贈送。没有絲毫勉强，没有一點不悦。楊老還說：
"大家喜歡中國藝術，好事啊，寫！"我們和得到墨寶的朋友們也都被楊老的情
緒感染，欣喜愉快！楊老這樣支持和幫助畫院，我們心裏過意不去，回瀋後畫家
和院領導班子一致意見，送給楊老一點潤筆費，楊老和師母堅辭未收。

　作爲一位學者、專家，楊老關心畫院的長久發展和根本建設。一九九八年
九月，那時楊老的家還在遼歌大院内的宿舍樓住，我向楊老談到想調研一下中國
古代畫院的歷史，如古代畫院的制度、歷代畫院與當時朝廷的關繫，畫院的畫家
及畫作情况，以思考當今畫院體制、管理、職能等課題的想法，楊老認真地聽我
的述説，并當即表示讚同。他説："知古鑒今，對任何問題都要歷史地看，又要
發展地看。"説到這兒，楊老拿起毛筆，在他每天都用的青花大墨盒裏蘸了蘸就
在一頁稿紙上寫起字來。我不知道老人家在寫什麽，我還以爲我們這個話題已經
談完了，楊老在辦理其他事情了。稍傾，楊老寫就了一張稿紙，放下筆，又拿起
筆，寫了一個信封。老人家先把信封交給我，墨蹟未乾，我小心地接着，這時看
到信封上寫着："北京故宮博物院　古代書畫部　單國强先生啓　楊仁愷拜托。"
這時楊老對我説："你去北京故宮博物院，找單國强先生，請他幫忙查閱有關古
代宫廷畫院的資料，好好了解一下情况，抓緊時間。"至此，我才明白楊老是爲
我的調研寫推薦信。心欲問路，楊老已經把我引向正途了。到北京故宮博物院，
單先生不但熱情地接待了我，親自把我送到資料室，又領我去復印室，還兩次與
我談了他對當代畫院如何辦好的許多看法和建議。從單先生對我的態度上我感受
到了楊老與他、與北京故宮的情誼。有趣的是在復印室一間不到八平方米的小屋
子裏，一位已過中年的男同志，聽説我是遼寧來的，是楊老介紹來查資料的，格
外熱情。我傻傻的問了一句："您認識楊老？"他樂呵呵地甩出一句京腔："熟
着哪！"前人栽樹，沐雨櫛風，獎掖後學，不遺餘力，是爲種"德"。"後人乘
凉"更當自勵，不負前賢。

　還有兩件讓我和畫院同志們感動的事。二零零五年臺北故宮博物院出版了
《臺北故宮藏畫大系·繪畫卷·法書卷》，内容宏富，印刷精準，極具研究價
值，祇是價格不菲。當時我院事業經費不寬裕。添不添置這套典籍資料，院領導
班子研究後，我還想聽聽楊老意見。楊老一字一句地說："作爲畫院，缺少資料
怎麽研究？不能開展研究，創作怎麽進步？"當我告訴楊老："班子決定買，經
費有困難就與書店商量分兩年年度付款。"楊老説："好嘛，錢要用到刀刃上，
這是打基礎，正事兒！"最終我們分兩個年度付款購進了這套典籍。二零零六
年，上海博物館與日本東京國立博物館在上海聯合舉辦"法書至尊——中日古代
書法珍品特展"。此展第一次將我國流傳至日本的歷代法書珍品匯集於上海，機
會千載難逢，展品美侖美奂，學術價值和藝術價值不言而喻！當知道楊老被邀請

出席開幕式和研討會時，電話裏我向楊老表示了如果出書，我院真想留存一套的想法。大約過了一周的時間，遼寧省博物館研究部董寶厚同志來電話告訴我："楊老昨日從上海回瀋。楊老用上海博物館給他的優惠份額以半價爲遼寧畫院購買了《法書至尊·中日古代書法珍品特集》（含墨蹟、碑拓），楊老不讓郵遞，書是隨我們同機托運回來的。楊老讓我馬上給畫院送去。"當天上午，寶厚同志遵楊老囑，將厚厚兩大部書送到畫院。荀子説："人有師有法而知則速通，勇則速威，雲能則速成，察則速盡，辯則速論。故有師法者，人之大寶也。"（《荀子·儒效》）。有歷代佳構、真迹的經典之師，有楊老"傳道、授業、解惑"的當世之師，晚生學子有幸，遼寧畫院有幸！

二零零三年十二月，上海博物館舉辦"晉唐宋元書畫國寶展"，我去參觀了這次盛展。展品中有調借北京故宫博物院二十五件和遼寧省博物館的十八件一級書畫珍寶，其中許多件是《佚目》中的國寶。楊老太熟悉這些寶貝了。爲了讓這些寶貴的藝術珍品收歸國有，爲追踪、看顧、研究、宣傳這些歷代書畫珍寶，爲了讓廣大群衆和子孫後代能享用這些精神瑰寶，爲了向世人彰顯中華民族的燦爛文化，楊老辛勤工作了一輩子。今天，看到上海博物館内外涌動的人潮，老人家内心的喜悅和感慨是難於言表的。是啊，國運衰微的年代，列强入侵、生靈塗炭，國寶的命運也像國家的命運一樣，任人宰割，流離失所。今天，中國人民站起來了，中華民族的書畫藝術贏得了她們應有的尊嚴和藝術價值，我看到了楊老臉上舒心的笑容。楊老被國内外的朋友和觀衆們簇擁着，被新聞媒體的記者們追踪着，一會兒在這個展廳，又一會兒又到了那個展廳，從上午到下午，老人家興致勃勃，滔滔不絶地、耐心地回答觀衆們的提問。他心裏盼望的這一天終於到來了，他不覺得累。整個活動期間，楊老情緒飽滿，主持"千年遺珍"國際研討會的第一場研討；在展廳活動；拜訪國内外的老朋友；參加上海博物館全部活動安排日程；回到賓館常常是晚上十點以後了。第二天早上，七點三十分他老人家又準時出現在餐廳，邊吃早餐邊和朋友們交談辦展、出書等活動的安排。我常想：近九十歲的高齡，爲何能精力如此充沛，思路如此清晰，如此守時、守信、嚴格律己？他答應朋友的事一定認真去辦，他給書畫家們撰寫文章都會在約定的時間内通知你去取，他答應參加的活動都會提前來到會場，求他幫忙協調、溝通的事情他都盡力辦且儘快回復……我所認識的楊老從不懈怠，從不散漫，我從没聽説楊老遺忘了什麼事情，耽誤了什麼工作。他從不以忙爲托辭，從不以上了年紀爲理由降低對自己的要求。祇要是對工作、對國家、對朋友有益的事他會毫不拖拉地去辦。"言必信，行必果"，是美德。

二零零一年秋天，參加魯迅美術學院爲原臺北故宫博物院副院長江兆申先生塑像落成揭幕儀式活動之後，楊老、韋爾申院長、許榮初教授走在了一起。許老師談到他對今後全國全景畫創作規劃的一些想法。許老師說：“就歷史意義、民族立場、教育意義、地域特點、藝術效果綜合因素考慮，廣東東莞的虎門最適合建成全景畫館，搞成目前世界最大幅的全景畫創作，魯美有能力承擔這項任務。”許老師的建議得到了楊老和韋院長的讚同。在商量由誰給時任廣東省委書記的李長春同志寫信反映這個意見時，楊老自報奮勇地承擔給李長春書記起草建議信的任務。楊老說：“虎門禁烟歷史事件標志着中國人民反對帝國主義侵略的精神覺醒，是中國近代史中反對帝國主義侵略最典型的事件，把虎門禁烟的歷史事件發生地建成愛國主義教育基地極有意義。”當場，楊老、韋院長、許榮初教授同意我關於請原瀋陽市人民政府駐深圳辦事處主任彭樹卿先生把信轉給李長春同志的建議。很快，楊老打電話給我，說：“信已經寫好了，是與省委、省政府、省人大、省政協的老領導全樹仁、李荒、劉異雲、柳文、章岩等老同志共同聯名提出的這個建議。”

在促成這件工程的過程中，楊老兩次請宋惠民院長、許榮初教授到家中研究具體事項，并當面誠懇地拜托彭樹卿主任將信和魯迅美術學院準備的已往魯美完成的全景畫工程的資料和此次虎門禁烟全景畫的調研報告轉交給李長春書記。應該說這件事不是楊老工作份內的事，但卻充分體現出一位經歷過舊中國苦難的老知識分子、老專家對國家、對民族、對未來自覺的責任感。楊老表現出來的責任感、緊迫感、高效、嚴謹、細致的工作作風，處理問題的思路、方法特別是待人的誠懇周到，都給我以深刻的教育（後來了解到，珠海市政府已稍早於此項建議前立項，在虎門建立半景畫紀念館）。

楊老每次到畫院來參加活動，都要求我們提前一個小時來接他。他說：“不要讓大家等，早些到可以好好看看作品。”見了面，他總要和大家談談，問問：“畫展辦得怎麼樣？”“又搞了新創作沒有？”某幾位在外面的畫家“情形怎麼樣？”“近期的大事抓什麼？”……開始我以爲不過是隨便問問。可幾次下來，我發現楊老可不是漫不經心的，上次見面談的想法和工作他都記得很清楚，他是要了解結果的。大約在一九九八年，有一次見面，楊老問起我前段時間談的一件事，我說：“我這段忙其它工作，這事我給忘了，還沒問呢。”楊老沒言語。我又連忙說：“楊老，我記憶力不好，下次一定注意，回去我就辦。”雖然我嘴上作了檢討，但思想上并沒深刻地思考一下。楊老還是沒吱聲。我以爲這事也就過去了。誰知，片刻後，楊老聲音不大、像自言自語、但很清楚地說出了：“缺少責任心，怎麼能有記憶力呢！”這話如同在我耳邊響起了一個炸雷。我看看楊老，他的眼神不看我，一直盯着他眼前書桌上那摞書，可能是看着我說這句話怕我難堪吧，而且楊老很快平靜地把話題轉到其它事情上，再也沒提這茬兒。沒有疾言厲色，也沒有嘮嘮嗦嗦。回來的路上，我腦海裏反復地回響着這句話，檢討着自己平日裏的工作和學習態度，淚水不知什麼時候流下來了。不是委屈，而是自責和悔愧。爲什麼四十多歲的人還存在着這樣的缺點？還好意思在八十多歲的楊老面前説記憶力不好。今天楊老的批評，老人家是思忖了一會兒才説的，是要一下子點醒我：缺少責任心！這是對我的愛護啊！深刻地想想，人因爲缺少責任心而沒有效率；因爲缺少責任心而沒有作爲；因爲缺少責任心而給事業造成損失。缺少責任心是人性中的缺點，具有責任心是人的美德，這方面楊老給我們做出了榜樣。他腦子裏裝了多少事，他手上有多少件急辦、需辦、必辦或從長謀劃的事情。應當説，有組織上委托交辦的公事，也有朋友們請老人家幫辦的私事，沒有聽説有過差池，沒有聽説久拖而無回音的。爲什麼？是因爲楊老有責任心。他把言而有信、守時守信、敢於承擔責任看得很重，這是人格的優點。凡成功者，一定具有優秀的人格特徵，而任何優秀的特徵都從點點滴滴積累起來，不僅僅是量的積累，更重要的是由多種優秀的、質的點滴積累構建起來的優秀的人格結構。我還親眼看到楊老督問一位前輩的學生爲其老師出書的事辦得怎樣了？下一步還需要怎樣做？還需要多少時間？"夫子溫而厲"。對晚輩的嚴格要求是真正的愛護。德也。

對事、對人不含糊，不推委，敢於擔當，是楊老性格中的又一個特點。楊老所從事的書畫鑒定工作，是來不得一絲一毫含糊的，需要過人的眼力，過人的心智，過人的記憶力，過人的精熟通博的學養，這些都來自點點滴滴的積累，來自於近乎苛刻的淬煉（當然還有天資的因素）。楊老一生過目的書畫難以説清，僅《國寶沉浮錄》中開列出來的《佚目》內外總目的書畫就一千三百餘件，僅"文革"後中國古代書畫鑒定小組清理、鑒定、過目的書畫就超過六萬件。楊老和鑒定小組的專家對其真贋、流傳、斷代、等級都以高超的鑒定能力和科學態度作出了負責任的考證和鑒定，留下了極具學術價值的鑒定意見，包括各自不同的鑒定意見。這一點，又是歷代畫史、畫記、畫論所從未有過的。楊老一生經歷的、親身參與的、組織策劃的、主持主辦的、與其他單位協辦、聯辦、甚至是跨國的重要的文化藝術活動有多次，他都是以高度的責任心、高度的熱忱、高度的全局觀念和協作精神，言出九鼎，傾力促成，其中也不乏事成身退的例子。

談到合作與協作，北京故宮博物院、上海博物館的領導和經歷其事的同志們都對楊老交口稱頌。這在二零零零年遼寧省人民政府授予楊老"人民鑒賞家"暨楊仁愷《中國書畫鑒定學稿》首發式研討會上，北京故宮、上海博物館來賓的發言中有證。千琢萬磨，鍥而不捨，楊老一步一個脚印地成就了"人民鑒賞家"的事業，以他的學問、才能和人格贏得了黨和人民的信任，贏得了與他交往的國內外書畫界、文博界及各方面人士的信任、尊敬與愛戴。

與楊老的接觸中，老人家幾次談到抗日戰爭時期在重慶他有幸與金毓黻、沈尹默、郭沫若、馬衡、謝無量、老舍等文化大家相識，深情地回憶他向金毓黻先生求教遼、金史，向沈尹默先生學習書法，向郭沫若先生求教古文字的往事。多次談他們對自己的教益和影響。楊老一生是轉益多師地求學、問學，在實踐中學，在實踐中不斷進取、不斷完善提高的過程。這個文化群體對於楊老，有"授業"、"解惑"之文化、藝術和學問的傳承；更有品格、風範、道德文章、"傳道"的熏染與育化。楊老認爲這對他一生的爲人、爲學都是至關重要的一個階段。經沈尹默先生的外孫、西安美院教授諶北新老師的推介，二零零二年五月陝西漢陰"三沈紀念館"（沈士遠、沈尹默、沈兼士先生紀念館）籌建處的王濤同志（現爲漢陰市委宣傳部副部長）專程來瀋陽采訪楊老。楊老動情地回憶起自抗戰期間到"文革"後期沈尹默先生給予自己的教誨和幫助，特別希望"三沈紀念館"的同志們："多徵集沈氏昆仲的第一手資料和遺物，讓觀衆能更全面地看到'三沈'的人格和學術成就，啓發後人做人、做學問。"楊老談話的內容發表於二零零二年七月六日陝西《安康日報》，題目爲《憶念沈尹默先生》。楊老反復强調："我今天能做點工作，是因爲這些老前輩對我的教誨，我是從這裏爲起點的。"楊老還翻箱倒篋地找出了保存多年的沈尹默先生的墨蹟贈送給漢陰"三沈紀念館"。共五件：沈尹默先生爲楊仁愷著《〈聊齋志異〉原稿研究》題寫書名箋一件；沈尹默先生書《李義山詩一首》；沈尹默先生書《右謝康樂詩一首》；沈尹默先生給楊仁愷書信一封；信封一件，均爲復印件。楊老還爲漢陰題寫了"陝西漢陰三沈紀念館"的匾名。"烏鴉反哺"、"羔羊跪乳"。不忘師恩，不忘前賢，并用自己的言行傳承先師們的懿德，是厚德也！

季羨林先生曾說過：人類傳承文明的方式有物質的，有非物質的；但最終傳承文明的還是人本身；其中身上文化信息最集中的人傳播能力大。當年陳寅恪先生在紀念王國維先生時曾說："王國維先生是爲中國文化'所化之人'。"在此，誠意借用陳寅恪先生和季羨林先生如上的觀點，說："楊仁愷先生也是被中國文化所化之人。他經千琢萬磨，他盡心盡力地傳播着優秀的民族文化和藝術，他孜孜矻矻、惟誠惟敬地做了機遇和歷史讓他做的一切。"

中華民族的優秀文化傳統，如高山蒼蒼，如江水泱泱。先生之德，"潤物細無聲"，"花開正滿枝"。

（徐萍　遼寧畫院書記、研究館員、原遼寧畫院常務副院長）

和楊老在紐約的日子

朱揚明

　　楊仁愷先生謝世已經有兩年多了，繼謝稚柳先生、劉九庵先生、啓功先生相續辭世後，楊老的去世使得中國古代書畫鑒定和研究領域又一次蒙受了難以彌補的重大損失。一代宗師的相續謝世爲我們留下了無盡的遺憾。趙胥先生在編寫紀念楊老的文集時，希望我也能寫一篇紀念楊老的文章。對我這樣一位涉足書畫研究較淺的研究者來說，不免感到有些慚愧。慚愧的原因有二：一是和楊老相識多年，兩年前在楊老病危期間我因在美國的公務纏身竟然未能去瀋陽探望他老人家，楊老去世後我也未能參加楊老的追悼會；二是作爲書畫研究界的後學，雖然已是人到中年，但在書畫鑒定方面仍然是一無建樹。在此種既未建功立業，又無善可陳的情況下，去給德高望重的前輩學者寫紀念文章，自己心裏感到有點不踏實，缺少一些膽量。看到趙先生約稿的信函，心中感慨繁多，千頭萬緒，不知從何說起。把家中有關楊老的書和楊老贈送我的書都翻了翻，然後又到互聯網上看了看，發現兩年來追思楊老的文章比比皆是。我所要發的感慨在其他同仁發自肺腑的追思文章中所言并沒有多大區別。"無物似情濃"，想來想去，覺得還是簡單談談我和楊老在紐約的三次相會，以寄托我對楊老的哀思。

　　我初次與楊老認識是在一九九二年五月十六日。那年春季（四月十九日至六月十四日），美國堪薩斯市尼爾遜——阿特金斯藝術博物館舉辦了中國明代書畫家董其昌的書畫特展"董其昌的世紀1555—1636"。展覽方從歐洲、美國、日本、澳大利亞，以及中國二十八家藝術博物館和私人藏家手中借得董其昌以及受其影響的重要明清畫家代表作，共計一百七十一件。展覽期間美方還舉辦了有關董其昌藝術的國際研討會，楊老是在參加過研討會之後，應邀到大都會藝術博物館訪問的。當時到紐約來的中國書畫研究專家特別多，大家在開完研討會之後，都樂意到紐約的大都會藝術博物館參觀，觀摩該館所藏的宋元繪畫。當時，我正在博物館兼職上班，因此亞洲部便將接待這些中國學者的任務交給了我。楊老到達紐約的日期恰好是我在哥倫比亞大學博士資格考試後的第二天。十六日下午我興致匆匆地開車去了肯尼迪機場，三時左右在機場接到了楊老，便驅車去楊老的住處。一路上，楊老開始和我拉起了家常，問長問短，問我何時到美國，在哪兒讀書，工作怎樣，夫人兒子如何等等。楊老是國內外德高望重的學者，而我祇是一個普通學生兼博物館工作人員。我與楊老素昧平生，但老人家的言談舉止是那樣的平易近人、和藹可親。使人感覺不到有任何地位或年齡的距離。此次楊老的紐約之行，時間比較短暫，加之來往紐約的中國學者此時又比較多，沒有更多的機會與楊老在一起，僅僅祇陪同楊老參觀了一次博物館和請他到我家做客一次。楊老是四川人，在重慶和成都學習工作多年，我也曾在重慶讀書，教書八年，夫人也是重慶人。席間談論了不少四川的風土人情，彼此之間頗有相見如故的感覺。離開紐約時楊老贈送給我一幅"天行健，君子以自强不息"的書法條幅，這是他對後學的鞭策和勉勵。

第二次在紐約見到楊老是在一九九六年五月十五日。與第一次和楊老見面相隔竟有四年。四年之中每逢節假日，我都會給楊老挂個電話，寒暄幾句。該年三月十三日至五月十九日大都會藝術博物館舉辦了"中華瑰寶"的大型展覽，全部展品均來自臺北故宮博物院。當年我在大都會亞洲部的主要工作是協助該展覽的展品運輸和布展工作，以及臺北故宮博物院前來大都會押運、布展工作的研究人員的食宿行方面的安排。由於展覽的規模甚大，未開展以前已在海内外沸沸揚揚，當時臺灣在忙着"大選"，又有好事者在臺灣舉行各種抵製國寶出借的活動，展覽能否順利舉辦，成爲大家一時所焦慮的問題。爲了讓海内外的中國書畫領域的學者和研究人員有機會目睹此幾十年難遇一次的機會，大都會藝術博物館致函給全世界衆多的研究中國藝術的著名學者和教授，邀請他們參加該展覽的開幕式以及國際研討會，中國的一些著名專家學者也在邀請之列。但是最終由於一些意想不到的原因，中國方面能够赴美成行的也祇有楊老和姜念思先生。三月份大都會藝術博物館被告知，原定的訪問專家因故不能成行。就在展覽即將結束的前幾天，亞洲部突然收到了楊老及姜念思先生即將到達紐約訪問的消息，大家都有點詫异。於是部裏負責人派我去機場接他們。

五月十五日夜晚，我在紐約肯尼迪機場接到了楊老與姜念思先生。幾年未見，楊老還是那樣的精力充沛，談笑風生。一路上不斷詢問有關展覽各方面的問題。我也好奇地問楊老，大多數被邀請的人都沒有成行，爲何你們二人卻能成行呢，爲什麼沒有趕上開幕式和研討會。楊老説，臺北故宮博物院此次出境展是非常難得的機會，他不想錯過，收到邀請函後即在遼寧有關部門辦理出境手續，并未將他倆的材料送請其他單位統一辦理。當我把楊老送到住所時，時間已經比較晚了，加上長途旅行和時差，我想楊老可能需要休息一兩天，以恢復體力。没想到晚上告別時，楊老竟迫不及待地提出了第二天上午就去博物館，參觀臺北故宮展。次日上午我便開車到了楊老住處，把楊老接到了博物館。首先拜會了亞洲部的各位同仁，然後就馬不停蹄地開始看展覽。老人家看得挺認真，尤其是書畫部分，沒有絲毫的倦意。當時楊老已經年過八旬，我真佩服他老人家的勤奮精神和旺盛精力。

　　楊老此次在紐約停留的日期比較長，有一個多月，直到六月十八日才離開。楊老希望利用這少有的"空閑"時間，多看些畫，多拜訪些老朋友。這樣我就有了機會經常與楊老朝夕相處，從走訪博物館、藝術館、畫廊，到觀摩著名私人收藏，以及會見當地藝術家。當年，紐約的著名中國書畫收藏家王己千和王方宇先生都還健在。幾位老人幾乎每周都要相聚一兩次，觀摩探討所藏書畫、談古今逸事、甚爲歡愉。那時，著名的《淳化閣帖》宋拓本的其中三卷尚在美國藏家安思遠（注一）先生手中（後來歸上海博物館收藏）。楊老和安思遠是多年的老朋友，楊老利用叙舊的機會又重新仔細地觀賞了一遍宋拓《淳化閣帖》。在紐約期間，我們還一起參觀了紐約現代藝術博物館，這是我首次發現楊老對西方的現代藝術也能采取客觀態度，不輕易議論批評，不以個人的喜愛和品味去衡量和評斷其他文化的潮流和思潮。在紐約期間，楊老還會見了一些在美國的藝術家。對他們的請求總是慈撫有加，從不輕易拒絕。

（注一）安思遠(Rob-ert Hatfield Ellworth),紐約知名古董商兼收藏家。

　　六月十八日楊老離開紐約前往比利時參加學術交流活動，我在送楊老去肯尼迪機場時，發現他在飛往布魯塞爾的途中需要在德國法蘭克福的國際機場轉機。當時我有點擔心，因爲楊老不通外文、年事已高、又是祇身前往布魯塞爾，在德國轉機時言語行動可能會有一些不便之處。但是楊老笑道："我是一個老流浪漢了，闖南走北。你不必擔心，我會平安抵達的。"没想到這位"老流浪漢"真的平安抵達了布魯塞爾。楊老對生活的自信與豁達態度使我不由地對他又添一分敬意。

　　第三次在紐約見到楊老是一九九九年十二月九日。楊老和啓功、傅熹年、楊新、單國霖、單國强和李維琨先生等中國著名的古代書畫鑒定專家應大都會藝術博物館的邀請，前來參加有關《溪岸圖》一畫的國際研討會。同年七月我曾去中國，進行中國古代書畫的觀摩考察活動，在瀋陽期間承蒙楊老盛情款待、安排食宿住行、博物館觀摩書畫、參觀名勝古迹，無微不至的關懷，使我的工作和旅行進行得十分順利。所以幾個月之後在紐約和楊老再次相逢、真是喜出望外。紐約的五天會議，及其他學術交流活動完成後，專家團應華盛頓市佛利爾美術館的邀請，前往該館觀摩館藏古代書畫三天，順便觀看當時在華盛頓國家畫廊舉辦的"中國考古黃金展"。 在陪同專家們旅行和進行學術交流活動時，楊老總是本着謙虛、公正和實事求是的態度，生活中從不講究待遇、沒有等級觀念，對學術活動行程和旅途中的一切不適宜之處和不妥當的事情總是能以平常心看待。記得在華盛頓住進酒店時，不知何故，辦理住宿手續花費了竟一個多小時，楊老也能泰然處之，毫無怨言。代表團在紐約和華盛頓兩地活動近半月，十二月十四日我送楊老去肯尼迪機場回國，途中談到十五天所見觀感時，楊老表現出了特別寬厚、容忍和理解的態度，這種風度今日已不可多見。

（圖二）

楊老離開我們已經有兩年多了。感懷舊事，備覺和楊老在紐約相處的日子使我獲益匪淺。這些難能可貴的經歷使我領會了一個人在做學問方面要孜孜不倦、虛懷若谷、活到老學到老；在做人方面要滿腔熱忱、寬厚渾樸、豁達大度。楊老是中國書畫鑒定專家中唯一被授予"人民鑒賞家"頭銜的人。這不僅因爲他在保護、研究和發揚傳統中國文化方面爲人民和國家作出了杰出貢獻，而且還因爲他永遠能和普通人民打成一片。

（朱揚明　原中華世紀壇世界藝術館副館長、美國西雅圖市西花園主任）

（圖二）遼寧人民政府授予楊仁愷先生的"人民鑒賞家"稱號。

寄楊老

程與天

楊老墓園落成，夜不能寐，爰賦小詩以志隨楊老在海南、安徽、上海、廣州、瀋陽之往事不勝蒼桑之感。

一

當年結伴海天遊，
多食斑魚老胃憂。
又宿山莊思妙句，
温泉滾滾有源頭。

二

瓊州數日任優遊，
飽看椰風吹滿頭。
信步橋邊須自踏，
後生不敢故淹留。

三

徽州看畫午難休，
題寫華章滿案頭。
僞劣何逃真法眼，
分明涇渭賦同讎。

四

羊城共步五層樓，

歐老珍藏第一流。

山月同席惜墨寶，

居然半字不能留。

五

海上謝公忽病深，

憶隨楊老訪春申。

道光嘉靖詼諧語，

合影雖稀彌足珍。

六

棋盤小住映湖光，

沐雨樓中鑒賞忙。

記有東瀛藏畫客，

梅清鉅迹跋三行。

（圖一）

（圖一）楊仁愷先生爲
程與天先生題字手蹟

（程與天　著名書法篆刻家）

192

精勤沐雨樓

黃偉利

　　"精勤"是楊老用的時間最長也是最多的一枚引首章的印文。那是琢在一塊潤澤白玉上的陽文橢圓印，比例勻稱又十分精整的印爰內，"精勤"二字筆畫工致、清勁且富有變化，整體透着清雅之氣。我第一次見到這枚印章，即被其別致的清雅而深深地吸引了，心想這應該出自一位治印大家之手吧，可未見任何邊款。我禁不住好奇地問："這枚印是誰製的呀？"楊老淡然一笑，曰："早年在舊貨攤上遇到的，覺得合用，就一直用了。"至於印文的内容，心想應該是出自"業精於勤"的古訓了，也就没有多問。然而，在後來的工作過程中，我越來越多地感悟到，哪裏是這麼簡單！"精勤"二字的涵義，在楊老留下的足蹟中，實在是太重、太豐富了，作爲吾等晚輩也實在不足盡述。"沐雨樓"爲楊老的齋號，也治有幾方不同形式的印章，分別常見於書法作品上。在此，謹述點滴我所熟悉的精勤沐雨樓。

　　隨楊老第一次出行，是楊老爲主編《中國美術全集·隋唐五代書法卷》而作的西北一路考察。那是一九八六年的三月初，因爲前任將赴日本就學，我有幸做了楊老的工作助手。當時，西北的交通尚甚緊張，考慮到楊老已七十一歲高齡，編委會便欲委托本卷責任編輯龐書田先生代往實地搜集資料，可楊老爲保證編撰質量執意要親自實地考察。接着便一路顛簸。第一站到北京與龐先生匯合，因爲没有買到去鄭州的票，當晚臨時找了家賓館住下，不想房間内簡陋得祇有兩張床鋪。我正爲楊老的起居發愁時，祇聽楊老説："你先睡。"見我發愣，又説："我打呼嚕。"那淡定與關心的語氣，我至今記憶猶新。第二天托了人帶我們到機場去等，總算在起飛前的一刻才被允許乘上僅有的三個預留緊急座位。鄭州考察結束後，我們拿着河南省書法家協會的同志費了好大的勁才搞到的三張硬座票，上了火車，可是，車未開時車廂裏已經擁擠得想站穩都難，到洛陽時，車門的踏板已經起不來了，我和龐先生一前一後擁着楊老，幾乎是在涌上車的人群中撲着下得車來。從西安到蘭州還順利，可是，因爲狂風，我們在蘭州中川機場足足等了五天，才登上了去敦煌的"安-24"飛機。這架前蘇聯製造的老飛機低空在沙漠與戈壁上顛簸了兩個多小時，同機上的年輕人都不同程度地出現了難耐的嘔吐反應，可楊老依舊安然自若，還講起與啓功、董壽平等老先生在一次乘機飛行過程中被告知飛機故障的往事。到了敦煌，總算與上海來的陳佩秋先生匯齊，陪同陳先生同行的還有謝稚柳先生的助手勞繼雄先生和張大千先生的學生米耕雲先生，他們是爲謝稚柳先生早年所著《敦煌叙錄》再版補充材料而來的。在敦煌研究專家樊錦詩先生的多方照應下，楊老和陳先生帶領着我們將各窟歷代壁畫、塑像、墨蹟等遺迹進行了系統細致的考察與測量，歷時整整一星期。那

期間工作之喜悦，不僅忘了在各個洞窟間上上下下的勞苦，而且還常常將當地水質給大家引起的反應當作笑談。在一路的顛簸勞頓中，楊老始終以超人的毅力與忘我的精神工作着。後來，楊老曾有文提到了那次西北行，其中多有樂觀叙述的趣事。

（圖一）

（圖一）楊仁愷先生與陳佩秋先生、米耕雲先生等在敦煌。

返回瀋陽不多時日，楊老接連在接待美國普林斯頓大學學者來訪、處理館內以及案頭等多項事務以後，又帶着我匆匆趕到上海，投入到了全國古代書畫鑑定組在上海的工作。那是我到鑑定組工作的開始，因此，其時的情形至今猶歷歷在目。因爲鑑定組成員大多年事已高，所以每年的工作分兩期進行，每期約在三個月的時間。工作期間，每天上午通常要鑑定書畫百件以上，下午還要逐項審閲助手們整理的鑑定資料，簽署鑑定意見。這對於年事已高的老先生們來説，工作量已經相當大了。可是，楊老在這一時期内不僅出版了多部重要的著作，而且，還爲博物館事業的發展做了許多重要的工作。例如，那部集三十餘年之功完成的力著《國寶沉浮録》，就是在這段時間定稿的。在協助楊老整理稿件的過程中，看着那些不同時期撰成稿件所經歷的滄桑痕迹，聽楊老説起往事：一九五二年，完成了"小白樓"（長春僞皇宫内的藏書樓）散出書畫的調查工作以後，就開始寫這部書。以前哪裏看得到這麼多呀，故宫轉出去的那批在重慶展出時，我忙前忙後做了許多事，馬衡才讓我提前進去看了，到北京後又陸陸續續看了一些，但很多問題還不是很清楚。經過這個工作以後，看得多了，才算有了清楚的認識。這本書到"文革"前已經基本寫完了，郭（沫若）老、鄧拓等先生都很關心出版的事，茅盾先生還爲我題寫了書名，可我還是想把材料搞得再全一些再出。哪想到"文革"開始，東西全被抄走了，説我是"三家邨"東北分店的總代理，這個書稿和一些信件被當成了"證據"，造反派鬥我，把我的眼睛打壞了，我都没理他們。後來，他們讓我下放的時候，我提出的唯一條件就是把書稿還我，他們説反革命材料哪能還？這下，我跟他們拍桌子了，不還，我就堅決不走！他們没辦法，祇好還給我。在岫岩的山溝裏插隊勞動，什麼資料都没有，祇能憑着記憶又作了部分修改。拖到這個時候出，倒好了，這幾年看的東西、了解的事就更多了，尤其

是在國外的公私收藏中看到了許多想不到今生還能見到的藏品，又找到很多"佚目物"（長春僞皇宮散佚書畫）的下落，内容充實很多。所以呀，搞這個工作，一定要看得多，要仔細，要勤快，將各方面的情況相互聯繫起來進行分析比較，才能扎實地研究解決問題。除了《國寶沉浮録》出版以外，這一時期，楊老主編和撰著的還有國家文物局委托主編的教材《中國書畫》和上述《中國美術全集·隋唐五代書法卷》以及《隋唐五代書法藝術演進軌迹》等多篇學術論文。

楊老認爲，遼寧省博物館的書畫類藏品，明清以前的名作是強項，明清以後的雖存有精品，但體系不够，這種"頭重脚輕"的狀況，幾乎成了楊老的一塊心病。因此，在全國古代書畫巡回鑒定工作過程中，在本該老先生"休息"的時間裏，楊老卻總是在做的一項工作，就是爲遼寧省博物館徵集有關藏品。凡某收藏單位或個人的藏品，祇要有徵集的可能，他就會不遺餘力地去做説服工作。在上海老牌藝術品經營單位朵雲軒的鑒定工作進行中，楊老不停地在做一些不同於往常的記號，工作結束以後提出了一個長長的目録，要求徵集。總算説服了朵雲軒的領導，可是，上海的有關主管部門又不批准精品外流，楊老又不厭其煩地層層去做工作，終於説服了上海文博機構批准了兩百多件明清書畫，用於支援遼寧省博物館的業務發展。楊老對博物館事業的熱誠，感動了許多上海文博等各界友人，他們對遼寧省博物館的徵集工作給予了大力的幫助。瀋陽一位已故重要收藏家的女兒，身患重癍頑疾多年，楊老在滬工作期間，多方請上海的朋友幫助，爲她尋找最好的醫院和最好的醫生，以使她得到最好的治療。在各方朋友的幫助下，僅一九八六年和一九八七年在上海、江蘇、浙江工作期間，就在晚清著名收藏家高野侯後人、銀行家後人、著名大學教授等多位藏家中，徵集到數以百計的明清書畫精品，其中就有明朝著名畫家唐寅的傳世名作《茅屋蒲團圖》軸。那是上海一位老實業家的藏品，楊老應邀爲其鑒定以後，即開始説服這位老者將此幅珍品讓予遼寧省博物館，以便其得到妥善的保管。前後長達一年半的時間裏，親自到老先生家拜訪不計其數。爲了不給鑒定組的後勤工作添麻煩，每次都是步行數里路，就是趕上梅雨季節，也未間斷過。楊老喜歡穿布鞋，在雨季裏踏着綿綿的雨水，一步一步地走到那位老先生家時，從鞋到褲腿都已經濕透了，感動得老先生近乎捐贈般地將這幅珍蹟讓予遼寧省博物館。從此以後，每到上海，我都會想起在巨鹿路上有過的那一段路程。後來，在館内外的展出中，那批徵集來的明清書畫派上大用場，然而，其中的哪一幅來得容易！

尤其難以忘懷的是，遼寧省博物館新館開館期間，在楊老指導下，編撰出版物和籌備開館大展的緊張過程。二零零三年初冬的一天，楊老突然召我到家中，在書齋裏嚴肅地對我説："新館開館的事定下來了，馬上就開始籌備。開館必須要出版有分量的新書，以館裏現在的情況，書法可以出一册近現代的名人書法，館裏有不少，一直没出過，已經與文物出版社説好了，在《書法叢刊》出一期專集，繪畫部分要出一部大型的精品集。你工作這麼多年，接觸得最多，必須要把這些工作全擔起來。"接下來，就是不分晝夜地進行整理挑選實物和擬定編輯計劃，隨着趕出了，就隨時地與主管館長一同去送給楊老定奪。由於楊老等本館老一輩專家、領導在徵集方面前瞻性的眼光，館藏近現代書法不但數量可觀，而且多爲精品，過去整理的又少，所以，反反復復改了好多次。可是，無論什麼時間去，楊老都不顧疲倦地與我們一同一項一項地認真研究，并當即提出取捨意見。出版計劃經與文物出版社責任編輯商定後，不足一個月，就完成了拍攝與文稿撰寫工作，四萬多字的文稿，送去不到兩天，楊老即審畢，在詳細提出了一些修改意見後，還對裏面的綜述文章給予鼓勵："可用！"與此同時，按館領導的統一部署，開館各項大展的内容設計大綱也在草擬中，各稿件統一由館裏送給楊老過目審閲。其中也有我主創的"清宫散佚書畫國寶特展"的文案初稿，因爲這是以《國寶沉浮録》爲藍本，以學界研究成果爲基礎，又要滿足普通市民的文化需求的主打展覽，故試用新的解讀方式，設計的一整套解説體系，文字量相當大，而楊老都給予了具體的指導，可見這部分工作量之繁重。這期間，精品集的選目和出版策劃也同時在緊張地進行，楊老更是高度關注，審查得很細。在反反復復的籌劃過程中，因爲有了深圳雅昌彩色印刷有限公司和中華書局的大力相助，終於確定出版《清宫散佚書畫國寶特集》大型圖籍，并且是分書法卷和繪畫卷同時出版。二零零四年春，正當各項工作都在緊張地進行時，楊老因連日高燒不退住進了瀋陽軍區總醫院，不久查出身患重癥。這時，我們不能再給一位重病中的老人看任何稿件了。可是，病情稍有見緩，楊老就再三要躺在病床上要女兒念給他聽全書選目及編輯情況，并提出取捨意見。大病後出院不久，就要我們把文稿送過去，逐字審閲批改。炎熱的夏天過去不久，全書也到了清稿待印的時刻，此時楊老剛剛恢復到能够自由活動，即不顧各方勸阻，一定要同我一起到深圳，并多次到了雅昌彩色印刷有限公司的各個印刷工序間裏，一一審核。在一遍又一遍試印以後，直到印刷達到滿意效果以後，楊老才在確定的彩樣上親自簽了名。那天，楊老還破例允許當時在深圳工作的大兒、三兒、大兒媳和次孫，一起陪同去了廠裏。定樣之時，在場的每位都像過節一樣興高采烈。這年的十一月間，遼寧省博物館新館於正式開放之際，盛況空前，取得鉅大的社會反響。楊老在其中所作出的重大貢獻，當然遠遠不衹於此！

一幕一幕，仿佛就在眼前，限於篇幅，僅至於此，以念！

（黄偉利　遼寧省博物館保管部副主任）

楊仁愷書畫鑒定學成就述略

牛克誠

一

楊仁愷先生生前一直稱自己的學問得自廠肆。廠肆之學差不多是他那一輩書畫鑒定家共同的治學起點，也塑造了他們共同的學術風範。在這一治學途徑中成長起來的書畫鑒定家，以豐富的實踐經驗、敏銳的書畫感覺、諳熟的古董知識及深厚的國學素養，成爲國內各大博物館的鑒定鉅眼，甚至可以説，他們的鑒定學成果，譜寫了建國後有關古代書畫真僞認識的基本知識體系。因此，就先生那一輩鑒定家來説，"廠肆大學"其實標志着一種至高的學歷，甚至可能是後來者所無可企及的。

上世紀五十年代初，先生到東北博物館工作後，先後參加了接受東北銀行所存歷代法書名畫和奔赴長春等地清查僞皇宮流散文物等工作，從民間搶救出包括唐周昉《簪花仕女圖》、五代董源《夏景山口待渡圖》、北宋摹本張萱《虢國夫人遊春圖》及《晉人〈曹娥碑〉墨蹟》等在内的千餘件歷代書畫珍品。國寶級名作

（圖一）

（圖一）御學問所又稱西便殿，是溥儀在僞滿充當傀儡皇帝時的辦公室。

《清明上河圖》的畫卷上并没有作者的款識和印章，其拖尾紙上有金代張著的題跋，認爲作者爲北宋張擇端。此件珍品被溥儀携往長春僞宮，在其倉皇出逃時被蘇聯紅軍截獲，同時被截獲的還有另外兩件同名的《清明上河圖》。先生憑借對古代書畫高超的識別能力，將同名畫作認真比對，發現認定北宋張擇端的《清明上河圖》。六十年代，先生還在榮寶齋從一位售畫者携帶的一包破舊不堪的古書畫中，辨認出米芾《苕溪詩》卷。這一切都顯示出先生那得自廠肆的書畫辨識能力。廠肆間的書畫古玩數量龐大并真僞混雜，在這裏經眼書畫，久而久之就會養成一種對於歷代書畫筆墨、題跋、印鑒、裝裱等性狀的瞬間綜合判斷力，也即是對於古代書畫真僞的敏銳認知力。早在一九三四年，先生在成都任教時，就經常在古董店雲集的總府街遊逛，對於古書畫的興趣與認知力即開啓於那時；中青年時

期在琉璃廠的經歷，則進一步養成了他的這種認知力。也許可以說，如果不是這種敏銳的書畫認知力，先生大概就不可能在三件同名作品中辨出《清明上河圖》；如果不是這種認知力，先生也大概就不可能辨《苕溪詩》於爛紙殘卷之中，這件與《蜀素帖》齊名的米芾代表作，也還不知竟會淪落何方。

先生在遼博工作半個多世紀，他不僅熟悉這裏的重要藏品，而且更養成了一種對待書畫的博物館視野與方法，而這正是許多廠肆出身的鑒賞者終身沉浮於古玩店鋪或拍賣行，而先生卻能够成為一代學者的重要原因。博物館視野與廠肆目光的一個根本不同是，博物館所藏書畫，大都經過歷代鑒藏家淘洗的精品，它們是與書法史或繪畫史上的諸多思潮、派別等一一對應的實在物，或者說，博物館所藏書畫大都是可以作為書法史或繪畫史的注脚而存在的。而廠肆上流動的書畫則絕少擁有這樣的資歷。因此，博物館型的書畫鑒定家與廠肆型鑒定家不同，他不祇是辨其真偽，論其價格，更是用一種書法史或繪畫史的眼光審視書畫；而廠肆的鑒定家對書畫的紙絹、裝裱、藏印等都格外諳熟，對於書畫真偽的見識已到玩得透徹的境地，但他們基本上還是就畫論畫，既不具備基本的文獻功夫，也不具備像博物館專家那樣的文史訓練。書畫鑒定的博物館視野在同樣注重書畫本身性狀的前提下，更要參證文獻或其他古代遺存以縱橫求索，這就把書畫鑒定提昇到一種研究的層面，使它可以像經學、史學、小學音韻、目錄版本學一樣，是可以進行實證的中國學術的組成部分。楊仁愷先生在數十年的書畫鑒定中，以遼博所藏書畫為主要研究對象，并遍訪國內外著名博物館藏品，真正是將普天下的書畫國寶盡收眼底了。在敏銳的目鑒基礎上，又廣泛參證歷代書畫著錄及其他文獻，撰寫了《國寶沉浮錄——故宮散佚書畫見聞考略》、《中國書畫鑒定學稿》等專著及《〈宋人寒鴉圖〉析》、《唐人〈簪花仕女圖〉研究》、《北宋李成〈茂林遠岫圖〉與傳世諸作品之比較研究》、《試論魏晉書法和王羲之父子風貌》、《隋唐五代書法藝術演進軌迹》、《晉人〈曹娥碑〉墨迹泛考》、《唐歐陽詢〈仲尼夢奠帖〉的流傳、真贋和年代考》、《唐張旭的書風和他的〈古詩四帖〉》、《關於〈史可法書札〉的考識及其他》等論文百餘篇。

這其中，最具代表性的是先生的《國寶沉浮錄——故宮散佚書畫見聞考略》。“故宮散佚書畫”也稱“《佚目》書畫”，所謂《佚目》是指，末代皇帝溥儀遜位後從故宮竊出歷代書法名畫千餘件，當年“清室善後委員會”根據溥儀“賞賜”溥傑的清單編寫了《故宮已佚書籍書畫目錄》，簡稱《佚目》。一九四五年偽滿政權解體後，這批書畫從長春偽宮散出，從此國寶沉淪，流向全球。先生的《國寶沉浮錄》是第一部全面系統研究《佚目》書畫的學術著作，也突出地標志着先生在故宮散佚書畫回歸與鑒定上的學術貢獻。然而，他的學術視野不僅僅限於《佚目》書畫，他以這些書畫為中心而對於書畫史上的重要作者、作品廣泛涉及，既記録了諸如展子虔《遊春圖》、閻立本《步輦圖》、阮郜《閬苑女仙圖》、黃荃《寫生珍禽圖》、宋徽宗《雪江歸棹圖》、顧閎中《韓熙載夜宴圖》及《萬歲通天帖》、張旭《古詩四帖》、懷素《論書帖》、米芾《苕溪詩》等作品在當代的流傳經過，又將它們的庋藏經歷上溯到古代，因而此書其實是一部中國書畫自古而今的流傳沿革史。對於《佚目》書畫的追踪、探究工作，不祇是長年的辛苦追尋，也更不祇是對當事人采訪記録的簡單整理，它其實是一次以古文獻學、書畫鑒定學、美術史學、歷史學、印章學及目録學等知識爲基礎的綜合研究，因爲，這部著作所展現的不僅是散佚書畫六十餘年的輾轉歷程，它也提供了有關這些書畫真僞、庋藏及藝術風格、歷史價值等多重信息。同時，這本書也開創了中國書畫著録的一個新體例。全書以故宮散佚書畫爲一主體事件，通過溥儀盜竊大批法書名畫，國寶偷運長春僞宮，僞宮土崩瓦解後書畫的流失，國內外收藏家的徵集攫取，東北文物管理委員會的徵集，故宮博物院繪畫館的正式開放，全國博物館徵集工作的展開，爭取《佚目》書畫全部水落石出等在時序上前後相接的階段性事件，清晰地展示了散佚書畫在當代的流傳始末。因而，或可以把這一畫史著録形式稱爲“紀事本末體”。這種體例以事件而不是作品爲展開主綫，隨着一件件作品在一樁樁事件中的登場，又自然引出另一根輔綫，即作品的著録、真僞、印記、裝潢、紙絹及作者生平、藝術風格、書畫史等。這樣，書畫的當代事件（流傳及爭論）與畫史背景這兩條綫，就編織成一部面貌全新的中國書畫史。它通過不同的時空穿插，把圍繞着同一作品所發生的古代、當代事件同時呈現在讀者面前。這種畫史著録的紀事本末體，與我國古代史書編撰體例中的紀事本末體不同，即它是復綫而不是單綫地記録事件，它既保留了書畫作品在當代流傳的鮮活性，又增加了古今歷史的縱深感。這樣一部著録與考辨并舉、當代與古代共時、事件與畫史兼重、鑒藏史與藝術史比駕的鑒定學著作，已成爲海内外學術界關於《佚目》書畫研究最權威的參考書，從而也表明，楊仁愷先生不僅是一位獨具慧眼的書畫鑒定家，也是一位學識淵博的美術史家。

先生晚年一直致力於中國書畫鑒定學的建立，這使他的研究旨趣不僅超越了廠肆型鑒定家，也超越了博物館型鑒定家。廠肆型的鑒定大體基於并滿足於目鑒經驗，并不對研究、考據投入多少精力。博物館型的鑒定已將鑒定提昇到一種中國式學問的層面，但在科學理據的應用上仍顯欠缺。先生在《古代書畫鑒定的幾個問題》中曾明確指出：“長期停滯在感性認識階段的書畫鑒定，理應利用當今的各種條件，推向新的臺階，從知其然而不知其所以然的‘望氣派’解脱出來，乃當今形勢所迫，不以人們的主觀意志爲轉移。”基於這樣的認識，先生撰寫了約六十萬字的《中國書畫鑒定學稿》，在全面、開放的視野下對中國書畫鑒定學進行了學科架構，所羅列的單元幾乎包括了中國古代書畫鑒定學的所有方面。

可以説，以《中國書畫鑒定學稿》爲標志，中國書畫鑒定作爲一種學科體系已初具規模。從唐代裴孝源《貞觀公私畫録》、張彦遠《歷代名畫記》起，經宋代《宣和書譜》、《宣和畫譜》至清代《石渠寶笈》、《秘殿珠琳》等古代書畫鑒定著作，從張珩先生的《怎樣鑒定書畫》，徐邦達先生的《古書畫鑒定概論》、《古書畫僞訛考辨》，到王以坤先生的《書畫鑒定簡述》的鑒定學當代著作，都爲中國書畫鑒定學之成立鋪墊了扎實的基礎，在這些成果的基礎上，楊仁愷先生的《中國書畫鑒定學稿》又聳立爲這一學科領域的一座巍峨豐碑；也正是有了這樣一部重在宏觀架構的著作，中國書畫鑒定學才呈現出蔚然可觀的體量感。如果説博物館視野下的書畫鑒定已經上昇爲像經學、小學一樣的國學高度，那麽，"書畫鑒定學"架構下的書畫鑒定則正在向着如自然學科一樣的方向生長（注一）。從這個意義上講，先生的書畫鑒定學所建構的就不僅是一門學問，而且更是一門科學。

二

在實際的書畫鑒定中，楊仁愷先生倡導并實踐一種"比較研究法"。這在他的《古代書畫鑒定的幾個問題》和《中國書畫鑒定學稿》中都有明確論述。如果説廠肆式的鑒定主要靠的是一種經驗之上的感覺與意會，這種感覺又往往不可言傳，知其然而不知其所以然的話；那麽，比較研究就將鑒定時一切在潛意識中活動着的對於書畫筆墨、樣式、紙絹、裝裱、印章、款識等思考，都搬到了一個可以進行實際操作的顯性層面，因而它是可驗證，可反推，可校正，甚至可計算的，它也是更趨於科學理性的。先生在書畫鑒定中所作的比較研究，更主要側重在書畫語言要素的比較，就是：將同一位書畫家的作品與其代表作或公認的真迹進行比較，將同一時代或同一地域的諸多作品進行比較，將書畫家一生中不同時期的作品進行比較，將書畫家的作品與其從前及其後起的流派作品進行比較等等。具體到每一件作品，又從它的筆法、墨法、造型及構圖等要素進行比較。一般來講，先生是將這些關乎創作本身的諸要素作爲其書畫鑒定的主要依據的；同時，他也將題跋、印章及著録等因素作爲必要參考（注二）。一件書畫作品本身所表現出的諸般特徵，被先生定義爲書畫鑒定中的微觀因素；與此相對應，書畫作品由以產生的社會思潮、文化環境、歷史背景等，則被定義爲宏觀因素。作爲宏觀因素的時代背景可以覆蓋書畫家的個性表現，而書畫作品也反映着那個時代的各種特徵，書畫鑒定就是在這兩者的統一中形成的對於藝術的判斷。但在實際鑒定過程中，又因具體作品不同而在微觀與宏觀之間也有不同側重。一般地説，在傳世的同類作品較多的情況下，比較適宜用微觀比較，而作爲孤本存在的作品

（注一）楊仁愷先生《古代書畫鑒定的幾個問題》提出：中國書畫鑒定家"應該與所有的自然科學以及其他的社會科學一樣受到同等的待遇，首先把要領樹立起來，明白易曉"。"書畫鑒定本身屬於社會學的範疇，它是科學，有軌迹可循，從前還沒有人大膽提出這個命題。由於長期囿於欣賞的領域之中而不自知，甚至被別人譏之爲'望氣派'者有之，'著録派'者有之，就是不肯進一步從認識論的角度將其提高到科學的地位上來"。

（注二）楊仁愷先生《古代書畫鑒定的幾個問題》説："書畫鑒定有個主從之別，主者爲作品本身，從者乃輔助資料，對鑒定者本人至關重要。其輔助爲著録、印、題跋、絹素、紙張、裝裱。""以時代性和個性爲綱，同時聯係到流傳經過，諸家文獻著録、歷代鑒藏家的印記和題跋等等，它們都是從事鑒定的輔助資料。"

則更主要依靠宏觀探究。

對於遼博所藏李成《茂林遠岫圖》的考辨，是先生在書畫鑒定上進行微觀研究的一個實例。今傳李成作品，有三種以上面貌。謝稚柳先生《論李成〈茂林遠岫圖〉》根據原作并參酌北宋時期的山水畫諸作，認爲這件作品的作者是燕文貴，并在其編輯的《燕文貴、范寬合集》中將其作爲燕氏真迹編入。楊仁愷先生將《茂林遠岫圖》與原藏王己千後轉歸大都會博物館的屈鼎《夏山圖》進行細致比較，并與燕文貴的《江山樓觀圖》、《溪山樓觀圖》及《烟嵐水殿圖》等，在山頭形態、樹木姿態、流泉畫法、山石勾皴、樓閣安排、人馬造型等方面進行對照，認爲燕、屈之作與《茂林遠岫圖》雖同屬於北宋早期，但卻代表了不同的風格；又與藏於納爾遜美術館的傳爲李成的《晴巒蕭寺圖》進行比較，指出兩者在山頂小樹、山石皴法、墨色烘染、飛泉水口、車船行旅及樓臺水閣的布置安排等方面都極爲相近；又參照北宋諸家文獻對李成山水的描述，并結合歷代流傳印記、南宋鑒藏家向冰題識、元代大畫家倪雲林題跋及明清著録等，考定該作爲李成真蹟（注三）。

（注三）楊仁愷先生《北宋李成〈茂林遠岫圖〉與傳世諸作之比較研究》。

從作品的微觀特徵進行的比較研究，還有對元人林子奐《豳風圖》"海本"（海外某拍賣公司拍賣本）與"南本"(國内南方某藏家本)的真僞考辨。首先通過乾隆御筆隱首、篆文經書以及解縉諸跋，與《石渠寶笈》的著録完全一致（唯包首和玉撇已被替換），證明南本傳之有本，出之有據。又從人物形態、衣紋綫條、山石、水紋、水草、堤岸、樹木、草堂、篆書經文及石渠諸印等方面逐一進行細致比較，也證明南本爲真。又與臺北故宮所藏《元畫精華》中林子奐的山水册頁這個被鑒定界公認的真蹟進行比較，指出它們在皴法、點苔、綫條、水紋等方面絕無二致，從而論定南本爲真（注四）。還有，對於宋人《寒鴉圖》的考辨也側重於微觀語言比較。文嘉《鈐山堂書畫記》將此作定爲李成作品，得到張醜《清河書畫舫》、孫承澤《庚子銷夏記》的進一步肯定。楊仁愷先生指出，該作品於古樸渾厚中透現精細工致，有的描繪近於雕琢，與宣和畫院的氣息有一脉相通之處。并指出，它的相對年代可能在北宋晚期，最晚不得晚於南宋建炎、紹興年間。此外，先生還用對照比較的研究，考證《晉文公復國圖》爲李成之筆（注五），《宮中乞巧圖》爲五代作品（注六），也對《唐宋元集繪》中十四幅山水畫（注七）及傳世兩件《江山無盡圖》（注八）等進行了具有説服力的考辨。

（注四）楊仁愷先生《元人林子奐〈豳風圖〉真僞考辨》。

（注五）楊仁愷先生《〈晉文公復國圖〉管窺》。

（注六）楊仁愷先生《〈宮中乞巧圖〉的時代風標》。

（注七）楊仁愷先生《關於〈唐宋元集繪〉幾個問題的探討》。

（注八）楊仁愷先生《古代繪畫史上的一椿公案——對兩卷傳世〈江山無盡圖〉的辨析》。

需要指出的是，先生在進行微觀比較時，從來都不是拘泥在畫面局部要素的繁細比較之中，他總是把這些要素放在一個繪畫史的背景前來通盤考察。比如，對於元人林子奐《豳風圖》的考辨，就是與和林子奐時代相近的元末明初畫家徐賁、王紱等的作品相比較，從時代風格上確定其年代；對於《寒鴉圖》的結論，也是根據北宋山水畫幾個流派的前後演變，并聯係作品的風格特點推導出來的。

對書法作品的研究也是這樣。先生的《試論魏晉書風及王氏父子的風貌》通過實物和文獻證明，西漢時期已經産生真書萌芽，章草也從漢隸中演化出來，三國到西晉是過渡期，到東晉已經定型爲楷、行、草；并認爲王氏父子代表了當時"新"與"舊"兩種不同的書法觀念與面貌，也反映出當時存在着兩種審美勢力，這種勢力決定了王氏父子書法聲譽的消長；在把握時代風格與個性書風的前提下，對二王墨迹本、勾填本、刻帖本及臨摹本進行排列分析，并結合内容言辭格調、紙絹墨氣的年份、歷代遞藏的印記題識及各家文字著録等，探明作者真僞、各本之間的傳承影響、主幹支脉之關係、時代風格的更替等。又如，先生根據孫過庭《千字文第五本》文字中避李淵、李世民名諱，而字諱一字不避，認爲該作品的創作時期在唐代；又從書法演進史考察，此卷墨本是草法變革後，王氏風流尚未泯滅時所作；又與懷素草書《千字文》拓本和唐宋墨本拓本比較，認爲二者的草字結構大體一致；又參考流傳印記和題跋，特別是王詵的題跋，確認這件作品是唐代中期稍晚一點的書家根據孫過庭的原迹作爲日課信手臨寫出的（注九）。再如對張旭《古詩四帖》的研究，先生從草書發展的各個歷史階段及時代背景作綜合考察，又與直接或間接受張旭影響的後代草書家作品真蹟進行對照分析，從唐顔真卿《祭侄稿》、懷素《苦笋帖》、《自叙帖》及五代楊凝式《神仙起居帖》中去尋找答案，還進而從北宋黄庭堅《諸上座帖》中去探究兩者的來龍去脉（注十）。用這樣的研究，先生還對古代書法史上其他一些書蹟進行了考察，提出東晉昇平二年所書的小楷《曹娥碑》，其風格介於鍾氏"古質"與王氏"今體"之間（注十一），歐陽詢《行書千字文》與《張翰帖》是其早期的作品（注十二）等觀點。宏觀、微觀相參照的比較研究的一個學術範例，是先生對《簪花仕女圖》的研究。此圖在北宋以前無記載，後入南宋紹興内府，元明時流入民間，清時再度進入内府。楊王休《宋中興館閣儲藏圖書記》及阮元《石渠隨筆》都對其有所記載。清安歧於《墨緣匯觀》中明確標明此圖作者爲周昉，被後代鑒定家廣泛接受。到了一九六零年以後，先後有幾位當代鑒定學家發表對該作品的研究成果，就其時代的討論形成了南唐説、北宋説、唐代説等不同觀點。楊仁愷先生則以一系列有關《簪花仕女圖》的論文指出，畫中所描繪的婦女服裝（露胸裸臂、斜領大袖、曳地長裙）、黛眉（短眉）、粉重朱輕的化妝以及巍峨的髻鬟，都是唐貞元年間特有的生活習俗；并對髻上裝飾、簪花、手釧、猧子、丹頂鶴、牡丹種植及絲織業等進行詳細考辨，還論及構圖形式、形象氣韻、綫條形態、賦色技巧、圖案紋樣及絹質尺幅等，特別是對綫條、賦色、圖案的分析極爲細致。這些考證既有文獻資料也有考古實物、壁畫等佐證，從而以令人信服的論據，論證了《簪花仕女圖》是創作於唐德宗貞元年間的仕女畫的學術觀點（注十三）。在對《簪花仕女圖》的討論中，各家都離不開從服飾、化妝等生活習俗

（注九）楊仁愷先生《唐孫過庭〈千字文第五本〉墨迹考》。

（注十）楊仁愷先生《唐張旭的書風和他的〈古詩四帖〉》。
（注十一）楊仁愷先生《晉人書〈曹娥碑〉墨迹泛考》。

（注十二）楊仁愷先生《唐歐陽詢的書法藝術及其傳世墨迹考》。

（注十三）發表了《周昉〈簪花仕女圖〉真迹研究》、《關於〈簪花仕女圖〉的再認識》、《關於唐周昉〈簪花仕女圖〉一文的管見及其他》等多篇論文及《唐簪花仕女圖研究》專論。

（注十四）馮其庸先生《雲鶴其姿 松筠其品》，《傳記文學》二零零四年十期。

的角度切入研究。但在這些研究中，楊仁愷先生的論文所涉及的領域最爲全面，讀來令人"閉目如置身於中唐貞元社會之中"（注十四）。同時，先生所提出的有關服裝形製、黛眉、化妝、髻、飾品等資料，大都具有較窄的時間界域，從而更能有力地證明作品創作的特定年代。通過對《簪花仕女圖》的研究也可看出，先生對於書畫作品年代的考證，是將作品放置在當時社會的綜合場景中進行考察，盡可能地搜尋與作品相關的當時社會風俗及文化藝術信息，再用這些信息逐一對照於作品的每一構成要素，通過二者的重合、交叉、錯位等，來判定該作品在多大程度上進入到了所討論的時間區域之內，從而以"放眼大處，着眼小處"的視點，使書畫鑒定的研究向度縱橫擴展，并交織形成以中國書畫爲中心的古代某一時期的文化基本面貌。

實際地講，比較研究在當今的書畫鑒定中仍是一個最爲樸素而且實用的方法，如果説先生的《中國書畫鑒定學稿》是對書畫鑒定學進行了基本的學科架構，那麼，這一架構的基礎其實還是對於古代各時期書畫作品的多側面的比較研究。這種比較研究，既有像對《茂林遠岫圖》那樣的側重語言分析，也有像《簪花仕女圖》那樣的側重制度風俗比照，也有像林子奐《豳風圖》那樣側重於畫面與著録的對證。在這些比較研究中所借助的宏觀與微觀視角，又使書畫鑒定從一味地關注藏品本身而擴展到對於書畫家個性風格、時代風貌的探究與復原，從而將風格研究與風俗制度結合起來，書畫著録與歷史遺存結合起來，書畫鑒定與美術史關懷結合起來。因此，先生的書畫鑒定，其實已進入一種以書畫實物充實中國書畫發展史的學術高度。特別是他參照遼代壁畫、應縣木塔《神農采藥圖》及葉茂臺出土古畫，對李贊華、故瓛、陳及之等畫家，《卓歇圖》、《出獵圖》、《便橋會盟圖》等作品進行了深入研究，從主題內容、表現形式及技法等方面，探明了遼代繪畫的發展歷史。在幾十年的鑒定生涯中，先生對中國書畫史上諸多重要書畫家的作品都有鑒定和相關研究，不僅評定其真僞，更關注這些書畫家在書畫史上的地位及影響；不僅詳辨其筆墨構圖，更着意梳理這些書畫家的風格淵源與流派傳承，因此，先生的書畫鑒定學成就，就遠遠不是一個"鑒定家"所能涵蓋的。

先生亦擅書法，曾任遼寧省書法家協會名譽主席。王蘧常先生論其書曰："初嗜蘇長公，喜《西樓帖》，後及《石門頌》、《龍門二十品》，復合漢碑、晉帖爲一冶，凡數十年，所造益雄奇。"先生最擅行草，用筆嫻熟，結體自然，通篇如行雲流水。馮其庸先生論其字"純是學者之字，無纖毫書法家習氣"。其書法作品集爲《沐雨樓翰墨留真》。可以説，楊仁愷先生在書畫鑒定中對於書法筆墨氣息間微妙差異的鑒定敏感，在很大的程度上即是仰仗於他的書法修養。當然，先生更是一位在博物館崗位上辛勤工作了五十餘年的博物館學家，是一位過目古今書畫作品達六萬餘件的書畫鑒定家，是一位以對《佚目》書畫研究而飲譽海內外并構築了中國書畫鑒定學學科構架的藝術史學者。重要的是，先生不僅是身份上的身兼數家，他更是將藝術家的敏銳感覺、博物館學家的博學多識、學者的睿智理性及鑒定學家的精研細審集於一身，而他在書畫鑒定學上傑出的學術貢獻，就是這全面而豐厚的人文素養的完美結晶。

（牛克誠　中國藝術研究院研究員）

楊仁愷先生一九九六年紐約日記解讀

萬君超

（注一）李衎（1245—1320）字仲賓，號息齋道人，薊丘（今北京市）人。他善畫枯木竹石，雙鉤竹尤佳。墨竹初師金代王曼慶，後學北宋文同；雙鉤設色竹師法五代南唐李頗。李衎著有《竹譜》一書（《知不足齋叢書》收入七卷本），是他生平畫竹經驗的總結，此書對不同地區各類竹的形色情狀記述詳細，對各類竹的各種畫法也有詳盡論述，是學習畫竹者的津梁。

（注二）另一說法此齋號是從“櫛風沐雨，載沉載浮”之語中得來。

（注三）王方宇（1913—1997），曾任耶魯大學教授、美國西東大學教授、美國西東大學亞洲學系系主任。海內外研究八大山人的權威及最重要收藏家之一。

（圖一）楊仁愷先生《八年巡回鑒定筆記》

（注四）燕文貴(967—1044)，北宋畫家。文貴一作貴，又名燕文季，吳興人。擅畫山水、屋木、人物。本隸軍籍，曾任縣主簿，掌

楊仁愷（1915—2008）先生是著名的書畫鑒定家，他早年曾在北京琉璃廠以四袋白面粉換得一幅元人李衎（注一）的墨竹圖，圖上有“沐雨”二字，應是四條屏之一，遂名書齋曰“沐雨樓”（注二）。楊先生的書畫鑒定是自學而成，并無所謂的師承和門派。楊先生曾是國家文物局“中國書畫鑒定小組”六位成員之一，遼寧博物館之所以能够名列國內“四大博物館”之一（另三家是北京故宮博物院、上海博物館和南京博物院），楊先生功不可沒。他的所有著作我均已購讀，其中《國寶沉浮錄》（一九九一年）和《中國書畫鑒定學稿》（二零零零年）兩書，是書畫鑒藏者的必讀名著。楊先生也算是我在學習書畫鑒定的良師之一，在他逝世之後，我曾經寫過一篇短文《送別楊仁愷先生》。

楊先生生前經常出國做學術訪問和書畫鑒定，他有寫日記的習慣。廣州《收藏·拍賣》雜志近年得到了楊先生部分日記的版權，曾先後發表了楊先生在香港和美國期間的部分日記。在二零一零年第二期《收藏·拍賣》雜志上發表了《楊仁愷一九九六年五月訪美日記》，共有三篇日記（二十一至二十三日）。楊先生在日記重點寫了在紐約與王己千、王方宇（注三）和安思遠在書畫鑒定方面的內容。我選部分日記中的文字作簡單的“點評”和“導讀”，文責自負，與楊先生無關。

在五月二十一日日記：“他（超注：即王己千，下同）從友人處看到二玄社複製的李成《茂林遠岫圖》，認爲好極了，比原作清晰得多。謝稚柳主張是燕文貴，不對，是燕文貴（注四）學李成。這畫才是傳世最佳的李成之作，其他的所謂李成山水值得懷疑。”

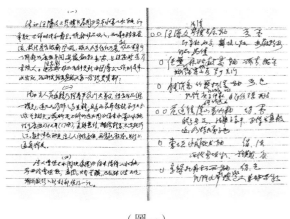

（圖一）

李成（919—967），唐李朝宗室。其父曾避亂於山東益都營丘（今山東昌樂境內），遂爲營丘人。故後人又稱李成爲“李營丘”。李成工山水，畫風多爲寒

林枯樹，意境冷寂荒寒，有故國懷舊之思。北宋初期，畫壇有所謂"三家山水"之說，即李成、關仝和范寬，而尤以李成影響最大，故畫史有"李郭系"之說，郭即著名畫論家和畫家郭熙（生卒年不詳）。但李成傳世作品極稀，在北宋時，米芾曾鑒閱數百件李成作品皆爲僞作，"真迹"僅有二三件，所以米氏當時就有著名的"無李論"。今存世的幾件李成作品，一般都標爲"傳"或"款"，沒有一件是公認無疑的李成真迹。"無李論"是中國繪畫史上一個著名的"個案"，它直接影響到了中國山水畫的發展史和"風格史"。《茂林遠岫圖》今藏遼寧博物館，標列爲"傳"李成之作。

謝稚柳先生有兩篇關於李成的研究文章：《李成考》（注五）和《論李成〈茂林遠岫圖〉》（注六）。謝先生認爲《茂林遠岫圖》是燕文貴的作品，與"李郭系"畫派"風馬牛不相及"。這其實是一個非常"專業"的畫史課題，所以在此無法詳述。簡單而言，燕文貴的畫風不屬"李郭系"畫派，他是將山水和界畫相結合的畫風，是畫史上所謂的"燕家景致"。如果我們將燕氏有落款的傳世名作《江山樓觀圖》（今藏日本大阪市立美術館）與遼寧博物館的《茂林遠岫圖》比較，的確兩圖畫風、筆墨和構圖上有"相近"之處，而與"李郭系"畫風相去甚遠。所以謝稚柳先生認爲《茂林遠岫圖》是燕氏之作的觀點應該可以接受。而王己千先生認爲此圖是燕氏學李成，并認爲"這畫才是傳真最佳的李成之作，其他的所謂李成山水值得懷疑"的觀點，不知從何得來。有一種"天外飛來"的突兀之感。王先生并不擅長寫學術文章，所以他有時的鑒定結論往往就幾個字，令人無法進行具體的"解讀"。

王己千先生又名王季遷，因自感天賦不高，故取"人十之，己千之"的箴言作爲別署，齋號"明德堂"。他出身於蘇州著姓望族之家，他少年即喜愛古書畫。曾向母親借五百大洋購買一幅王石谷（注七）的山水，被當時許多鑒定家都鑒爲是贋品，始知此道之深淺與凶險。他後拜吳湖帆（注八）爲師，專研書畫鑒定，與徐邦達先生同列爲"吳門"中"鑒定兩弟子"，深得吳湖帆"真傳"。後來移民美國，從事書畫收藏和買賣，被稱爲是海外六大中國書畫收藏家之一。他在書畫鑒定上有"師承"和"門派"，而謝稚柳先生在鑒定上并無"師承"和"門派"，雖然曾稍受張大千的"熏染"，但基本上是自學成家。

五月二十一日的日記還記道張大千《仿石谿山水》卷一事，他表示二人都具有很高的眼力，祇不過意氣對待作品真僞，實在不應該。中國當代的古書畫鑒定界歷來就有"南北派別"之說，謝、徐兩人是絕對擁有"話語權"的鑒定大家。徐先生有"徐半尺"之美譽，即一件書畫祇需打開"半尺"即可立鑒真僞。"徐門"弟子曾爲之揚譽得近乎"神奇"；而"謝門"弟子則對此表示深度"質疑"。中國歷來就有"門戶"之見，書畫鑒定亦然，可能比其他行業尤甚。其實

（接二百零五頁注四）管出納官物、銷注簿書，階從九品。存世作品主要有《溪山樓觀圖》(現藏臺北故宮博物院)、《江山樓觀圖》(現藏日本大阪市立美術館)、《煙嵐水殿圖》、《溪谷圖》。

（注五）一九五七年作《論李成》一文，發表在當年十一月出版的《中國畫》創刊號上，此文後更名為《李成考》。

（注六）一九六五年作《論李成〈茂林遠岫圖〉》一文。

（注七）王翬(1632—1717)，字石谷，號耕煙散人、烏目山人、清暉主人等。師王鑒、王時敏，臨摹宋、元名迹，吸取名家技法，治爲一爐。有"畫聖"之譽，與同時代的畫家太倉王時敏、王鑑、王原祁並稱"四王"；合吳歷、惲壽平，世稱"清六家"，其畫風影響後代。

（注八）吳湖帆（1894—1968）初名翼燕，後更多萬，又名倩、倩庵，字通駿，東莊，別署醜簃，書畫署名湖帆。江蘇蘇州人。擅長中國畫。歷任上海中國畫院畫師，海派重要畫家之一。

徐先生有此"特異功能"倒也不是沒有可能，"名醫"祇需察看一人之臉色就可基本診斷爲是否有病或所患何病。又比如我們對身邊極爲熟悉之人，僅憑他（她）的説話聲音或脚步聲音就可知道是誰了，而并不需要見面，即同此道理。

再回到五月二十一日日記中，王己千先生的那句對謝、徐鑒定水平的評價"二人看畫都較寬"一話上。世上的鑒定家大致可分爲兩類：一類鑒定極嚴，稍有一點不對之處立即判處"死刑"。此類情況一般多用於學術研究或爲公家鑒定；另一類看畫較寬，不輕易作否定，除非是低劣僞作，一般都手下留情而"放生"。此類情況多用於友情或取酬鑒定。所以説"嚴"和"寬"并不是固定不變的鑒定方式，是要看具體"情況"而定的。王己千先生看畫有時也是屬於比較"寬"者，我曾在拍場中見過一些他收藏的古代書畫作品，但其中某些作品的真僞，還是令人有些"質疑"的。我在黃苗子、郝家林合著的《倪瓚年譜》（人民美術出版社二零零九年八月出版）中看見王己千先生收藏的幾幅倪雲林山水作品，其中《溪山仙館圖》、《林堂詩思圖》和《江亭山色圖》（又名《春雨野亭圖》）的真僞就有點值得"存疑"。

另外，楊先生在日記中還對王己千"錙銖必較"的言行稍稍表示了"微詞"和"不快"。作爲晚輩後學，我無資格對前輩的"人品"多嘴饒舌。但據我所知，王先生是一個"以藏養藏"的收藏家和書畫商人，也曾因爲買賣交易而遭遇訴訟官司。他爲了能够成功競拍到一件書畫，會在事前先召開家庭會議（類似"董事會"），并且製定非常詳細周密的計劃，以及籌措調運所需的資金，其中非常有技巧性，令人嘆爲觀止，也的確有值得經常出入拍場的人士學習之處。而楊先生則是學者和博物館專家，因兩人的身份和處境不同而導致觀念或處世方式不同，完全可以理解。

在五月二十一日的日記中有一段寫道："方宇（即王方宇）是研究八大的專家，收藏特富，今晚取出大幅山水（淺絳色）晚年作一件，精極！"八大山人這幅淺絳山水名爲《仿倪瓚山水》，紙本立軸。高一百七十七厘米，寬九十三厘米。在北京匡時拍賣公司二零零九年春季拍賣會上，此圖以八千四百萬元成交。此圖原爲王己千藏品，後轉讓給王方宇，具體的交易價格不詳。此圖在海內外屢經著錄、出版和展覽，被視爲八大山人"最令人向往的傑作之一"。

在此拋開《仿倪瓚山水》的真僞和成交價不論。每當我們在拍場中或收藏家那裏，凡是見到石濤或八大的"精品"時（僞劣者不論），腦子裏一定要想到一個人的名字，那個人就是張大千！張大千在仿製其他古人作品時，可能有時會有一絲"破綻"顯露。而他"高仿"的石濤和八大兩人的作品，幾無"破綻"可尋，用肉眼實在無法鑒定真僞。所以現當代諸多石濤和八大的鑒藏名家無不在張大千的"高仿"面前"走眼"，這到并非是那些藏鑒家們的"無能"，而的確是張大千的"高仿"作品已達到了"登峰造極"的水平，在此方面可以説是真正的"前無古人，後無來者"。難怪外國的許多"專家"們也不得不稱其爲"令人既愛又恨的僞作大師"，甘拜下風，自嘆"眼拙"。著名的書畫史學者和鑒定家傅申先生就曾經告誡過人們：你如果要研究中國書畫史或從事書畫鑒定，一定要研究張大千！清代文學家袁枚曾經説過："自將雙眼秋水洗，一生不受古人欺。"雖是論詩之言，實書畫鑒定亦同此理也。

（萬君超　書畫鑒藏家、獨立撰稿人）

感懷

蕭文立

　　楊鮇溪先生與羅師鯁翁締交於一九五零年代，時同在瀋垣東北博物館為研究員。未幾鯁翁南旋北征，雖掌吉林大學教席，而一生蹭蹬鬱鬱不得志，埋首書叢，鉛槧自娛，聲聞不出里閈；鮇溪先生則始終服務館中，遂以研究清宮流失文物名於世，蹤跡遍天下，卓然為鑒賞大家。兩老交逾五十載，行蹤非密邇，然書信往還論學不絕，雅稱同調。今鮇溪先生遺物尚可見鯁翁書數百通，誠大觀也。燈窗小生得侍鯁翁門墻已在翁最後之十年，期間鮇溪先生數次專車來連探訪鯁翁，而緣慳一面，但於鯁翁追悼會，得遠瞻儀型而已。今者鮇溪先生高弟趙胥兄將為編紀念集，命作文述兩老交往事，義不容辭。本擬廣徵通信，詳考始末，而以為鯁翁編校讀書札記與夫雪堂先生文選事，略無暇晷，不得報命，慚愧無極，勉賦一章，聊述景仰之私，并以為他日之券云爾。

論交五十年，
蹟闊心仍密。
史海闡幽潛，
寰區蒐古佚。
輕車屢問存，
小子徒相失。
扶杖弔同懷，
此情天可質。

（圖一）楊仁愷先生與
羅繼祖先生筆談

（圖一）

（蕭文立　學者、獨立撰稿人）

靈魂深處的懷念

莊廷偉　常春光

　　現在雖然是初春，但是，我還是記着那年冬天刺骨的寒冷。那年，我在美國接到了楊仁愷先生逝世的消息。在那個冬天裏，心被堵得滿滿的。直至去參加楊老的遺體告別儀式，才清醒地意識到楊老的確離開了我們。九十三歲應該是長壽老人了，可是我還是希望他就這樣一直地活在我們身邊。

　　此生，能够與楊老相識，是我前世修來的福氣。楊老的爲人與學識，我輩敬仰。在楊老晚年的時候，我能够陪在他左右，這是我人生豐富的營養。楊老總是叮囑我要多讀書，要提高藝術修養。而我每做一件事，每搞一次書畫展覽，楊老都是鼎力相助，我知道這是他提携後輩，他也會把自己熟識的老朋友介紹給我，這些經歷不論是現在還是將來都是我珍貴的記憶與財富。説楊老是我人生路上的一座燈塔并不爲過，我的每個進步他都看在眼裏，他親筆撰文鼓勵我：“意志堅定，尊師重道，誠信不渝，心靈手巧，轉益多師，敬觀睦友爲本，故能書藝企業與時俱進，學無止境，藝也無涯，廷偉正當青壯年華，如能長此不懈，前程似錦，可以預卜也。”二零零三年，楊仁愷、么喜龍、莊廷偉書法聯展在遼寧省政協會館舉行，這是楊老以實際行動來支持書法事業，來鼓勵我在藝術上不斷創新勇於進取。如今寫下這些文字，我的眼前滿是和楊老在一起時候的片片時光與歡聲笑語。

（圖一）

（圖一）楊仁愷先生贈本文作者的墨蹟

　　那年，我陪楊老去盤錦參加遼河碑林開幕式，楊老看到我衹是穿着T恤衫，覺着會凍着，就找來他的衣服給我穿。在那個開幕式上，啓功先生也從北京趕來，兩位老人都是國務院書畫鑒定五人小組的成員，兩位老先生喜相逢，感觸頗多。這是我第一次見到啓功先生。兩年後，啓先生去世，楊老又特意邀我一同去北京參加啓功先生遺體告別儀式，那也是我最後一次見到啓功先生，楊老特意爲啓功先生作詩云：“相交六十載，情誼親且深。德藝眾所慕，楷模重古今。音容長相憶，熱淚濕綸巾。"并把這首詩寫成書法作品贈送給啓功先生的内侄章先生，以表達自己對老友逝去的悲傷之情。

這兩年我覺着楊老從未曾離開過我，每每走在瀋陽故宮步行街上看到楊老題寫的牌匾，熟悉的綫條，熟悉的落款，就好像看到了楊老寫字時的樣子：蘸墨，揮筆，然後摘下眼鏡，貼近再仔細看自己寫得如何，之後我幫他蓋章。再幫他把印章擦净。現在，想他的時候，隨處就會能看到他的字，就會在腦子裏想他寫字時候的樣子！楊老喜歡吃榴蓮，我也愛吃。有時去楊老家，我會帶上榴蓮，我和楊老一起吃，很開心，爲找到了"臭味相投"的緣分而開心。楊老也喜歡喝醋，喜歡吃魚，他不喝酒，不知道他的長壽和這些有無關係。

楊老是書畫鑒賞家，這大家都知道，楊老也是書法家，這大家也知道。但是，是楊老促成了中國書法家協會的成立，這可能很多人還不知道。因爲這事，楊老都忘了。偶然的一天，我意外地發現了一幅楊老在一九八零年四月書寫的書法作品。這一作品是他爲中國第一屆書法篆刻展寫的前言。這個書法展於一九八零年五月十日在遼寧美術館正式舉行，各省以及日本代表團參加，盛況空前。在該前言中，楊老寫道："可以相信，通過此次全國性展覽，必將對今後書法篆刻藝術産生深遠影響，對國内外文化交流和增進人民之間的傳統友誼，更具有深遠意義。" 距瀋陽書展僅僅一年的時間，也就是一九八一年五月九日，中國書法家協會宣告成立。今天，遼瀋地區的書法藝術的長足的發展以及在全國的領先地位，楊老功不可没。

楊老是一個非常可愛的老人，他幽默、慈祥、樂於助人，又非常細心。有次，陪他去浙江，在機場，他看到了一件棉背心，非要買，我以爲是給孫子買的，結果到了瀋陽，才知道是給我的妻子小常買的，因爲，那時的小常弱不禁風，老是生病，楊老戲稱她是黛玉。雖然那件背心是童裝，可是小常還是滿心歡喜地收藏着，捨不得穿。楊老也是一個非常寬容的人，他的眼睛有一隻"文革"的時候被打得視網膜脱落了，那個時候楊老認識很多眼科專家，但是當時的造反派不讓治，就給耽誤了。後來，"文革"結束了，楊老并沒有把這種個人恩怨記到打他的那個人頭上，他照舊給他漲工資，因爲他覺着他也是受害者。有一年冬天，下雪，我帶着楊老和老夫人去配眼鏡。驗光師給楊老檢查得非常仔細，大約二十來分鐘後，驗光師遺憾地説："老先生，您這隻眼睛老化了，配不了眼鏡了。"這時，楊老才説："你看這隻眼睛，那隻早就壞了。"也許楊老還以爲：我就是看你能不能看出來呢。

楊老第一次生病的時候，我去陸軍總院去看他，那時他高燒三十八度，已經有些昏迷了，過了很長的一段時間才好起來。病好了，又是忙忙碌碌，還照樣滿世界地飛。再後來又住院，然後到北京三零一醫院，然後又轉到金秋醫院，我常去看他，他的思維依舊的清晰敏鋭。那天，教師節，我提着一籃子從山裏采來的桃子、西紅柿看他，楊老不吃，卻讓擺在那裏，説看着高興。那天聊了好久，他談笑風生，好似從前。楊老説自己的妹妹從重慶來看自己，妹妹八十歲了，身體卻相當硬朗。他説他們家是長壽家族，他有三個姊妹，其中還有一個在臺灣。有一天楊老還高興地告訴我，前兩天，李瑞環同志特意從北京來瀋陽看望他了，生病時，有老朋友來看望，這讓楊老很高興。當時遼寧的書記省長都陪着，大家都知道，這個老人家是國家的寶貝。再後來，他的身體狀況越來越不好了，開始使用呼吸機。醫院已經謝絕探視。每次看望楊老回來，我心裏非常難過，因爲楊老的思維清醒卻已無法表達。想起我和焦利部長去看他時楊老説的話："我不行了，我到站了。"

　　二零零八年二月十五號，我們去爲楊仁愷先生送行。我看見他安詳地躺在花叢中，身上覆蓋着黨旗。還是那個熟悉的老人，還是平常的裝束，那個氈子帽依舊戴在頭上，祇是這次我們送他遠行，今生的緣分也就劃爲句號。而我最欣慰的是能够爲楊老出了兩次書法集，開了一次楊仁愷藝術研討會，手中收藏了大量楊老的書法作品。每每看到那些字，都會從心底説：真好，真自然，真老道！這是他留給後人的一筆寶貴的藝術財富。

去年，由瀋陽晚報社安排，我拿出自己珍藏的六幅楊老的書法拍賣，所得款項全部捐贈給在四川巴中貧困地區小學，將這座小學命名爲四川南江縣仁愷小學。其實，楊老在活着的時候，就捐資助學，幫助很多困境中的年輕學子。我想我這樣做，如果楊老地下有知，會深感欣慰的。

　　眼下四月，天氣依舊有些陰冷。在以後的時光裏，再也不能和楊老沐春風，看夏花，賞秋景，觀冬雪了。而每到四季輪回時刻，我們的心裏都會空落落地難受，再也無處尋覓那個和顏悦色、博學和藹的老人。即便如此，這個老人，没人會忘記，就像没人能忘記那幅《清明上河圖》一樣，因爲這樣的記憶是屬於民族的，屬於歷史的。關於他的記憶永遠是鮮活的。

（圖一）

（圖二）四川省南江縣仁愷小學

（莊廷偉　書法家　常春光　記者）

沐雨仙翁，您永遠活在我們心中

——寫在楊仁愷老師仙逝兩周年之際

王　成

也許是我們翰墨結緣太久太久，
也許是我們之間情意很濃很濃。
可能是上天叫你來做我的良師，
但你卻謙和地說我們永遠是道友。

九十三個春夏秋冬，
你鑒寶護寶奉獻祖國。
九十三年的輝煌人生，
你著書立言爲世人享用。

當成隊的人群泣淚把你相送，
當沉重的哀樂在大廳中奏鳴，
當鮮紅的黨旗覆蓋在你身上，
當你安詳地躺在鮮花叢中，
我真不敢相信你已離去，
覺得你才剛剛睡着，
耳邊似乎又想起你那熟悉的鼾聲。
此刻，你太累了，該歇歇了。
劉歡的深沉的演唱，
縈繞在我的腦海當中。
我知道你一旦醒來，
又要投入到繁忙的工作當中。

沐雨仙翁，
與你相識是一件幸事，
和你交往是一種福分。

多少次與你在夢中相見，
多少次看到你忙碌的身影。
最幸運還能聽到你的諄諄教誨，
最高興還能看到你那燦爛的笑容。

十幾年的朝夕相處，
我們一同去新馬，走山東，去上海，走北京。
從蘇浙到豫皖，
從廣東到遼寧，
一椿椿往事，
一幕幕情景，
好像在眼前剛剛發生。
我不肯相信你已經走了，
你總在說還要做許多許多的事情。
有位大學者說：
人有本體和精神兩重生命。
雖然你本體的生命已經終止，
但你的精神生命卻永遠光大爲後人照明。
你留下的鴻篇鉅著世世代代都會傳承。

和你接觸過的人都說你是一顆福星，
不管富貴，
還是貧窮，
祇要他正直向上，
祇要他勤奮用功，
你不但扶他上馬，
還要再送上一程。
不知有多少書畫家的專集裝有你的序言，
不知有多少名人書籍的封面印着你的墨緣。
人們稱讚你是一盞指路明燈，
永遠照耀着我們的藝術生命。

沐雨仙翁，
助人爲樂是你至高的品行，

大公無私讓你德高望重，

言傳身教你身先士卒，

爲人師表你高山景行。

翻開你的藝術人生，

看到你的治學歷程，

你苦中有樂，

樂在其中。

你是文化界的最高泰斗，

你的藝術之樹永遠長青。

安息吧，沐雨仙翁。

你已經超負荷完成了歷史使命，

你的輝煌事業一定會有人來繼承。

你的願望一定能够實現，

祖國的文化事業一定會更加繁榮昌盛。

沐雨仙翁，你永遠活在我們心中。

（圖一）

（圖一）本文作者與楊
仁愷先生在海南

（王成　畫家）

無限的關懷

——追憶吾師楊仁愷先生

張繼剛

恩師楊仁愷先生離開我們已有一段時日了，但時間無論怎樣地流逝，陰陽怎樣地相隔，我與恩師間的清談是從來没間斷過的，無論我在域外還是在書齋，先生的笑容總是在我眼前、腦海、夢中出現，諄諄教誨的恩德澤我如家嚴，我怎能忘乎！

追思先生燦爛平淡的人生，使我更加深刻地理解了"風範"兩字的真諦内涵，偉大的人格是先生留給我們民族、學林及後學者寶貴的精神財富，我與先生從學三十年感受甚多，先生大胸懷、大博愛、大境界、大學問、大文化觀是舉世公認的，一生爲搶救民族文化藝術瑰寶鞠躬盡瘁忘我工作，耄耋之年足蹟五大洲，品鑒尋寶以傳播中國文化藝術爲己任，這種情懷與精神是中華民族士人永恒追求的高貴品格，也是楊老對祖國母親的一份摯誠之愛。

追思往昔，歲月難忘，我從楊老遊轉瞬已經三十年了，三十年來我無時不在幸福愉悦中度過，記得二十世紀八十年代初，我有幸在郭半雲（注一）教授推薦下前去拜訪先生，是日瀋城大雪，我懷着興奮、激動、膽怯的心情拜見先生躬立於書齋中，一個對繪事不解萬分之一的鄉村少年，面對心中久慕的先生，卻惶恐的不知如何開口，説不出一句話來。楊老看出我的心事，給予我春風般的温暖，和靄可親地詢問我的家庭及個人情況，當知道我讀書不多又没有很好的繪畫基礎時，則語重心長地對我説："中國古代乃至近現代有許多大學者、大藝術家都是在老師的指導下以自學爲主，經過自己的不懈努力最終有所成就，一個人祇要有恒心，追求未來的理想，就一定會實現自己目標。你還年輕祇要努力未來會是很好的！想學習就來家裏吧。"先生的話語使我泪水盈眶，一代大儒對後生的鼓舞、激奮、關懷與厚愛，"大德莫過於施教"，這正是楊老品格的自然真實流露，他老人家以人格力量影響我一生做人做事和追求,在先生的鼓勵指導下我先後考入了魯迅美術學院和遼寧師範大學中文系，在校學習期間楊老從没有間斷過對我的教導，并常告知我要轉益多師，這樣才會求學精進,獲得更多的知識有益於進步，先後推薦我拜識謝稚柳、朱屺瞻（注二）、唐雲（注三）、啓功（注四）、馮其庸等多位先生問學求道，他老人家虛懷若谷、高風亮節的品德爲我們樹立了一個時代的豐碑！

（注一）郭西河（1917—1995）魯迅美術學院資深教授，關東畫派創史人之一，與鍾質夫、季觀之、晏少翔並稱爲魯美四老，中國美協會員，遼寧美協顧問，遼寧中國畫研究會副會長，國家一級美術師。出版有《郭西河畫集》、《寫意花卉》等。

（注二）朱屺瞻（1892—1996）名增鈞，號起哉、二瞻老民。齋名梅花草堂、癖斯居、養菖蒲室、修竹吾廬。海派著名畫家之一，出版有《朱屺瞻畫集》、《癖斯居畫談》、《朱屺瞻畫選》等。

（注三）唐雲（1910—1993）,字俠塵，別號藥城、藥塵、藥翁、老藥、大石、大石翁，畫室名"大石齋"、"山雷軒"。海派重要畫家之一。

（注四）啓功（1912—2005）字元白，也作元伯，中國當代著名教育家、古典文獻學家、書畫家、文物鑒定家、詩人、國學家。

三十年來我在恩師指導下從鄉村走入大學，從大學走向社會，時刻關心我的成長，使我在繪畫、鑒賞以外學到了諸多知識，豐富了我的人生閱歷，改變了我的一生。

記得一九八五年冬季遼寧普降一場大雪，我從大連乘汽車去瀋陽看望恩師及師母，臨行前告知先生約當日下午四時左右回到家裏，半路因雪大車停加之無通訊設備無法和先生聯繫禀明路途情況，於次日中午才得以拜見先生。與恩師接談數語老人便去休息了，師母告知我老先生擔心我路滑車險，幾乎整夜未眠，我看到恩

（圖一）

師疲憊的身影，心情無法平静，悔恨自已做事如此不細心，讓先生擔心整夜，這父親般的大愛讓我熱在心頭，怎能忘卻！一九八六年因我學習用力過度加上創作及手上有兩本書稿的撰寫，工作緊張身體有些不適，楊老得知後每月都要打來幾次電話詢問我學習工作和身體情況，嚴肅地告誡我目前主要任務是放下學習創作寫作，静養身體，一切以身體爲重，爲此楊老還專程來大連看我三次，爲我寫了一幅墨寶"身體是事業的本錢"相贈，可見先生對我的恩德比泰山還重，我今生是難以報答之萬一了，惟有努力學業，才不負先生對我的厚愛。生活中的關懷，學業中的指導常令我終生難忘，八十年代初我在先生的指導下認真研究宋代繪畫鑒賞與技法，經過臨摹、寫生、創作三個階段，隨後有機會跟隨恩師品鑒歷代名蹟，使我對繪畫的感受發生了質的變化，對歷代流傳下來的作品有了初步的認識。每當看到一件作品時楊老都要求我查找并熟讀歷代鑒家及當代諸師對這件作品的品評文字，作好筆記，記錄讀畫時的感受爲將來的深入研究打下基礎，鼓勵我多寫文章，理論與繪畫技法并進。每當我寫完文稿向先生請教時，老人都會認真地修改審定，給我留下了終生難忘的印象。一幅畫作完成後楊老也要爲我作出精微細致的點評，幫助我把握好學習的方向，使光蔭不廢。

三十年來先生對我的教誨，恩澤無限，内心的感念絶不是幾行文字所能表達的，先生道德文章、風範人生將會與世并存，永遠留在我的心中。

（張繼剛　畫家、香港中文大學教授）

沐雨芳齋歸何處，空對書卷悼英魂

——懷念楊仁愷先生

王　鵬

　　再回首已近三年，這期間多少晨鐘暮鼓，多少人事更迭。不論每天怎麼忙碌，總有一個人會浮現在眼前。在忙碌時，他勸告我要注意身體；在浮躁時，他告誡我要冷靜；在低沉時，他提醒我要積極面對……這個人就是我的恩師楊仁愷先生。因工作原因，我和許多德高望重、德藝雙馨的老先生都有接觸，但其中對我幫助最大、使我受益最深的則非楊老莫屬。

　　我家與楊老家是世交，從八十年代起，我便經常在長輩的聚會上見到楊老，從那時起便蒙楊老篤篤教誨，獲益不淺。一九九一年，我來到已改革開放十多年了的深圳，其時深圳正駛上繁榮發展的快車道。霓虹閃爍的街頭，每天都是人們匆匆忙忙走過的身影，與當時內地初起的浮躁氣氛相比顯得更甚。在這樣的情況下，楊老總會來信來電詢問我的工作情況，并殷切囑咐我安心工作，平心静氣砥礪自我則自當有所成就。

　　一九九七年，何香凝美術館在深圳建成開館，我亦調入館中，主要負責展覽策劃與書畫研究工作，與楊老的聯繫接觸更多了。何香凝美術館幾年間與遼寧博物館一起成功地舉辦了"中國古今書畫真偽對照展"、"稀世墨寶——遼寧省博物館藏歷代書法精品展"、"遼寧省博物館藏二十世

（圖一）

紀中國畫精品展"、"近現代名家書法篆刻毛澤東詩詞展"等一系列的展覽及相關講座，受到深圳市民的極大關注，可謂盛況空前。這期間，每當有新的展覽方案，我有不清楚的問題或者有些新的想法，我都會請教楊老以求指導，楊老總會從百忙中撥冗第一時間給我最大的支持。

　　"稀世墨寶——遼寧省博物館藏歷代書法精品展"是深圳有史以來展出級別最高的展覽，展品中有唐代張旭的《草書古詩四帖》、宋徽宗趙佶《草書千字文》等國寶級展品。該展覽也是媒體關注度非常高的一次展覽，據統計，展後相

關電視及媒體報道多達幾十次。其時，該展覽不僅吸引了深圳市民踴躍前來排隊參觀，也吸引了在深休息及來深視察的胡啓立、彭衝、任仲夷等中央領導前來觀賞，他們均對遼寧博物館的館藏讚嘆不已。"近現代名家書法篆刻毛澤東詩詞展"也非常特別，廣受業內人士及普通民眾的肯定。該展覽展出的均是以毛主席詩詞爲內容的名人名作，數量之多、名家之廣、檔次之高，在國內眾多的展覽中堪稱罕見！其中不乏黨和國家領導人及老一輩無產階級革命家的手蹟，如：朱德、董必武、葉劍英、劉伯承、郭沫若、陳叔通、張愛萍、趙樸初等；亦有許多著名的作家、詩人、畫家、書法家、文學家、史學家及科學界代表人物的墨寶，如：茅盾、葉聖陶、臧克家、齊燕銘、章士釗、田漢、沈尹默、傅抱石、潘天壽、啓功、華羅庚、嚴濟慈等。他們在各自領域所作出的卓越貢獻與其珍貴的墨寶，隨着歲月的流逝，更加顯得光輝燦爛、彌足珍貴。這些特殊的展品現藏於遼寧省博物館。因緣變幻，這批珍貴作品的匯聚全得力於楊老的發掘與徵集！一九六二年毛主席詩詞陸續公開發表，引起社會各界的強烈反響，其時遼寧省博物館打破了祇收古代名作的行規慣例，欲從社會各界的名家中廣泛徵集以毛主席詩詞爲表現內容的書畫、篆刻作品，工程浩大、任務繁重，這項前所未有的工作落在了楊老身上。楊老沒有絲毫拖延和怠慢，一方面向名家發函邀稿，另一方面請北京榮寶齋代爲徵集，以楊老的影響力及號召力，這批無與倫比的珍品才得以匯聚在一起，顯現了海納百川、恢弘博大的氣象，這才有了"近現代名家書法篆刻毛澤東詩詞展"在何香凝美術館展出所獲得的成功！

楊老是享譽海內外的大鑒定家，其鑒寶的慧眼讓許多蒙塵的國寶級書法名畫重放光彩。楊老爲人熱情直爽、寬厚豁達，但凡有人邀請他去鑒定書畫，祇要身體狀況允許他就從不推辭。嶺南一帶多收藏重鎮，民間雅好書畫之人甚多，但有許多人不辨真贗，所以楊老也常被請到南方來鑒定書畫。蒙楊老不弃，我常隨侍左右，充當助手。這對於我來說堪稱天賜機緣，不僅得以親眼目睹眾多名家名作，且於中學到豐富的鑒定知識，可謂受益終生。

二零零零年八月初，楊老應已故的菲律賓著名僑領莊萬里之子女的邀請，前往菲律賓馬尼拉的"兩塗軒"爲其鑒定書畫。此次楊老也命我以助手身份同往。莊萬里先生乃菲律賓僑界首富、一代儒商，一生性喜古物，篤好收藏名人字畫，是海外極爲重要的古書畫

（圖二）本文作者陪同楊仁愷先生在菲律賓兩塗軒鑒定書畫。

（圖二）

219

收藏大家。抗戰勝利之後，其不惜重金從日本、香港、臺灣等地的古董店、文物市場及收藏家手中收購了大量的中國古代書畫，其收藏囊括歷朝歷代各種門類近千餘幅之多！莊萬里先生逝世之後，其子莊長江、其女莊良友繼承父親遺志，爲了其父遺願，願將一批重要書畫捐贈給上海博物館收藏。在楊老此行之前，莊家也曾請啓功、劉九庵、鍾銀蘭、單國強等先生前往鑒寶，但仍有一些疑難之處懸疑待解。經過一周的緊張鑒定，我們飽覽了莊氏的收藏，楊老也解答了莊氏針對所藏書畫提出的種種疑問。在這段時間裏，我們與莊氏子女朝夕相處，關繫融洽，真可謂不虛此行！鑒定結束後，莊氏子女提出要付給楊老鑒定費以示感謝，但楊老執意不收，他説："我來看畫是份内的事，看了這麼多精彩的書畫作品，是我的眼福，哪有收錢的道理！"但莊氏子女執意要給，楊老堅辭不成，最後表示："如果一定要表示感謝，那就捐贈一些書畫給遼博吧。"莊氏子女欣然應允，并讓我們自行挑選藏品。我們挑選了包括清人蕭雲從、奚岡及近代齊白石、于右任等人的作品十四件（册）。第二天我同楊老一起乘飛機經香港轉到深圳，然後返回瀋陽。在回國的飛機上，楊老不放心這批難得的饋贈珍品，堅持不隨機托運這些"寶貝"而是一路抱着乘機。到瀋陽後，遼博的趙曉華女士來接機，楊老不顧舟車勞頓直奔博物館，爲這批"寶貝"辦理收藏手續，辦妥之後，楊老才乘車回家。一代博物館學家赤誠爲國、爲博物館的風範，真令我欽佩不已！楊老的工作態度，也爲我樹立了榜樣，成爲我人生中的積極動力！

二零零四年遼博新館準備開館，爲配合新館的展覽及相關的研討會，遼博計劃出版《遼寧省博物館所藏清宮散佚國寶特集》書法繪畫兩大卷。楊老也命我參加了這兩部大書的編輯、印製工作。楊老在討論會上一再强調，新館的開館遼博一定要給大家一個驚喜，將館藏的國寶書畫精品展示給海内外觀衆，并將兩大卷特集印到國内最高水平，要做到展書如觀原作！楊老對此事也是事必躬親，不放過任何一個可能出問題的細節。最後的印刷由國内在印刷藝術品畫册方面最具影響力的深圳雅昌公司負責。在最後關鍵的校色階段，楊老不顧年事已高、路途遙遠，親自飛抵深圳參與校色，令在場的所有工作人員十分感動，大家均無比欽佩！這套鉅册順利出版後，成爲當年的暢銷書之一，并獲得國内出版界的最高榮譽獎。在這些榮譽的背後，祇有我們這些參與人員才知道，這一切無不浸透着楊老的智慧與辛勞。我更是深深地感到，能有這樣好的老師，我真是三生有幸！

當代書畫鑒定領域裏的權威之作《國寶沉浮錄》是凝結楊老畢生心血的結晶。該書把《佚目》書畫記録得翔實生動，出版之初便得到了茅盾先生的首肯，矛盾先生親爲之賜題書簽。二零零七年，上海古籍出版社找到楊老，商討想將《國寶沉浮錄》出版最新彩圖典藏本，并將楊老近年所寫文章及最新發現之《佚目》書畫放入書中，使之成爲内容最全最豐富的一版。最後楊老同出版社商定，此書由我負責編輯及選配書中所配圖片。當我接下這一工作後，實在誠惶誠恐，深知此中之信任與責任。爲不辜負楊老的委托，祇有把這一工作做好。這其中最難的便是書中圖版的選擇與拍攝。書中收錄的作品皆是世上罕見的精品，大都藏於國内外博物館或重要藏家手中，如想將每件書畫都配以一一對應的清晰圖片，是極其困難的事情。但這既是壓力又是挑戰。經過半年多的時間，在衆多博物館好友及朋友的幫助下，我終於搜集到了書中三百多件作品的原版圖片。當此書的設計稿完成後，楊老已因病重住進了北京三零一醫院。楊老治療一段時間可會客後，我將書稿送到醫院給楊老審閲，楊老看後非常高興，愉快地簽字同意印刷了。此後經過一個多月的印刷，當我將裝幀精美還散發着墨香的新版《國寶沉浮録》送到醫院，交到楊老手上時，先生高興地笑了。此時的我稍微松了口氣，其時先生病重今非昔比風雨飄搖，真是令人扼腕嘆息！所幸新版《國寶沉浮録》的出版，或許也給當時的楊老帶來了些許安慰。

先生之風，山高水長；先生之德，萬古長青；斯人已去，精神長存。楊老一生致力於書畫鑒賞及中國文化的傳播，受其教育和影響的學人不計其數。與楊老交往的二十多年裏，我無時無刻不受到楊老的恩澤。楊老的書齋名沐雨樓，楊老的恩澤真如潤物無聲的春雨，一直在滋潤着文化界，滋潤着我的心田。楊老走後，往昔點點滴滴總是浮現，若不是楊老殷勤教誨及提携，我怎麽會有今日在工作上取得的這一點小成績？此時此刻，空對楊老的遺像，不禁泪下滿襟。我想由衷地説一聲："謝謝您！楊老！願您在天國安息！"

（王鵬　深圳市臻致文化發展有限公司藝術總監、深圳市雅昌文化發展有限公司藝術顧問）

小草沐栽培

——追憶楊仁愷先生

孫熙春

《國寶沉浮録》與《中國書畫鑒定學稿》兩部鉅著，注定了楊老活着的時候就是不朽的人了；對文博事業，確切地説是對文化事業投入的心血與貢獻以及對後學的關懷與提携，注定了不論楊老仙逝多久，人們依然會懷念他！

寒暑流易，楊老離開我們已經兩年了。二零零八年二月十五日上午九時，楊仁愷先生的遺體送別儀式在瀋陽市回龍崗舉行，告別廳中張懸的衆多挽聯中，有我敬獻的一聯：

> 等身著述，豈徒《國寶沉浮録》；
> 傾心文博，無愧"人民鑒賞家"！

還有代友人撰寫的幾聯，其中兩聯爲：

> 穌溪雲凄，驚人民鑒賞家確已仙逝；
> 瀋水風慘，嘆《國寶沉浮録》不應曲終。

> 細辨丹青，著述可傳世，高山殷向往；
> 奬掖後學，修德不圖報，小草沐栽培。

此後我便再也没有寫下關於楊老的文字，原因很簡單：一是認爲懷念是在心裏的，更何况我拙於言語文字；二是認爲處在向學階段的晚輩斷不可攀鴻翮、附驥尾以博虛名。

但是兩年間，總有一些與師長、朋友的交談是關於或涉及楊老的：與馮其庸老師，與晏少翔先生、徐萍女士、郭子緒先生、叢文俊先生、郭延奎先生，紀峰兄、董寶厚兄、趙胥兄……尤其是近一年來，因爲楊老入土一事，與趙胥兄多有聯絡。趙胥兄受楊老家人委托，策劃再出楊老紀念文集，海内外徵集紀念文章，個中辛苦，鮮爲人知，古道熱腸，甚爲感佩。兄一再囑托我寫一點紀念文字，却之不恭，也許我能够代表一些受過楊老恩澤的年輕學子，所以還是從這個層面來追憶楊老先生吧。認識楊老很早，但真正走進沐雨樓時楊老已是八十歲的老人了。一九八零年，黑龍江省的少年女書家婁正剛來瀋在遼寧省博物館舉行筆會，我和周幕瑩作爲瀋陽市少兒代表參加了那次筆會并當場揮毫，楊老看了我寫的字後給予了鼓勵并説歡迎到家中去，但父母終因我年齡尚小而未帶我討擾。多年後，當我有機緣登門向楊老問學并提及這已是十多年前的往事時，楊老依然清晰地記得，并告知了我婁正剛在國外近況。楊老驚人的記憶力以及對後學的關注令我感慨不已。

得識寬堂馮其庸老師後，與楊老以及晏（少翔）老的問學、交往的機會漸漸多了起來，也慢慢地對老先生們的道德文章有了較爲深入的了解，其中楊老對後學的關懷與提携的方式方法，更是使我受益匪淺、感悟良多。

（圖一）

楊老總是不失時機地爲後學打開學術、藝術眼界，擴大交遊範圍。

戲稱自己“琉璃廠大學”畢業的楊老，曾經和郭沫若、黃賓虹、傅抱石、張大千、徐悲鴻、沈尹默、謝無量、馬衡、老舍、茅盾、顧頡剛、鄧拓、張伯駒等諸多先生情誼在師友之間，這種經歷與交遊無疑成爲楊老學術與事業成就的基石之一。對於後學，楊老感同身受，總是毫無保留爲他們引路，介紹引見前輩專家學者，利用各種時機開拓他們的眼界。於此我就有切身的經歷，每有國內外的著名的專家學者、書畫家訪問遼寧省博物館，或是遇有博物館周年慶典、學術會議等，楊老總會托人告知學力與資歷尚淺的我側身其中，耳濡目染、開拓眼界。

楊老還不時地爲後學創造真正“學”與“習”的機會。

“學”而能“時習之”，才會得到真正的“悦”。楊老得知我好書之外亦能治印，且喜金石之學，便有意約我至家中給我看他的常用印，使我得到了難得的“學”的機會。喜好篆刻的同道都有體會，能夠見到名家現場操刀治印，遠勝過自己數月的摸索實踐；能夠見到名家印章原石以及原石打印的印譜，甚至抵得上自己黑暗中數年的體悟。寬堂馮其庸老師曾將自藏的二金蝶堂印譜等明清流派名家原打印譜借我研讀一載有餘，今又得見大師齊白石、康殷、李世偉、吳子建、韓天衡、王運天、劉一聞等名家爲楊老所治印章之原石，我相信這種學習的機會與條件不是所有的人都有此機緣的。未幾，楊老又命我爲其以及友人治印數方，我知道這是老先生在有意讓我“習”，令我感到欣喜的是有兩三方我治的印是楊老常用的，這是對我極大的鼓勵。此後，楊老還曾命我爲其友人趙先生鑒定其收藏的印章，并彼此交流對印作真僞的看法……凡此種種，歷歷在目。楊老對後學的關懷與提携是"潤物細無聲"式的，這種長者之風於今已是難得一遇！

楊老有着極其廣泛的社會交遊，在我看來這種交遊實質是楊老爲社會作貢獻服務的，爲學術發展進步服務的，爲澤及後學服務的。

這是楊老除卻言傳之外，對後學者的身教：真正的朋友之間某些學術觀點是可以不同的，祇要有助於文化的傳承與發展。楊老與壯暮翁謝老的友誼既是很好的例證。我與石魚居主人晏少翔老先生交談時得到的信息亦是很好的證明。楊老與晏老有着半個世紀的交誼，晏老九十壽誕時楊老曾以灑金紙書寫"壽"字爲賀，同樣晏老親繪松鶴圖以爲楊老九十大壽，兩件作品至今依然分別張懸在兩位老人家中，見證着兩位老人的友誼。晏老爲遼博臨摹的《虢國夫人遊春圖》、《神駿圖》就是楊老的主張，晏老爲恢復"湖社"做種種努力時，楊老亦積極參與……一次，我與遼寧畫院的李智兄一起問學於晏老，談及《虢國夫人遊春圖》時，晏老説關於畫面中哪一位是虢國夫人他有不同於楊老的看法——隊伍最前面的男衣冠者，并拿出幾十年前撰寫的文章給我看。我問楊老知不知道您的看法，晏老説楊老是學者，他有他的堅持；我是畫家，畫作的臨摹者，我有我的角度。言語神態中充滿了對往昔二人交誼的回想……

楊老給予別人的太多太多，尤其是對於後學，人們可以從李經國先生編的《沐雨樓來鴻集》和遼寧省文史研究館、遼寧省博物館印行的《楊仁愷紀念集》得到多方印證。如果把受到恩澤的後學比作遍及天涯的小草，那麽可以説楊老就是無私的太陽，讓人永遠感覺那麽温暖、親切！無論從前，現在，還是將來。

（孫熙春　瀋陽大學文化傳媒學院中文系主任）

育我情真淚頻揮

——懷念楊老

趙 肙

楊老（仁愷先生）這是大家對他老人家的稱呼。轉眼間，先生離開我們已經兩年多了，回憶往事還如同昨日一般，先生的叮嚀仍在耳畔迴蕩。和先生熟悉的人都知道他的身體一直很好，有時比年輕人還能熬，誰也沒想到會走得這麼快！至今令人無法接受。正如馮鵬生（注一）先生所說："真想他（楊老），回來五分鐘就行，說說心裏話再走啊！"（注二）和先生熟悉的人都很想他。

我獲交楊老已逾十年，從最初的相識到被楊老列為門牆，這十年間有太多的事情可供回憶了。我出生在一個工人家庭，也許是由於父親做過木匠的原因便從小喜愛美术，東涂西抹，家裏幾乎沒有完好的牆面。上小學六年級時一次偶然的機會，從大連一位書法家那里得知省內有位老先生，住在瀋陽，和藹可親而且學識淵博水平很高，他就是楊仁愷先生。那時起心裏便想著找機會到瀋陽去拜訪一下。

（注一）馮鵬生（1942年生）中央美術學院教授，文物修復專家，古書畫修復國手。

（注二）此話乃本文作者與馮先生一次談話中馮先生所說，當時馮先生特別激動，幾乎聲淚俱下，令人感動。

一晃上了初一，心裏的這個想法已經醞釀很久了，借著放寒假回姥姥家過年的機會，想去碰碰運氣。大年初三的早晨瀋陽還下著小雪，我便早早地起床出門了。邊走邊打聽來到了當時位於四經街的遼寧省博物館，門口不算大但是很氣派，門上高高地懸掛著陳毅元帥的題字。當時不懂，頭一次見到"寧"字寫成"甯"這樣的，心裏還直犯嘀咕以為寫錯了呢！來到傳達室門口撩起門簾便向裏面的工作人員打聽楊老的地址，不過沒人搭理我，祇有其中一位五十上下的叔叔看了半天說："小孩不大，你找

（圖一）

（圖一）本文作者與楊仁愷先生合影

楊老幹嘛？我們不知道，等值班幹部吧！"我當時也真聽話便乖乖地在門口站著等，不知哪來的耐心，看著空中飄落的雪花不由得等了兩個多小時。後來來了一

位四十來歲的值班幹部，也是詢問了我半天，最後拿了一張紙，在上面把楊老家的位置，給我畫了一下。也許真是緣份，楊老家的地址竟然和我姥家只隔了幾百米！我便興奮地拿著紙條往楊老家趕去。到了樓下摁了門鈴便直接上去了，舊式的小樓，走到二樓時門早已打開。我是初生牛犢不怕虎，深吸了一口氣便開門進去了。一進門便是客廳，楊老家的客廳除了一對淺藍色沙發和一些掛在牆上的照片書畫外與普通人家沒什麼區別。左邊一墙的書畫很是別致，当時祇認得其中一幅好像是黃冑先生畫的，透過墙上的玻璃望進去一位老先生正在書房裏寫作。我換好鞋後保姆便進書房裏去叫那位老先生了，一位個子不高一口四川話的老人慢慢地走了出來，原來這就是楊老！楊老走到客廳見到我便問：“你好！我是楊仁愷，請坐，你找我什麼事情啊？”我也不知怎么了，一下子愣住了半天沒說話，慢慢地擠出幾句：“我是大連來的，學畫的，想拜您為師。”楊老笑笑：“大連好啊！我有很多老朋友在大連，可是我不收學生，祇帶研究生的。”這時楊老的小女兒（曉青姨）從書房裏走了出來，見我很小，便問我：“四川話，聽得懂嗎？”（注三）隨後便在我面前坐了下來在一旁陪著。後來才知道在楊老家這一幕很難見到，楊家家教很嚴，見客時家人一般是迴避的，這也算是一次禮遇吧！後來楊老看了我帶去的作品，說了一些意見和看法。時近中午，楊老要留我在家中吃飯，我哪里好意思啊，便解釋了一下起身告辭。沒想到的是楊老竟一直把我送到門口！還和我說：“以後有空常來啊！”我下樓時還回味著剛才見面的場景，雖然沒拜成師，但卻讓我感受到了一代大儒的風範，讓我的精神上得到了人生第一次洗禮！

　　隨後的幾年裏，每每有新的作品都會洗成照片寄給楊老請他提意見，而楊老也會不厭其煩地回信告知問題的所在，祇要趕上放假都要爭取到瀋陽去拜訪老先生，一年至少三四回，漸漸地和楊老熟悉起來了。高考那年，我準備報考中央美院，便去問楊老意見，他老人家大為贊同。後來我雖順利地通過了美院的專業加試，可天不遂人願，文化課成績卻沒有達到要求。心情很是壓抑，好一陣子緩不過來便寫信向楊老訴說了苦衷，沒多久便接到了回信。拆開信封發現楊老用毛筆在三尺對開的宣紙上寫了滿滿一紙！信里說：“我（楊老）從上海開會歸來，你的來信已收悉，兵家勝敗常事，變壓力為動力，不必為之氣餒也，趁年輕精力旺盛快馬加鞭自有成果，有困難可來信相告，什麼事都不是一帆風順的，望靜下來，多讀書，勤觀察事物心手皆可暢也！”讀後，當時的我心一下子靜了下來，回過神來了。一年後，終於拿到了中央美院的錄取通知書，楊老又來信說：“士隔三日當刮目相看，如今考取國內著名藝術院校，可喜可賀！望今後更加努力。”上大學之前我還是個未懂世事的孩子，經常這樣麻煩楊老，而楊老卻沒有一點嫌棄，有信必回。這對於當時的我就如同春雨一般。如果沒有楊老的教誨可能

（注三）楊仁愷先生一生未改鄉音，四川口音很重，到晚年時說話有些含糊，與他新接觸的人不易聽懂。

現在的我會是另一番樣子了。

上了美院以後，由於在藝術學院上學和楊老的聯係也就更多了。經常寫信彙報學習情況和學習心得。不過這期間楊老的身體也不像以前那么硬朗了，經常會有醫生或按摩師到家裏去給楊老做檢查或幫著按摩。每每看到這種景象，我的心里可不是滋味了。楊老一生為國家為博物館努力工作，到了晚年怎么還遭這份罪，老天真是不公平啊！因我一直在北京上學，不能總陪伴在楊老身邊，便經常去信問候，這時期的回信中也總有“在病中，恕不多告”這樣的話。但就是如此也不忘了來信囑咐我：“成功畫家的先決條件要有深厚的文化基礎，勤於筆耕，生活豐富多思考。”現在每每想起真是令我又慚愧又感動。

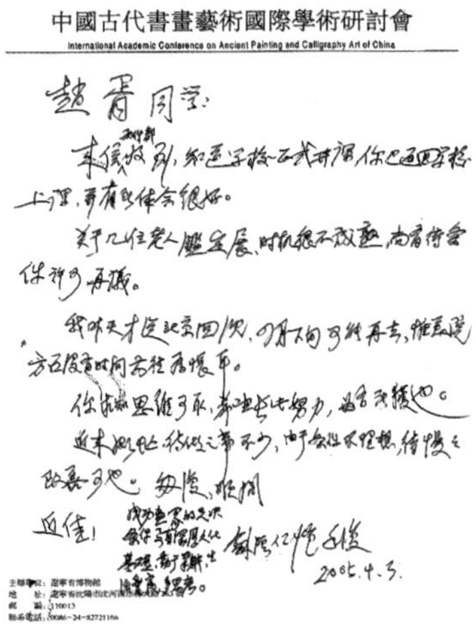
中國古代書畫藝術國際學術研討會
International Academic Conference on Ancient Painting and Calligraphy Art of China

趙胥同学：

近佳！

成功画家的先决条件要有深厚的文化基础，勤于笔耕，生活丰富多思考。

楊仁愷手復
2005.4.3.

（圖二）

因我一直在外求學，加上每次去楊老家時極少碰見家里人，所以和家裏人當時并不熟悉，只有曉青姨見過幾次面。後來楊老又搬了新家，而我又不知道新址同时以為電話也變了，所以大概有一年多時間失去了聯係。這期間正好趕上我畢業，也是忙得昏天黑地的。趁考察之便特意去了趟楊老的老家四川省岳池（注四）縣，拍了許多楊老家鄉的照片隨後寄到博物館轉給楊老，卻未見回音，後來才知道那是楊老已病重的抬不起筆了。雖早已知道楊老得了重疾，但因為他老人家性格開朗、處事樂觀，再加上身體一直不錯，所以我心裏一直堅信楊老不用多久就能好起來。可沒想到，零八年一月接到瀋陽一是堂韓治中先生的短信，告訴了我楊老仙逝的消息。當時我是半信半疑，可後來從網上、報紙上看到了消息，眼淚一下就下來了，真是悔恨當初為何不打聽一下楊老的新地址呢！病重期間也沒有去探望！教育我近十年連最後一面也沒見到！真是悔恨萬分哪！一時間過去的一幕幕全浮現在腦子里，眼淚也止不住了，好幾天都像傻了一樣。

（圖二）楊仁愷先生致本文作者的親筆信札

（注四）岳池古稱龢溪，位于四川省廣安市。

戊子大年初九（二零零八年二月十五日），我們全家早早地來到瀋陽城北的回龍崗革命公墓，來見楊老最後一面，送他老人家一程。那天瀋陽的天出奇的冷，像要凝固住時間一樣。不到八點公墓裏已來了上百人，那么多人來和他老人家告別，這纔是德者的報應。當我擠進靈堂看見楊老遺體時，眼睛又一次濕潤了，止不住了，但卻無力說出什麼，真是悔恨當初啊！後來通過喜占先生、熙春兄又重與楊老家人取得了聯係。與楊健叔叔、曉青姨、李和叔叔共聚一桌，說起往事，不由的時光又回到了過去。

追悼会上饒宗頤先生寄來了橫匾"國失重寶"。不止是國失重寶啊，我生命中的重寶也失去了！這兩年裏總感覺楊老沒走，似乎又看見開門後楊老歡迎的身影、似乎又看見那毛筆在紙上飛舞的情形、似乎耳邊又迴蕩著那半懂不懂的四川話、似乎依然有不斷叮囑的信件寄到我手中、似乎……似乎……，這一切都變成了我永恒的回憶，我人生中不可或缺不可復制的永恒寶藏！楊老，我真的很想您！

（趙胥　畫家）

手稿遺墨選録

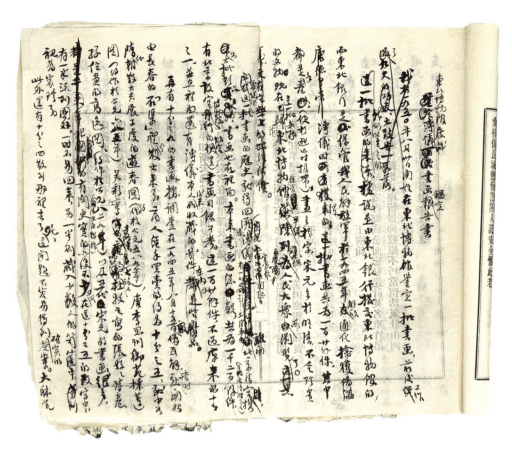

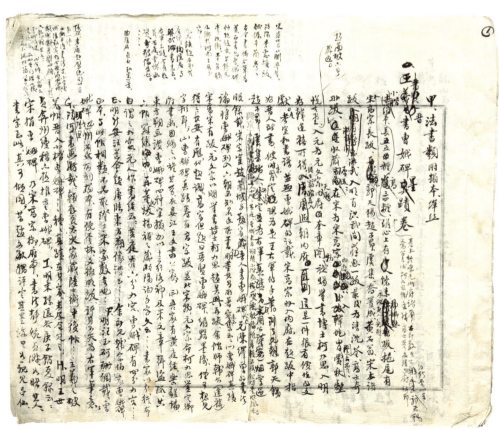

《一九五零年東北博物館庋藏溥儀書畫鑒定報告書》手稿

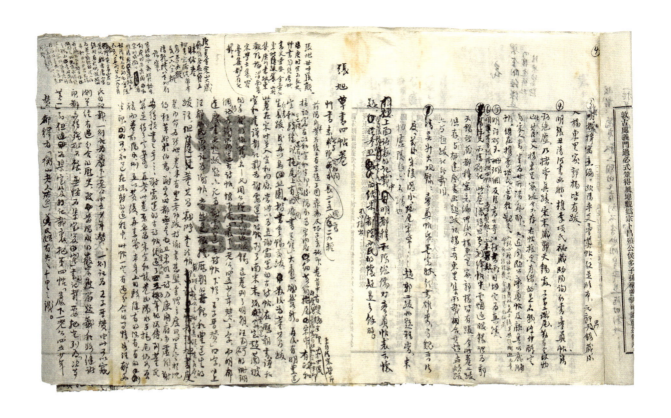

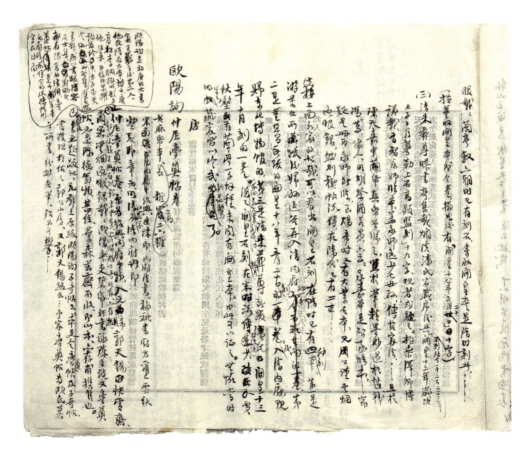

《一九五零年東北博物館庋藏溥儀書畫鑒定報告書》手稿

232

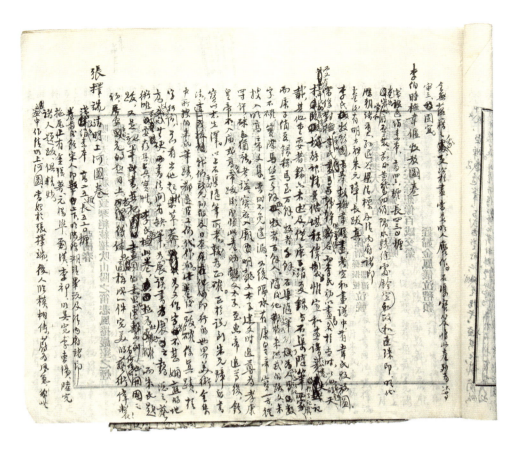

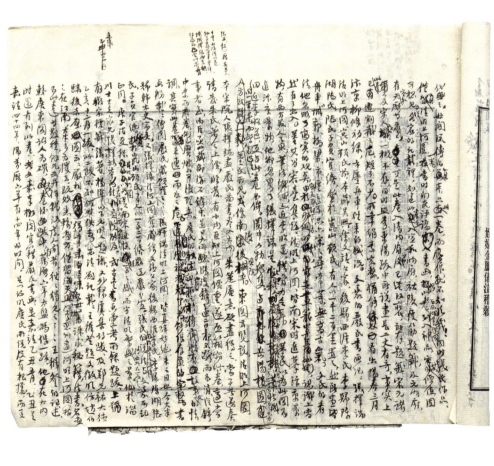

《一九五零年東北博物館庋藏溥儀書畫鑒定報告書》手稿

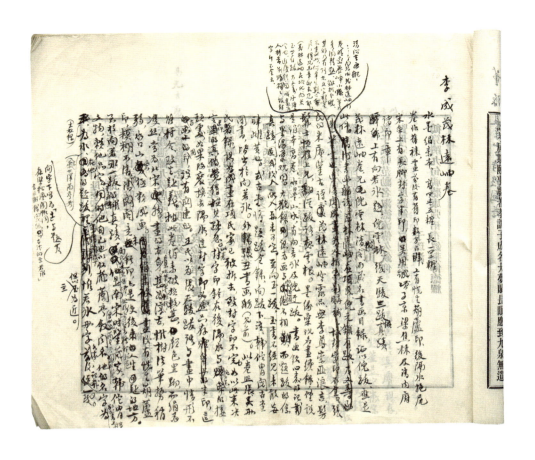

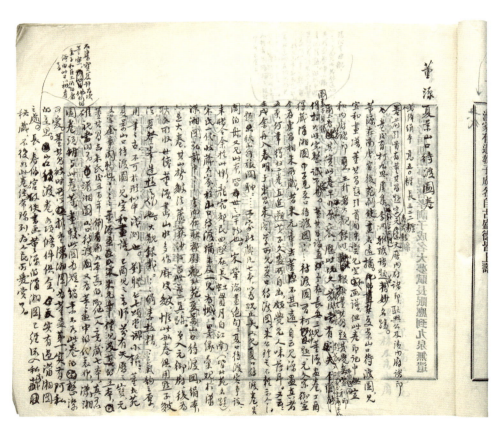

《一九五零年東北博物館度藏溥儀書畫鑒定報告書》手稿

234

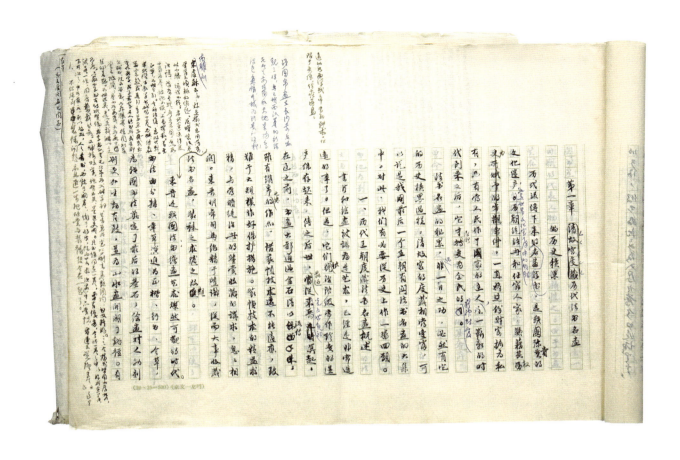

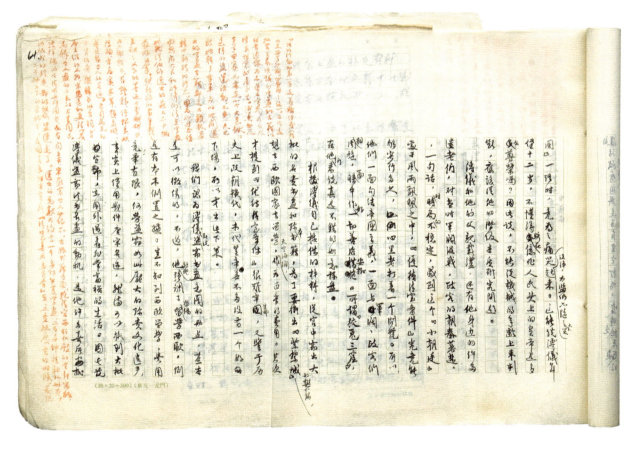

《國寶沉浮錄》手稿

235

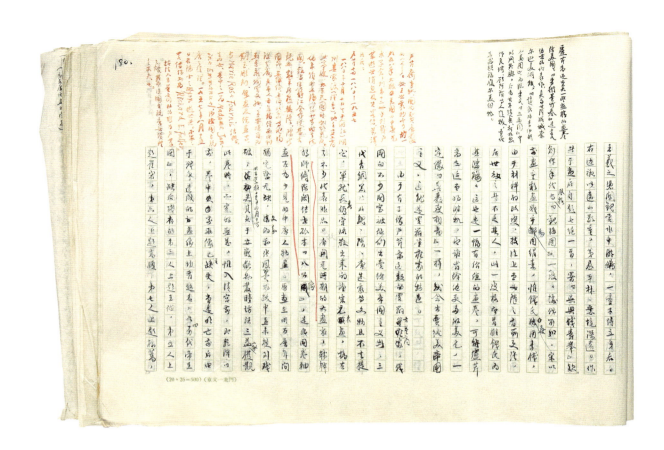

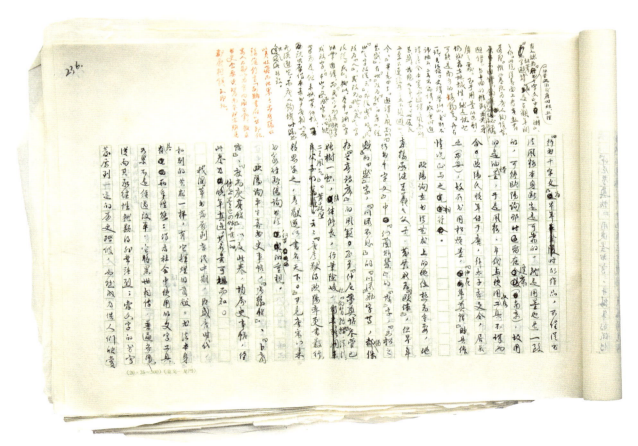

《國寶沉浮錄》手稿

236

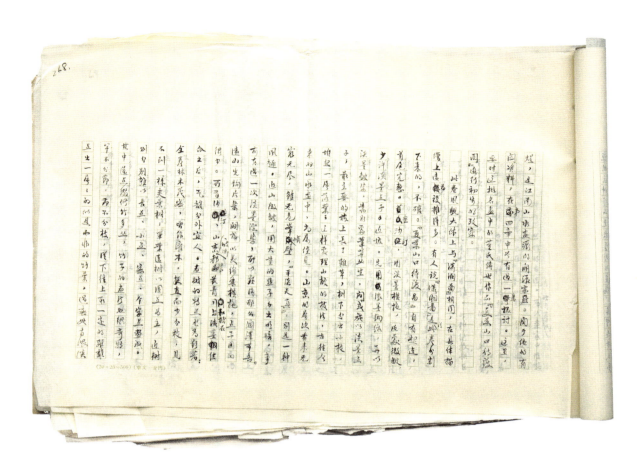

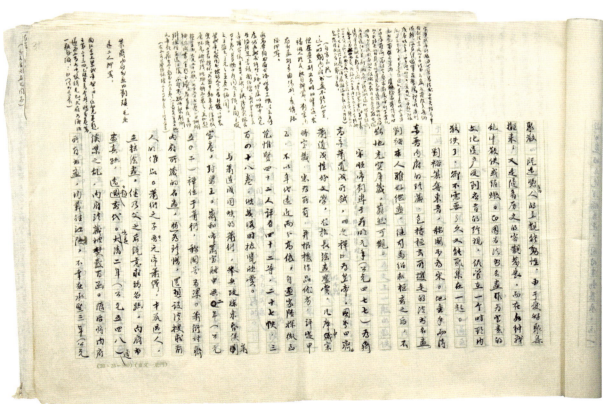

《國寶沉浮錄》手稿

237

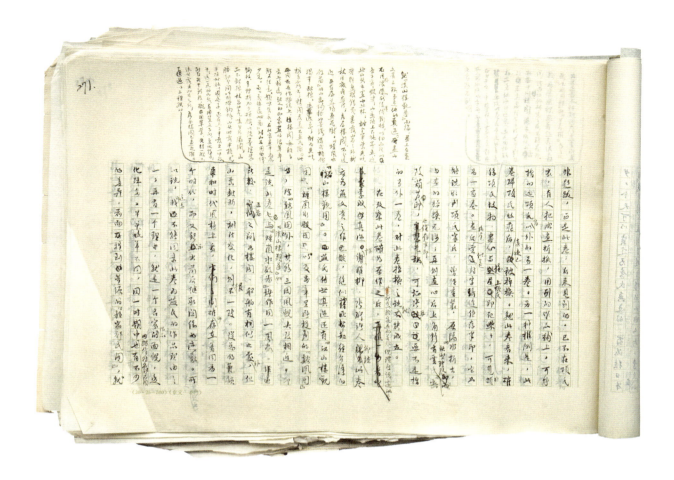

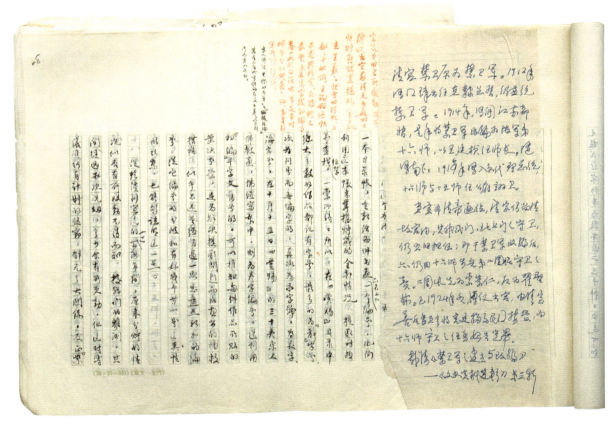

《國寶沉浮錄》手稿

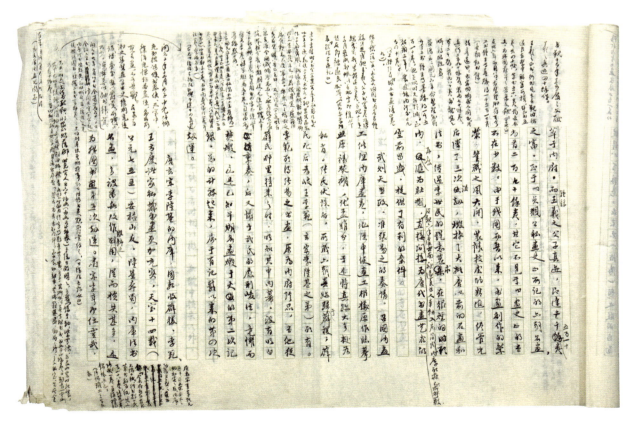

《國寶沉浮錄》手稿

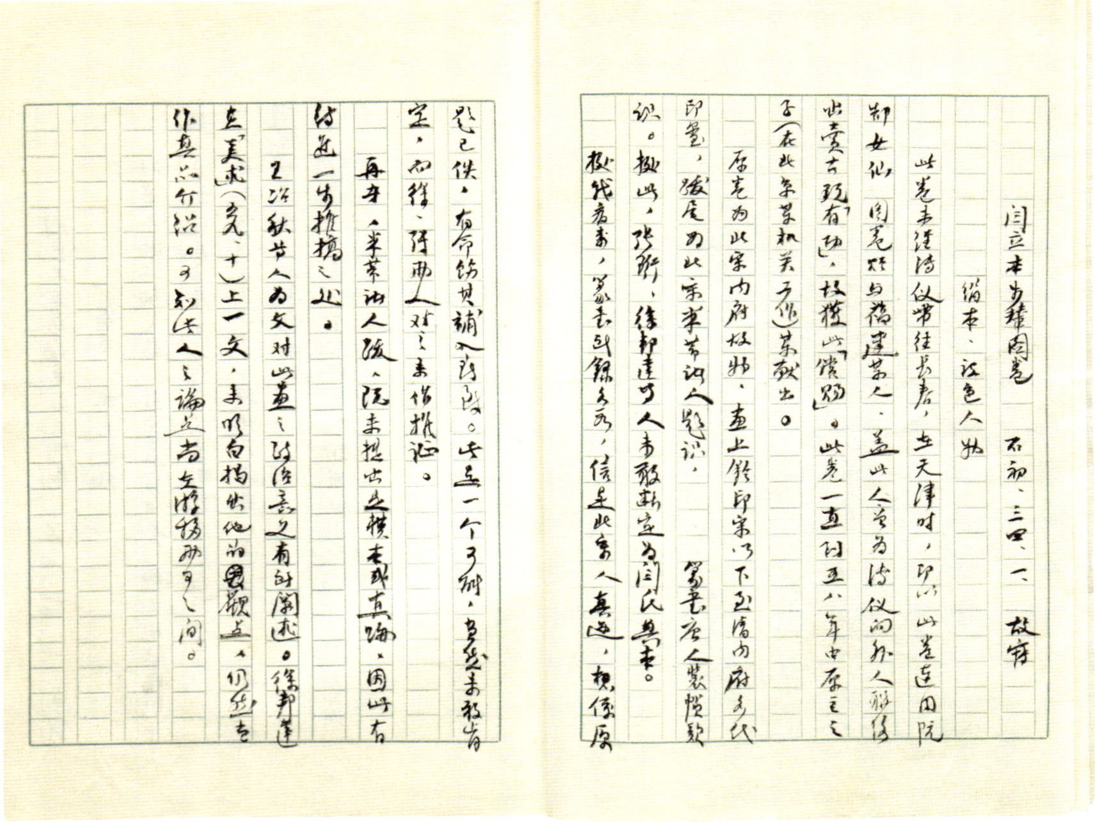

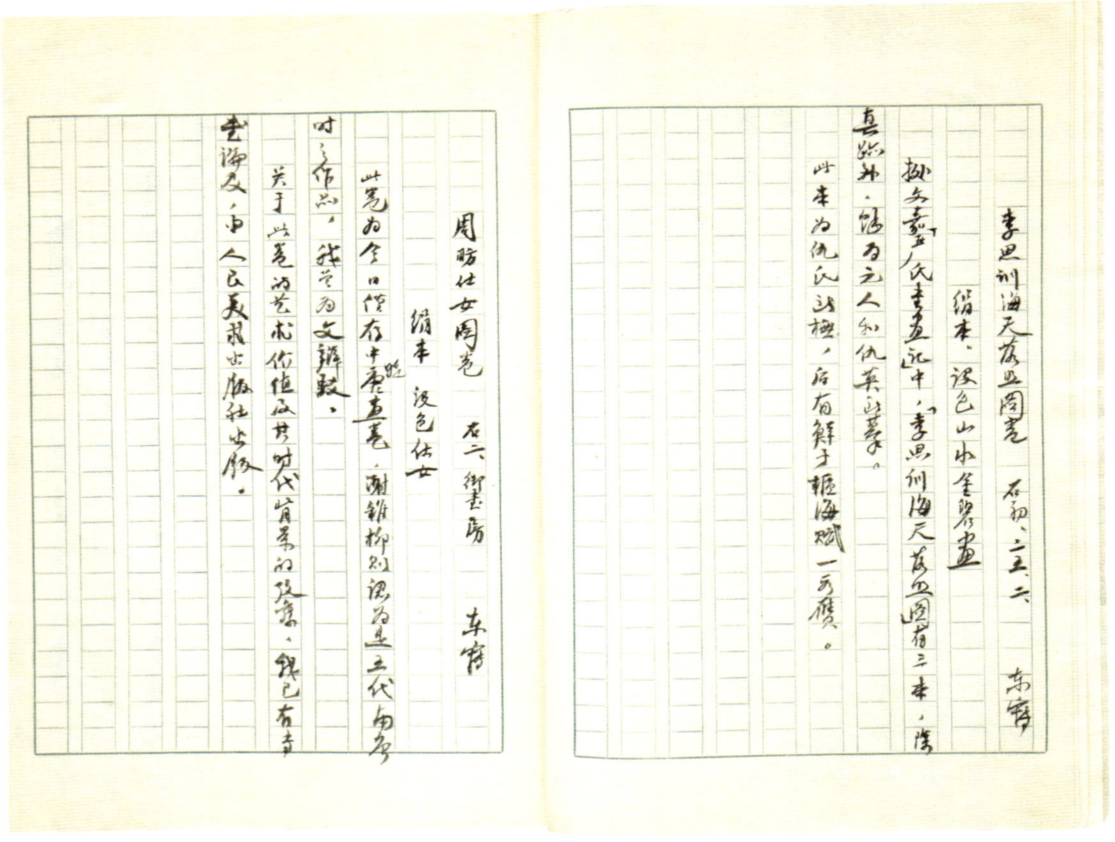

《故宫已佚書畫見聞及其考證》手稿

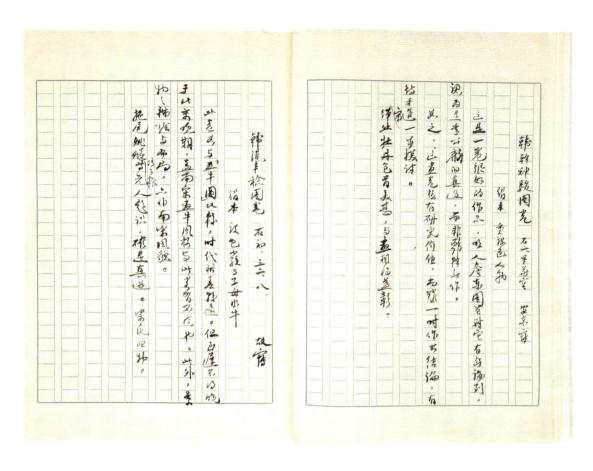

韓幹神駿圖卷　石二至卷紙　宋宗宣
絹本　重設色人物

這是一卷很好的作品，並非一般人摹東園者對它有所增補到，其之，此畫是有研究價值作，才能一時作出後編，有……

孫位高逸圖卷　石初·四·一二　上等
絹本　設色人物

韓滉牧牛圖卷　石初·二六八　故宮
絹本　淡色牧童二母少牛

唐人紈扇仕女圖卷　石二·御書房　故宮
絹本　設色仕女

《故宮已佚書畫見聞及其考證》手稿

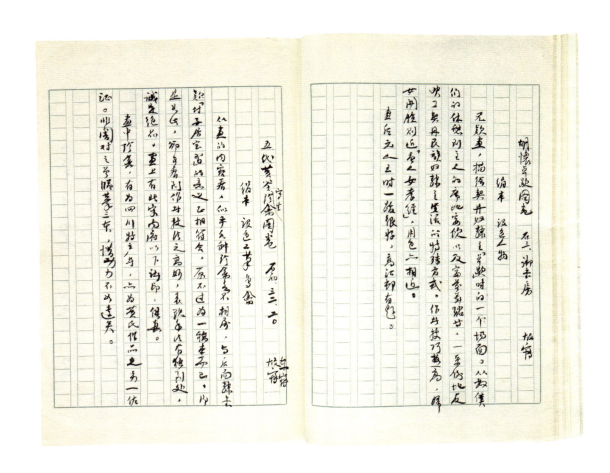

《故宫已佚書畫見聞及其考證》手稿

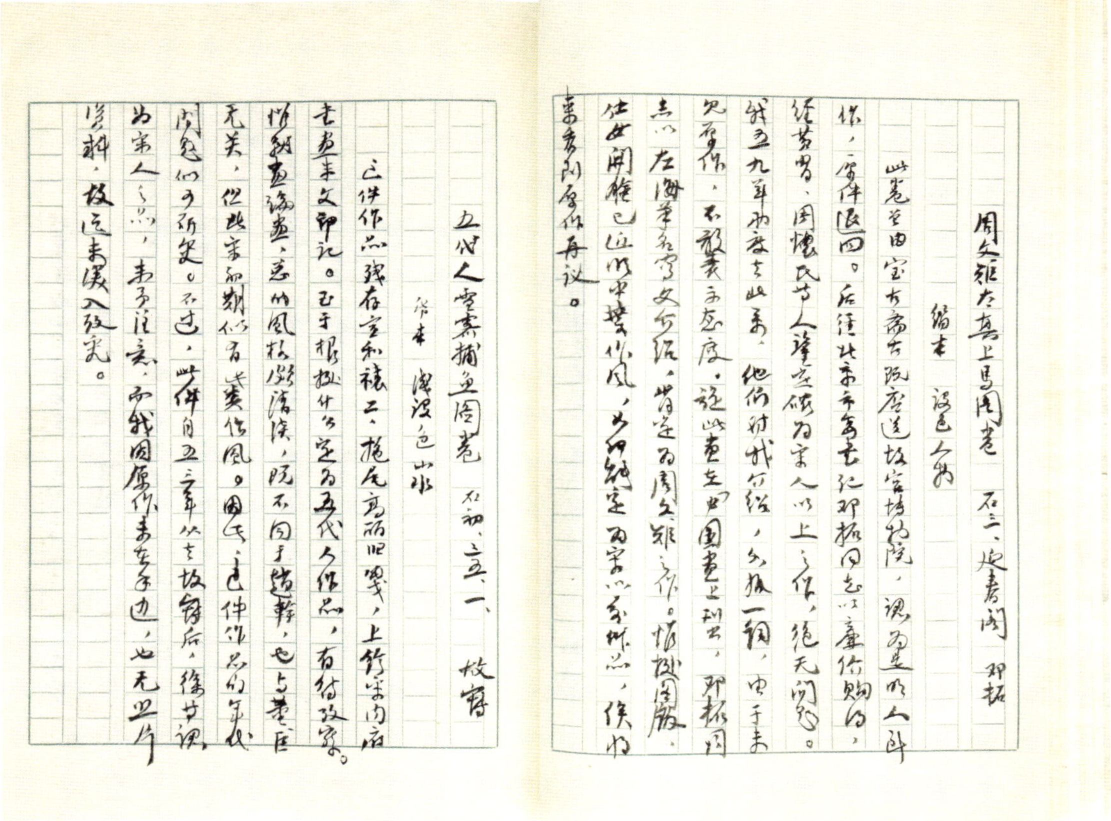

《故宮已佚書畫見聞及其考證》手稿

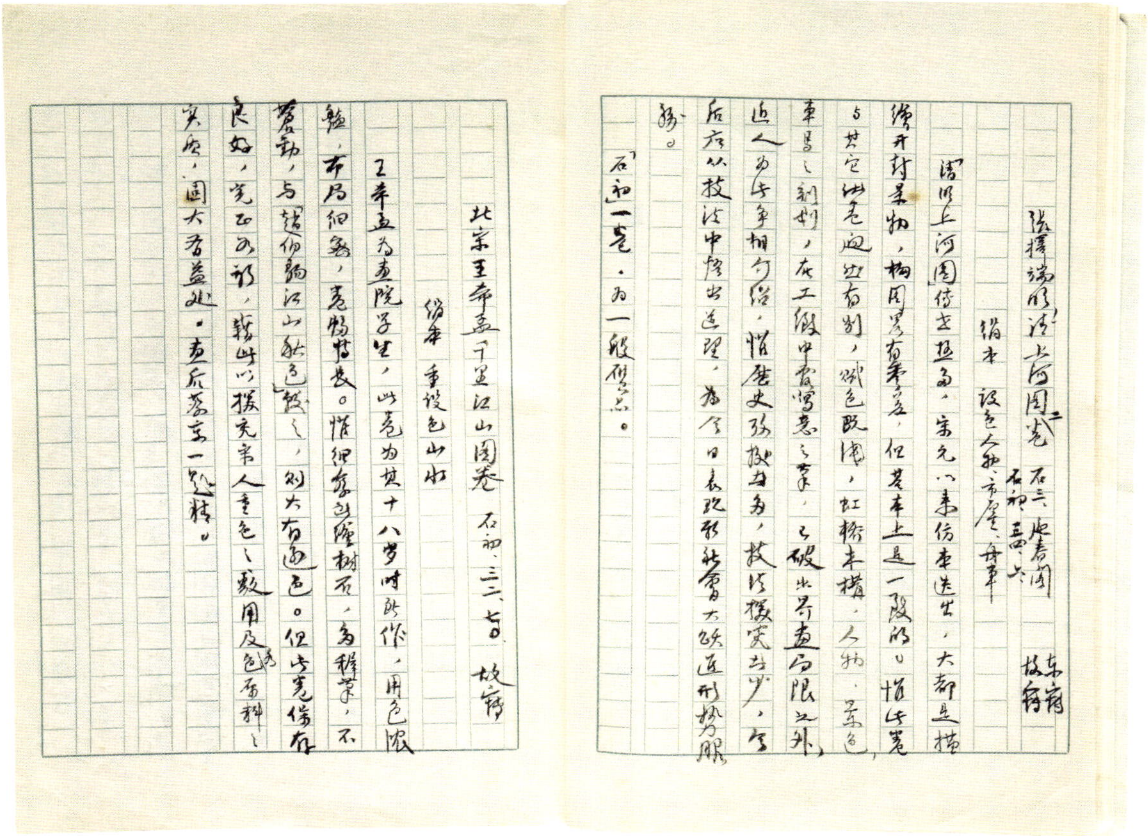

五代董源潇湘图卷　石三、画春间　故宫

绢本　设色山水

此卷为董思白旧物，画源宫为之题禅丹三五也，画面

接董此卷真迹，张断以为是电变夏山也。绢海图就下半，此画

殊差董源之山口卷与大千，后汲多揽之，及陆、文

此房内无后购四平，识是本有之然。

五代董源夏景山口待渡图卷　石初二三三　故宫

绢本　设色山水

此卷上董南图画生一跋，陆远之与

此画董跋为无宫和画，惜原装裱已

不存。此卷为存元内府装，析九遇步人总装，不须定为次

真一迈江南之草，

接跋的知，今之所见不董源，以此卷第一，潇湘次之，夏

山图又次，应口专详论列之。

南宋杨婕妤百花图卷　石初三二一六　故宫

绢本　设色花卉山水

此卷早已佚之，识远未见及。五九年择去本好门手

卷之，同时画甲子，多五三个，不能行坡，此画

怀民以张畏禧画花果者，细软卷中一跋一画，卷上画卉均有

风格为吴又一派，此卷设色

此卷是枝挥为收之恨处。此老席以人题为杨婕妤作，图陆

遵此牧。

南宋李高钱塘款湖图卷　石初二两六五

绢本　设色山水

李高人为良马挥长，画之。此卷法之九华，湖

水的后载多不出章。为竹附代国络考良坊不为写

夏，了知李民均以一久为美为改挥也。

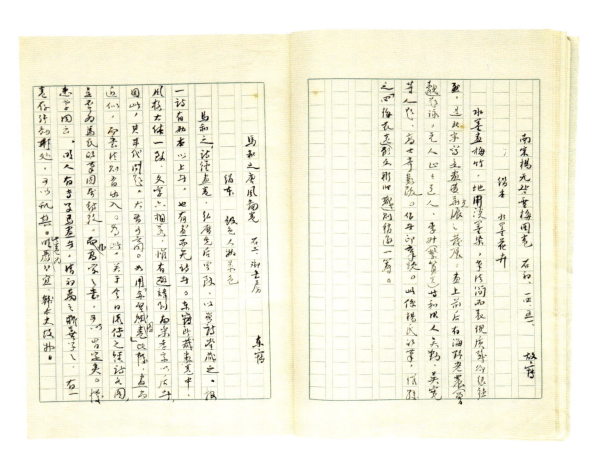

《故宮已佚書畫見聞及其考證》手稿

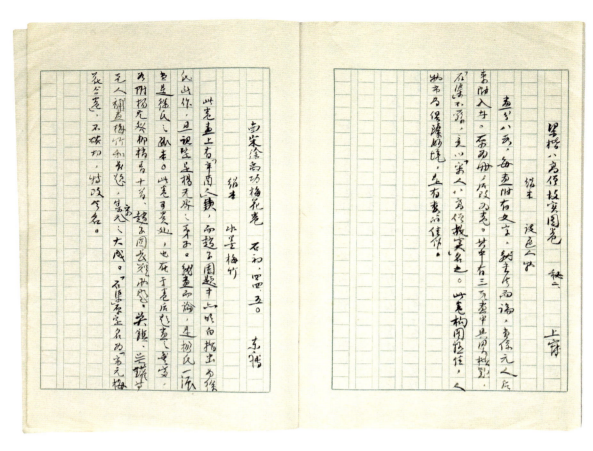

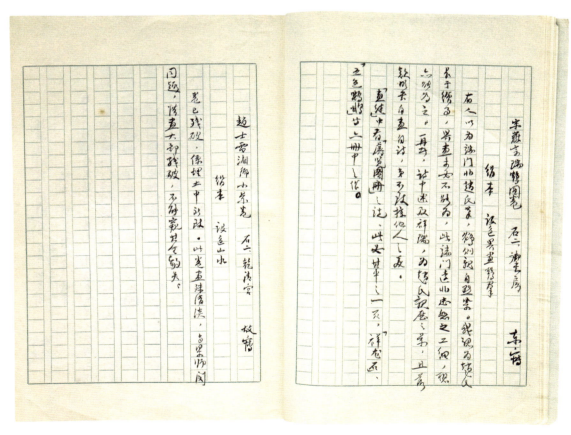

《故宮已佚書畫見聞及其考證》手稿

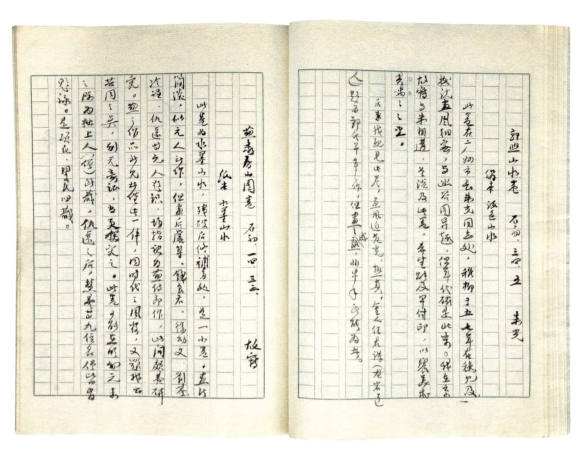

《故宮已佚書畫見聞及其考證》手稿

楊仁愷先生致羅繼祖先生信札

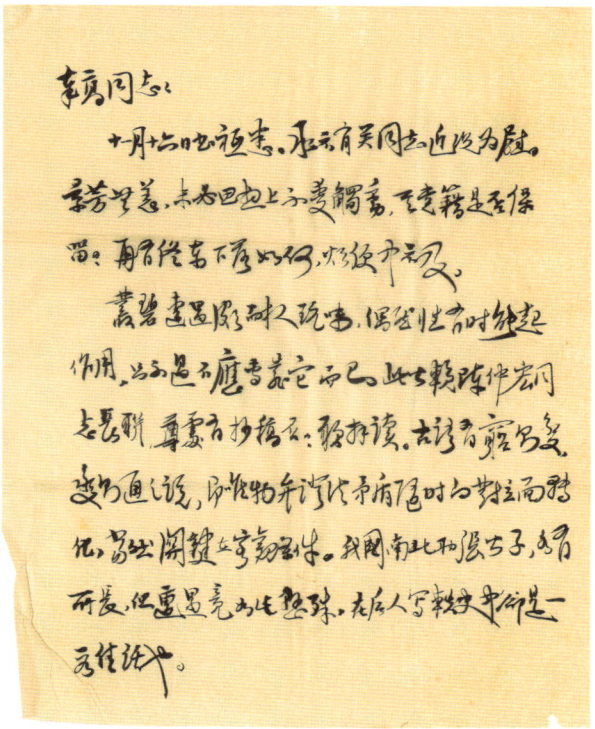

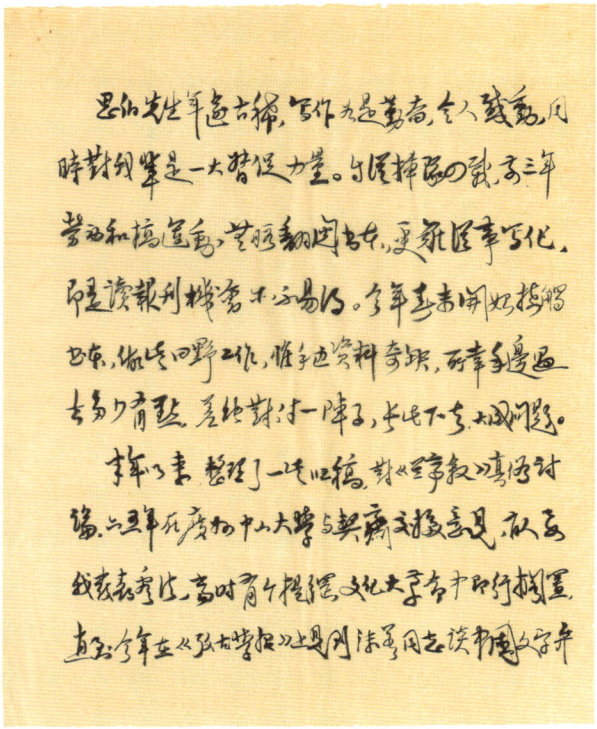

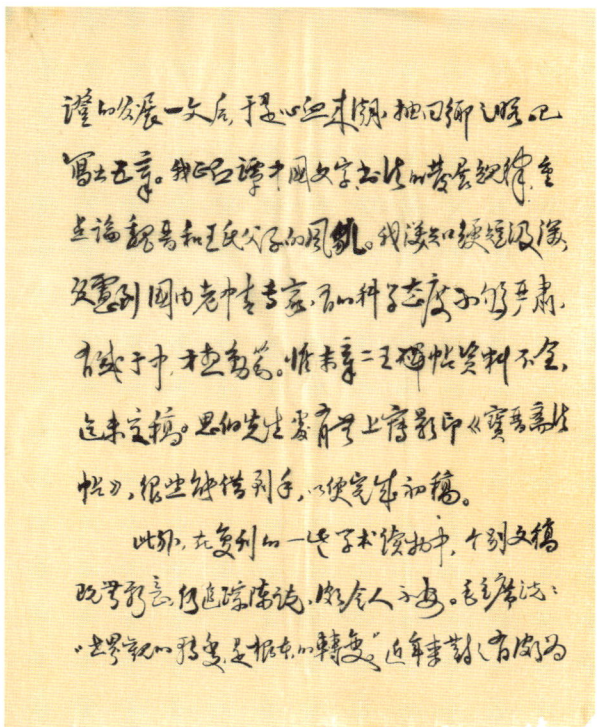

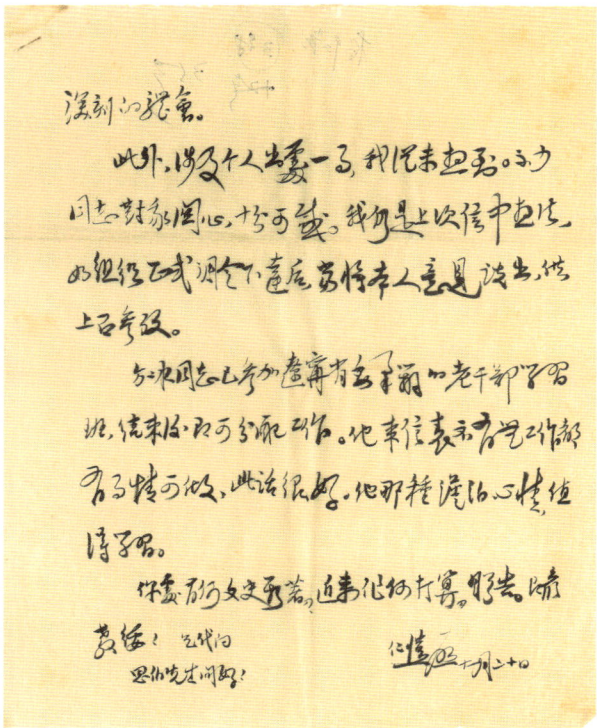

楊仁愷先生致羅繼祖先生信札

遼寧省博物館
LIAONING PROVINCIAL MUSEUM

中國瀋陽市和平區十緯路二十六号
No.26, Tenth Wei Road, Heping District,
Shenyang 110003,PRC.
Tel: (024) 2826063 2708696
Fax: (024) 2821316

遼寧省博物館
LIAONING PROVINCIAL MUSEUM

中國瀋陽市和平區十緯路二十六号
No.26, Tenth Wei Road, Heping District,
Shenyang 110003,PRC.
Tel: (024) 2826063 2708696
Fax: (024) 2821316

楊仁愷先生致羅繼祖先生信札兩通

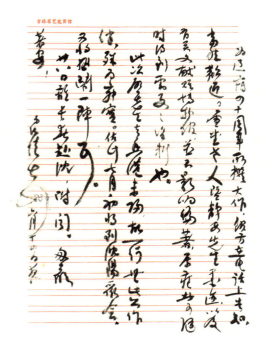
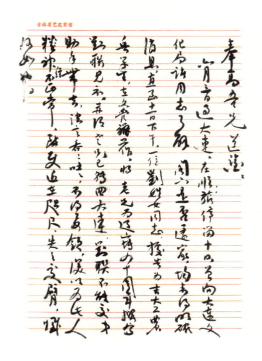

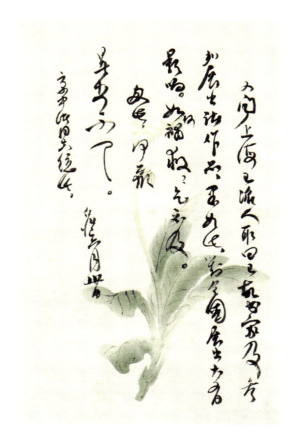

上：楊仁愷先生致羅繼祖先生信札　　下：楊仁愷先生致李長路先生信札

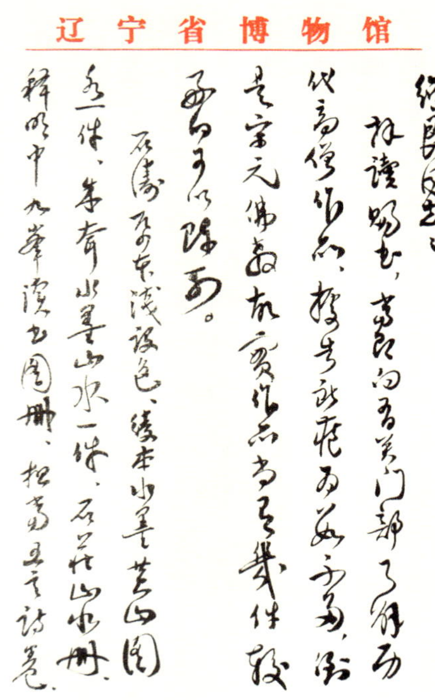

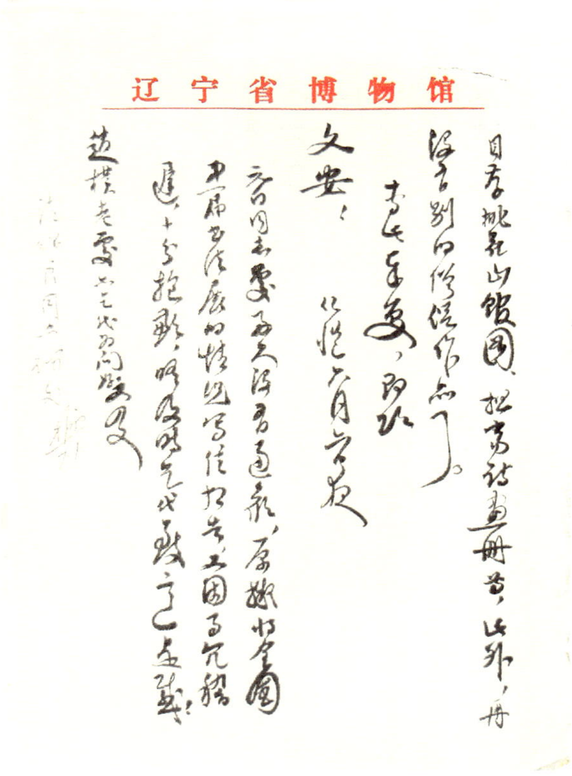

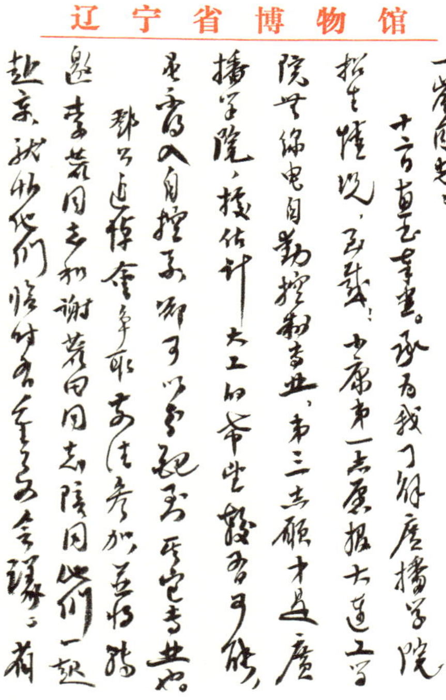

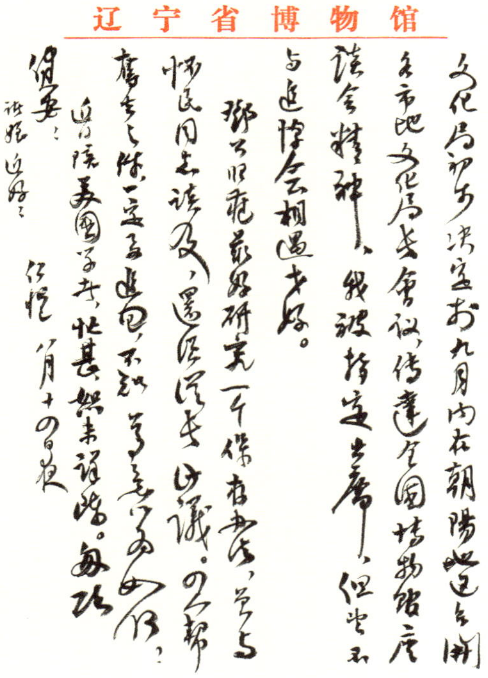

上：楊仁愷先生致周紹良先生信札　下：楊仁愷先生致丁一嵐同志信札

楊仁愷先生致吳南生先生信札兩通

上：楊仁愷先生致袁志煌先生信札

左下：楊仁愷先生致王蘭西將軍信札　　右下：楊仁愷先生致袁志煌先生信札

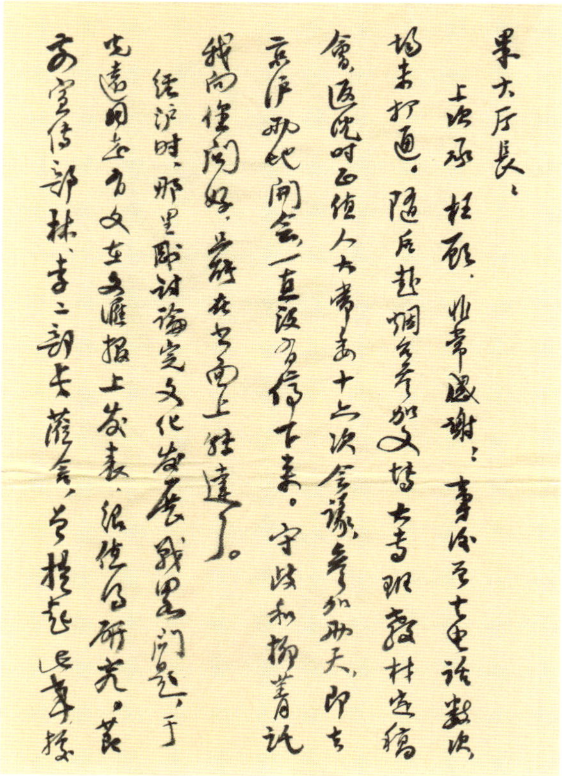

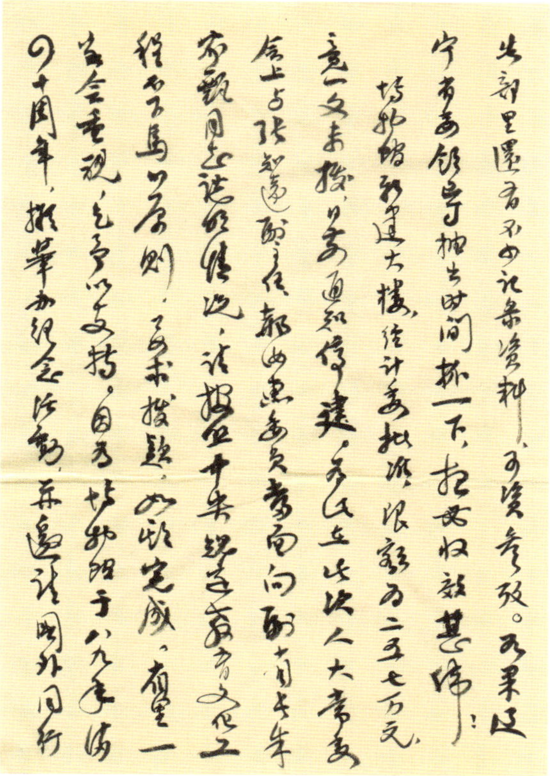

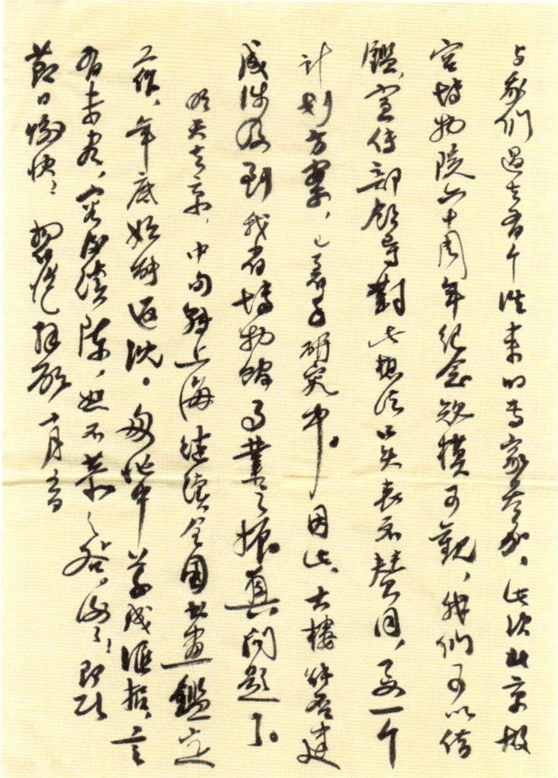

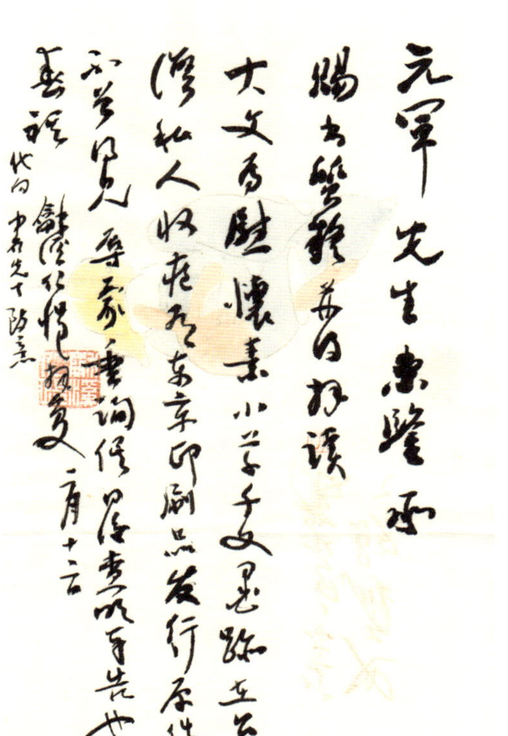

上：楊仁愷先生致房果大同志信札　左下：楊仁愷先生致王元軍先生信札

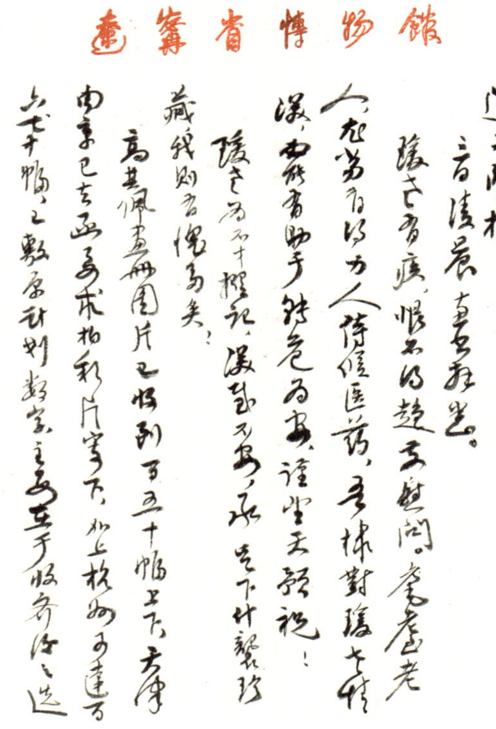

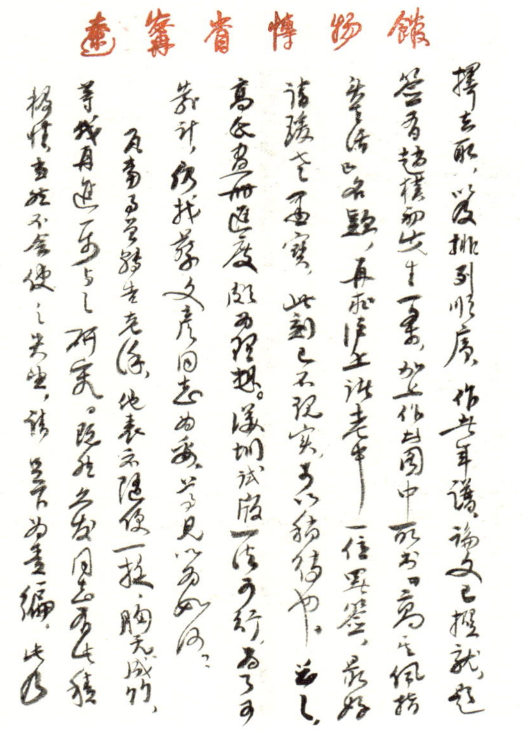

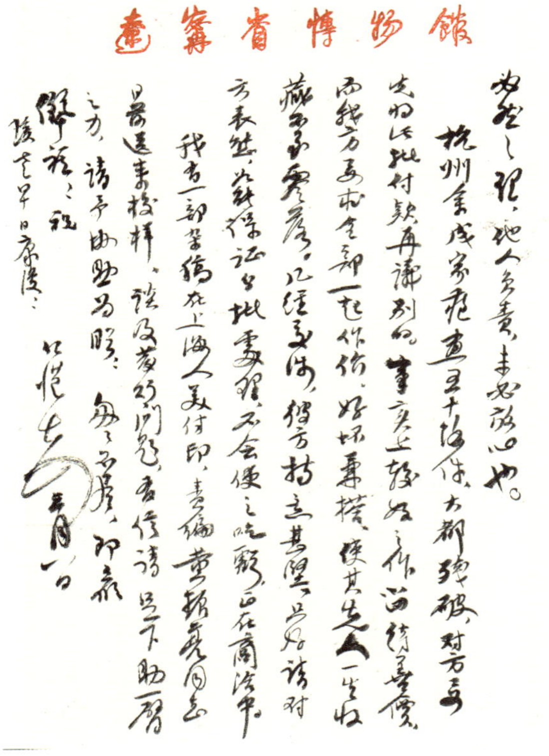

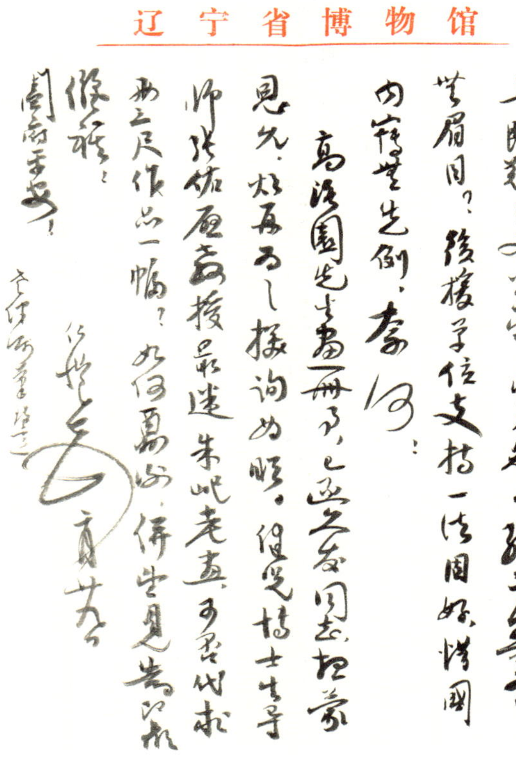

上、左下：楊仁愷先生致王運天先生信札一通
右下：楊仁愷先生致王運天先生信札

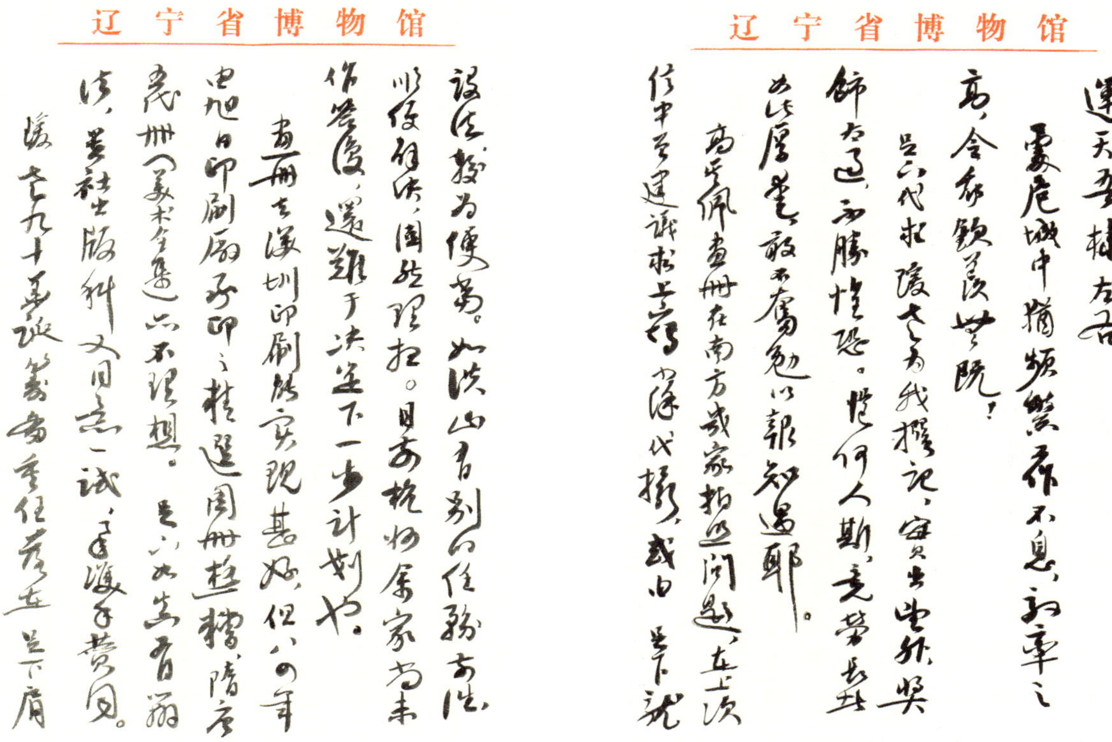

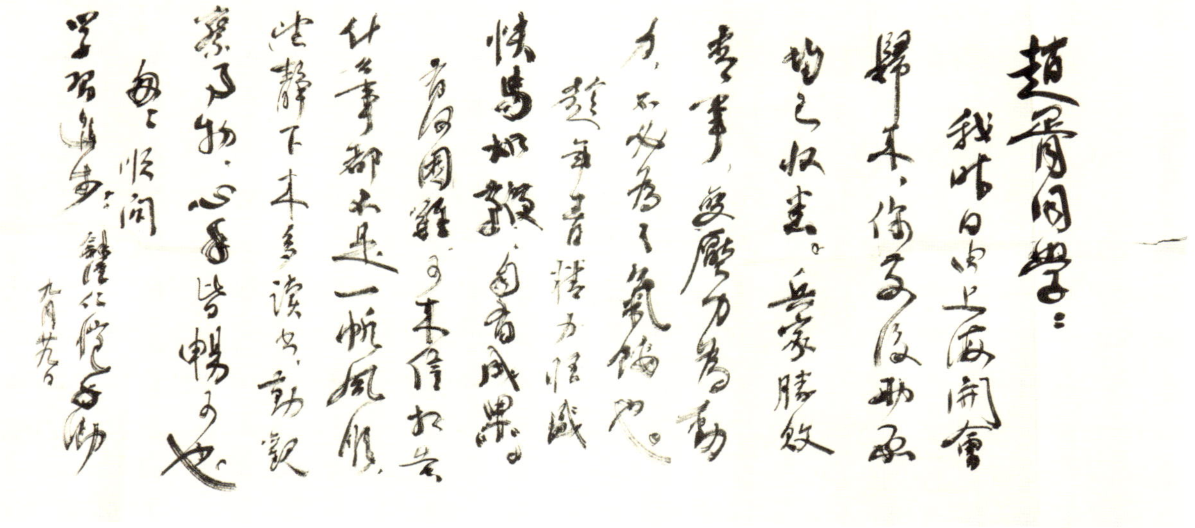

運天先生�…

趙胥同學：

上：楊仁愷先生致王運天先生信札　　下：楊仁愷先生致趙胥信札

楊仁愷先生早年臨《墨竹手卷》（節選）

楊仁愷先生早年臨北宋徽宗《寫生珍禽圖》（節選）

楊仁愷先生早年臨南宋趙孟堅《蘭譜》（節選）

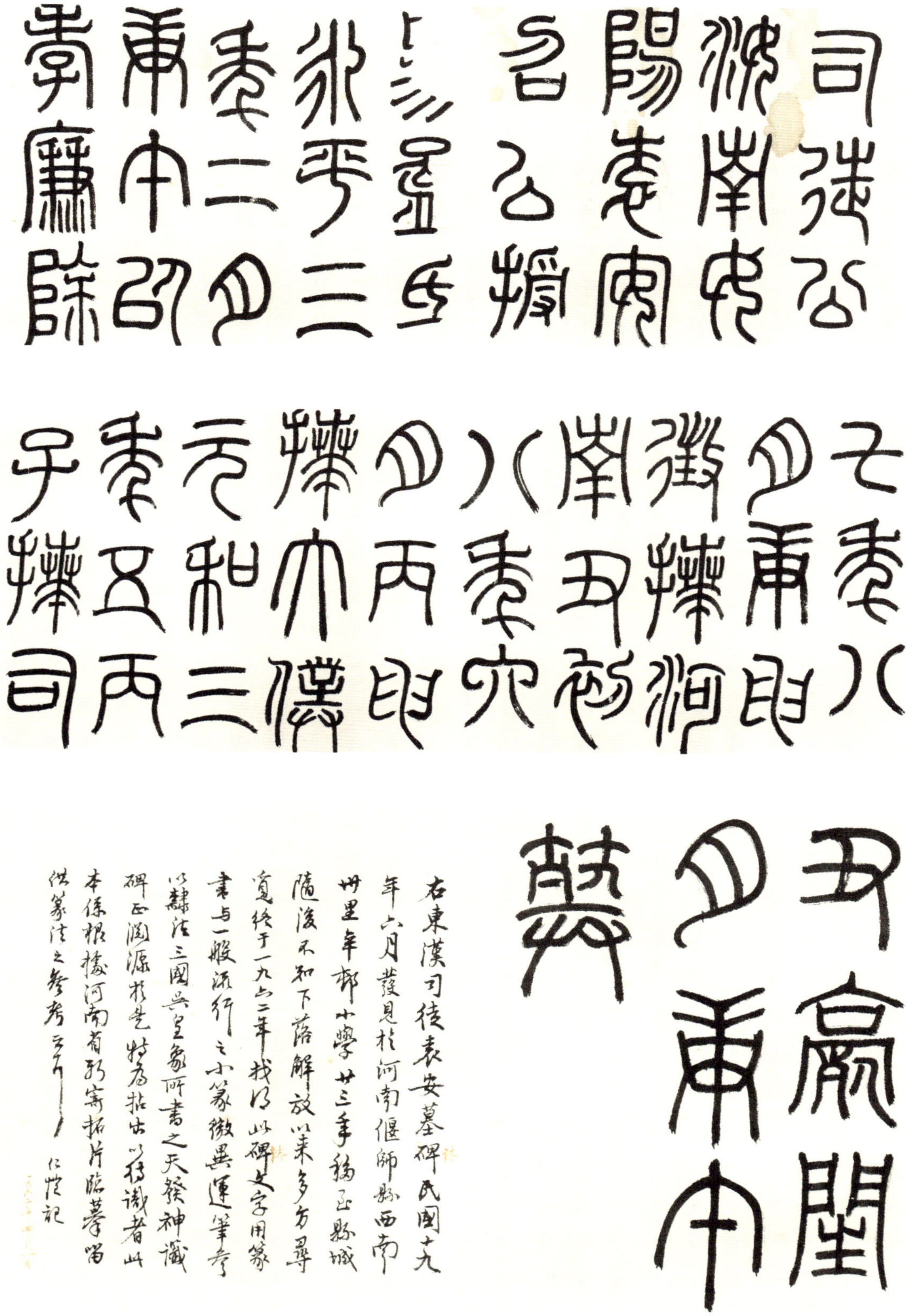

司徒公
流南类公旛
陽裘公肉
司徒公裘
名公旛

禾二
求平三
壬

禾
丙即
尹
大僕即
丙即

禾元
柔又和
禾司丙三

尹
尹素閤
甬中

右東漢司徒袁安墓碑 民國十九
年六月發見於河南偃師縣西南
卅里年郵 小學 廿三年楊玉縣城
隨後不知下落解放以來多方尋
覓終于一九六二年找到 此碑文字用篆
書與一般流行之小篆微異 運筆之
以隸法三國吳皇象所書之天發神讖
碑正闢源流先特為拈出 識者此
本係根據河南省所寄拓片臨摹當
供篆法之參考 三十

仁愷記

楊仁愷先生早年臨《袁安帖》（節選）

261

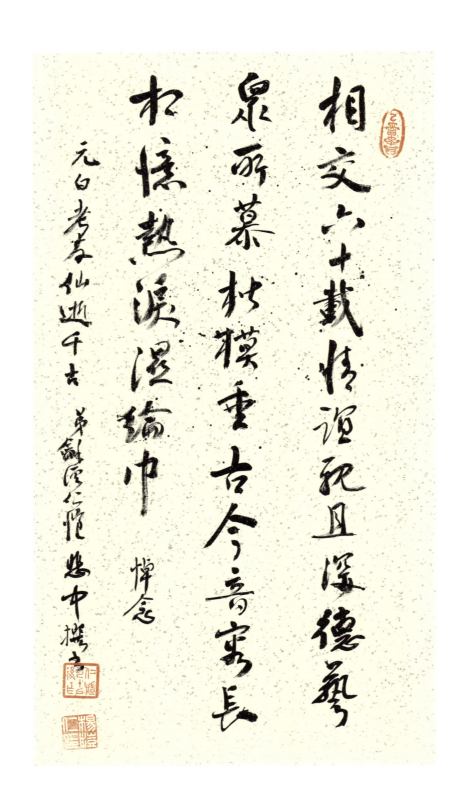

相交六十載情誼祝且深德藝

泉所慕枕樸垂古今喬寅長

松惊趍溟溟論巾　悼念

元白老老仙逝千古　弟楊仁愷遙中撰文

楊仁愷先生悼老友啓功先生詩軸

元以道言東坡戲時李公麟正為畫家廟像後
東坡南遷公麟在京師遇蘇氏乘院子弟不進
以廟陰面不一揖至薄如此紙以道鄙之畫棄
平日不可公麟之畫　南生同志方家需正　崔之郎民内見後録一則

楊仁愷先生贈吳南生先生行書立軸

楊仁愷先生早年所作淺絳山水立軸

生平照片選録

一九四二年，與家人在重慶

二十世紀五十年代初，與夫人和長女柳青在北海

二十世紀五十年代初，全家合影

二十世紀五十年代中期，全家合影

與劉文秀在重慶沙坪壩結婚留影

二十二歲時的楊仁愷先生

一九七八年冬，與吳作人、葉淺予、許麟廬等參觀中國
美術館舉辦的鄧拓藏畫展，並接受中央電視臺采訪

一九七八年春，陪同書法家舒同參觀遼博館藏

爲浙江省博物館題詩（前右二爲書法家沙孟海）

接待由金維諾先生陪同的美國堪薩斯大學美術史教授李
鑄晉夫婦一行來訪

與學者、收藏家周懷民夫婦在其捐贈的利瑪竇《平林遠
墅圖》前留影

與學者賈蘭坡參觀新樂遺址

接待日本公明黨委員長竹子入義勝率領的國會議員代表團來遼博參觀

一九八一年在美國克利弗蘭參加國際學術會議後留影

與全國書畫鑒定組成員在首都博物館參觀後留影

與謝稚柳、啓功、劉九庵在北京故宮鑒賞書畫

與于省吾先生在瀋陽故宮參觀

與許麟廬、侯愷等人遊華山北峰時合影

在北京東郊民巷與啓功先生爲畫家黃胄題畫

與原東北博物館研究室同事、吉林大學教授金景芳交談

與梁光烈將軍一起鑒賞書畫

在張萬年將軍家中揮毫

陪同李鐵映同志在遼博參觀

陪同王文元同志在遼博參觀

在瀋陽出席《沐雨樓文集》出版座談會

在瀋陽出席《中國書畫鑒定學稿》首發式

出席遼寧省人民政府授予"人民鑒賞家"稱號大會

與劉海粟先生在上海衡山飯店

與中國佛教協會主席趙樸初交談

在廣州與關山月先生參觀謝稚柳畫展

由王運天陪同赴上海拜會王蘧常先生

與陸儼少先生在廣州

與謝稚柳、吳南生、劉九庵在廣州謝稚柳畫展上

與老友啟功久別重逢

與謝稚柳先生在旅順一起探討書畫

與老友黃冑在遼博鑒賞書畫

由王鵬陪同拜訪美學家王朝聞先生

陪同日本學者、書法家今井凌雪在遼博參觀

與老友黎雄才在廣州謝稚柳畫展上

赴近水山莊拜訪畫家亞明先生

陪同臺灣學者傅申拜訪書法家溥傑

與學者饒宗頤在香港中文大學饒宗頤學術館中交談

與吉林大學教授羅繼祖筆談

赴廣州看望書法家秦咢生先生

與書法篆刻家錢君匋在劉海粟先生百歲宴會上

與李瑞環同志在北京

與鄧拓夫人丁一嵐在瀋陽家中合影

與王世襄、張中行、楊新在北京二玄社複製品展覽上合影

與學者鍾敬文在北京文代會會後交談

與老舍夫人胡潔青交談

與原中國書協主席沈鵬在榮寶齋

與謝稚柳、徐邦達、楊伯達在美國學者方聞家中

由吳同陪同與謝稚柳、徐邦達、朱家溍、黃君實在美國大都會博物館鑒賞書畫

與美國學者王方宇夫婦相聚

與楊新先生在比利時尤侖斯夫婦家中鑒賞書畫

在瀋陽接待美國學者翁萬戈夫婦與楊伯達先生來訪

在新加坡爲華僑銀行董事長李成義（李光耀之子）題字

與新加坡學者潘受歡聚

赴新加坡看望指畫家吳在炎夫婦

病重期間老友馮其庸親赴瀋陽金秋醫院探望

陪同老友王己千在遼博參觀

赴北京師牛堂拜訪李可染夫人鄒佩珠

與愛國人士、收藏家徐伯郊在香港

在瀋陽觀賞陳佩秋先生作畫

與陳佩秋先生在遼博古代書畫研討會席間交談

與學者李敖在其家中鑒賞書畫

與學者李敖歡聚

與梁潔華女士在其大連畫展開幕式上交流

與陳香梅女士在上海

與利榮森先生、高美慶館長在香港歡聚

與許榮初夫婦、許勇夫婦在瀋陽家中合影

與文物出版社社長蘇士澍交談

與中央美術學院教授薛永年在研究生論文答辯會會後交談

與畫家韓美林在遼博

與學者尹吉男在中國美術館

在香港翰墨軒爲收藏家許禮平題詩

與學者萬青力在香港翰墨軒鑒賞書畫

與唐雙寧在瀋陽家中

與老友王己千、畫家宋雨桂一起探討書畫

與畫家吳悅石在香港

與書法家聶成文在考察途中留影

與文物出版社編輯部主任崔陟在日本

與畫家晏少翔和《瀋陽日報》編審初國卿在遼博

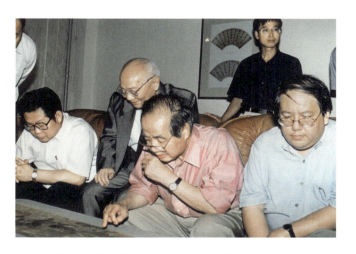

陪同華裔物理學家李政道一行在遼博參觀

在瀋陽接待邵逸夫夫婦來訪

與學者單國強在故宮

親赴葫蘆島市與航天英雄楊利偉商談遼博展覽事宜

與老友馮其庸、汪慶正等在上海"千年遺珍"展覽開幕酒會上

在菲律賓兩塗軒鑒賞書畫

與魯迅美術學院老畫家鍾質夫、郭西河、季觀之、晏少翔在《北國松泉圖》前留影

在中國美術館出席"馮其庸書畫攝影展"開幕式

楊仁愷先生墓園全景

由馮其庸先生題寫的"人民鑒賞家楊仁愷之墓"

學術年表

一九一五年 （民國四年 乙卯） 一歲

出生於四川省岳池縣，父楊篤生，在縣裏給小吏作幕僚，又被舉薦爲岳池縣商會會長，母蕭氏。兄弟姐妹四人，排行第二。

一九二一年 （民國十年 辛酉） 七歲

進入縣城内大南街張家私塾接受傳統的儒學啓蒙教育。

一九二三年 （民國十二年 癸亥） 九歲

父親去世，進入縣立城南小學讀書，後報考岳池縣初中。

一九三二年 （民國二十一年 壬申） 十八歲

考入重慶公立高級中學就讀舊制高中理科。

一九三三年 （民國二十二年 癸酉） 十九歲

因家道中落，無力供給而輟學。在成都私立群覺女子中學任教、兼求精印刷廠校對員。餘暇時間常流連於古玩店與地攤，漸漸入門。

一九三七年 （民國二十六年 丁丑） 二十三歲

重慶書畫家聯合舉辦書畫義賣展覽會，參加負責徵集作品，因而結識徐悲鴻、潘天壽、馬衡、呂鳳子、張大千、黃賓虹、傅抱石、黃君璧、謝稚柳等人。

一九三九年 （民國二十八年 己卯） 二十五歲

曾任重慶德光印書局協理、巴渝印刷廠經理。又任職於《說文月刊》社，負責出版、印刷、校對、編審等工作，兼職高級商科學院的文史教員。因工作關系結識了金毓黻、商衍鎏、郭沫若、沈尹默、謝無量等大家，積澱了深厚的傳統文史知識。

一九四一年 （民國三十年 辛巳） 二十七歲

與劉文秀結婚。

一九四五年 （民國三十四年 乙酉） 三十一歲

作爲復員職工到北平，閑暇多逛琉璃廠，結識張伯駒、張效彬、惠孝同、徐石雪、趙藥農、陶北溟、陳半丁等人，多看實物，聆聽指教，鑒定知識精進。

一九四九年 （民國三十八年 己丑） 三十五歲

在重慶私立長江音樂專科學校任教員。

七月七日，東北博物館（遼寧省博物館前身）成立。

一九五零年 （庚寅） 三十六歲

受聘於東北人民政府文化部文物處任研究室研究員。參加由東北銀行保存的從末代皇帝溥儀攜逃中被截獲的長春僞皇宮佚目書畫一百二十餘件歷代法書名畫撥交東北博物館的接受工作。

文章：

《一九五零年東北博物館庋藏溥儀書畫鑒定報告書》（《遼寧省博物館館刊》（第一輯）遼海出版社 二零零六年）

一九五一年 （辛卯） 三十七歲

從東北銀行撥交的書畫中，獨具慧眼，鑒定出北宋張擇端《清明上河圖》真迹。

與齊白石三子齊子如（良琨）開始收集齊白石各個時期的作品。

一九五二年 （壬辰） 三十八歲

四至六月，受東北文化部派遣前往長春清查僞皇宮流散文物。

六月，由東北文物管理處調東北博物館（今遼寧省博物館）任研究員。

六月十三日至八月十二日，前往北安，整理疏散保存在北安的文物。同時參與籌辦“中國古代書畫特展”。

文章：

《輯安高句麗壁畫墓概述》（《沐雨樓文集》 遼寧人民出版社 一九九五年）

一九五三年 （癸巳） 三十九歲

一月，參與主持“偉大祖國古代藝術特展”。

二月四日，向東北博物館捐獻清高岑《江山千里圖》。

春，在東北人民政府文化部主辦的“文物博物館幹部訓練班”上授課。

春，赴關內各地博物館學習參觀。

本年，參加籌辦基本陳列“歷史文物陳列”。

文章：

《〈聊齋志異〉原稿與“青柯亭”刻本校讎記略》

一九五四年 （甲午） 四十歲

春，在東北行政委員會文化局舉辦的“第二屆東北地區文物博物館幹部訓練班”上授課。

四至六月，主持舉辦“人民畫家齊白石畫展”。

七月，建議并主持聘請金振之、馮忠蓮、陳林齋、王宗光、李伯實等人到遼博複製古畫。

九月二日，主持接收東北軍區政委周桓向遼寧省博物館捐贈《唐摹王羲之萬歲通天帖》、元王蒙《太白山圖》等及革命文物共計四十四件。

文章：

《〈虢國夫人遊春圖〉的初步剖析》

一九五五年 （乙未） 四十一歲

文章：

《談〈聊齋志異〉原稿》（《新建設》 一九五五年十月）

《關於〈聊齋志異〉原稿影印本“出版說明”的幾點考察》

一九五六年 （丙申） 四十二歲

本年，當選爲瀋陽市政協委員。

文章：

《對王遜先生有關民族繪畫問題若幹觀點之我見》

《〈夏珪長江萬里圖〉一文說明了什麼？》

《關於民族繪畫問題討論中幾個主要觀點的再認識——對洪毅然諸先生若幹論點的商榷》

一九五七年 （丁酉） 四十三歲

一至二月，參與舉辦“宋、元、明、清絲绣特展”。

三月五日，參與舉辦“歷代法書真迹特展”。

文章：

《談緙絲——駁朱契對緙絲製作的說法》（《工藝美術》 一九五七年六月）

一九五八年 （戊戌） 四十四歲

本年，經手從北京購入明代沈周的《淇園春雨圖》。

文章：

《〈聊齋志異〉的“民族思想”在哪裏？一文的商榷》

《談周昉〈簪花仕女圖〉》

《關於〈唐周昉簪花仕女圖的商榷〉一文的管見及其它》

著作：

《〈聊齋志異〉原稿研究》（遼寧人民出版社）

一九五九年 （己亥） 四十五歲

二至五月，由中國美術家協會遼寧分會主席施展領導，楊仁愷主持，遼寧美協、魯迅美術學院、遼寧美術出版社和遼寧省博物館協作對館藏古代名畫進行臨摹工作，其規模是解放以來最大的一次。摹製者爲馮二牛、晏少翔、鍾質夫、季觀之等著名畫家。摹製作品有宋李公麟《明皇擊球圖》、宋李成《寒鴉圖》、宋李公麟《九歌圖》等八幅，入藏本館。

五月，參加編寫《遼寧省博物館藏宋元山水畫册》，由遼寧畫報社出版。

十月，參加籌辦“偉大祖國造型藝術展”，慶祝建國十周年。

文章：

《故宮已佚書畫見聞及其考證》，《遼寧省博物館館刊》（第二輯）（遼海出版社 二零零七年）

《對〈周昉簪花仕女圖的商榷〉的意見》（《文物》 一九五九年二月）

一九六零年 （庚子） 四十六歲

一月二十二日，經手購入周之冕《設色花鳥草蟲卷》、祝允明《草書七言律詩立幅》、唐寅《行書吳門避暑詩立幅》、石濤《水墨蘭花册》、王原祁《設色山水立幅》、邊壽民《白描花果册》、華嵒《梧桐鸚鵡立幅》、羅聘《行旅圖》等三十三件。

一九六一年 （辛丑） 四十七歲

春，參加《遼寧省博物館歷史藝術陳列大綱》的編寫工作。

六月，參加籌辦遼寧省博物館與北京故宮博物院聯合舉辦的“中國古代十大畫家作品展”工作及座談會。

十月，編輯《遼寧省博物館藏法書選集》（一函二十册）并出版。

十二月，參加編輯《齊白石畫册》，由遼寧人民美術出版社出版，并發表《齊白石老人繫年錄》。

本年，參加舉辦“齊白石作品展”、“歷代法書真迹展”和“近代畫家任頤作品展”等特展。

文章：

《繼承優良傳統 繁榮繪畫藝術創作——爲紀念我國古代十大畫家作品展覽在瀋陽展出而作》

（《遼寧日報》 一九六一年六月二十三日）

《窮苦一學徒 血淚育成高手——近代畫家任伯年生平簡介》（《遼寧日報》 一九六一年九月十七日）

一九六二年 （壬寅） 四十八歲

夏，參與遼寧省博物館與北京故宮博物院聯合舉辦的“石濤、華嵒和揚州八家書畫展”籌備工作。

八月，編選《遼寧省博物館藏畫集》。

八月二十四日至九月十一日，參加中央文化部書畫鑒定小組在遼寧省博物館的書畫鑒定工作。

文章：

《碑帖簡歷——爲歷代篆刻碑帖展覽而作》（蜀客）

《讀歐陽詢〈夢奠帖〉》

《宋徽宗趙佶〈方丘季享敕〉考》

《宋徽宗趙佶〈草書千字文〉及其他》

《〈宋人寒鴉圖〉析》

著作：

《簪花仕女圖研究》（朝花美術社 一九六二年）

一九六三年 （癸卯） 四十九歲

五至六月，主持“鐵嶺高其佩指頭畫展”。

本年，經手購入呂紀《梅石獅頭鵝立幅》、徐渭《芭蕉梅花立幅》、唐寅《悟陽子養性圖卷》、孫克弘《竹菊立幅》數件。

文章：

《跋晉人〈曹娥碑〉墨迹》（《中華文史論叢》 一九六三年四月）

《唐張旭的書風和他的〈古詩四帖〉》

《唐懷素〈論書帖〉芻議》

一九六四年 （甲辰） 五十歲

八月，參與舉辦“學習毛主席詩詞書法篆刻展覽”。

本年，參與館藏《曹娥誄辭墨迹》等四帖在上海朵雲軒的複製出版工作。

十一至十二月，參與徵集中央領導人、文化界名人、專家學者、民主人士爲我館書寫的毛主席詩詞書法作品三百餘件。

經手購入高其佩指畫《鍾馗立幅》、王原祁《設色西湖十景圖卷》、何浩《萬壑松濤圖卷》、陳鑒如《竹林大士出山圖》數卷。

文章：

《跋〈懷素論書帖〉》發表於《懷素論書帖》（上海人民美術出版社　一九六四年）

《晉人書〈曹娥碑〉墨迹泛考》（《中華文史論叢》第四輯）

《略談徐悲鴻藝術創作的道路》

一九六六年　（丙午）　五十二歲

因與鄧拓關系，被冠以"反動學術權威"罪名，并被抄家，許多珍貴資料皆損失。

一九六九年　（己酉）　五十五歲

下鄉插隊落户到丹東岫岩縣哨子河公社，走之前據理力爭，取回《國寶沉浮録》手稿。

一九七二年　（壬子）　五十八歲

三月，重返遼寧省博物館。

一九七四年　（甲寅）　六十歲

二月二十日，經手購入祝允明楷書《東坡記遊》等明清書畫三十四件。

四月，赴法庫葉茂臺遼墓鑒定出土古畫。

一九七五年　（乙卯）　六十一歲

鑒定《淇園春雨圖》殘卷，與一九七八年在北京琉璃廠爲本館購得的同畫殘段，恰爲一件文物的兩段。

文章：

《葉茂臺遼墓出土古畫的時代及其他》（《文物》　一九七五年十二月）

一九七六年　（丙辰）　六十二歲

文章：

《關於〈簪花仕女圖〉的再認識》

一九七七年　（丁巳）　六十三歲

六月，遼寧省文物出口鑒定小組成立，擔任鑒定小組成員。

八月一日，經聯絡，吉林大學教授于省吾先生將個人所藏王寵《泥金草書扇面》、元人《雙鈎竹立幅》、王國維《致雪堂書札册》等明清書畫五十九件捐贈遼博。

十月，接待以伯克利亞洲大學藝術系主任高居翰爲團長的美國"中國古代繪畫代表團"的來訪。團員有克利弗蘭博物館何惠鑒、普林斯頓大學方聞、弗利爾博物館東方部傅申等。

一九七八年 （戊午） 六十四歲

一月十七日，通過楊先生聯系，北京師範大學教授啓功先生通過和他的關系將所藏《年羹堯題墨竹橫幅》、《和親王書中堂》等十九件書畫捐贈遼博。

文章：

《對龔賢書〈漁歌子〉的管見》（黎庚）（《藝苑掇英》（三） 一九七八年）

《唐懷素〈論書帖〉芻議》（《藝苑掇英》（一） 一九七八年）

《歐陽詢〈夢奠帖〉考辨》（仁愷）（《藝苑掇英》（三） 一九七八年）

《試談張旭的書法風貌和關於〈古詩四帖〉的初步探索》（《書法》 一九七八年一月）

《關於〈古詩四帖〉的初步探索》（《書法》 一九七八年一月）

《高其佩和他的兩幅指頭畫》（龢溪）（《藝苑掇英》（三） 一九七八年）

《讀畫札記之一——從〈神駿圖〉中得到的啓示》（《藝苑掇英》（三） 一九七八年）

《讀〈唐代人物畫家周昉〉質疑》

《葉茂臺第七號遼墓出土古畫的綜合研究》

《對葉茂臺遼墓出土古畫的再認識》

《"文人畫"芻議兼論"書畫同源"説》

著作：

《高其佩》（上海人民美術出版社 一九七八年）

一九七九年 （己未） 六十五歲

五月，任遼寧省博物館副館長。

五月二十九日，出席國家文物局在合肥召開的"全國省、市、自治區博物館工作座談會"。

九月二十六日，接待以田中五郎爲團長的全日本書道聯盟訪華團來館訪問。

文章：

《歐陽詢〈夢奠帖〉考辨》

《師造化，師傳統，貴在創新》（《遼寧畫報》 一九七九年四月）

《葉茂臺遼墓古畫有關問題的再認識》

《唐孫過庭〈千字文第五本〉墨迹考》發表於《文物》一九七九年第十期。文章首先就流傳爲孫過庭的五本墨迹分別考察并加以對比，認爲《千字文第五本》是"唐代中期稍晚一點的書家根據孫過庭的原迹，作爲日課，信手臨寫出來的"。在考證其流傳經歷後，又對其歷史價值及藝術價值予以述評。

《宋徽宗趙佶〈蔡行敕〉考辨》

《歐陽詢行書〈千字文〉墨迹辨》

《對〈簪花仕女圖〉的一點剖析》（中國文物（一） 一九七九年）

《孫過庭〈千字文第五本〉》（蜀客）（《遼寧日報》 一九七九年五月二十日）

《歐陽詢行書〈千字文〉的墨迹考辨》（《遼寧書法》（一） 一九七九年）

《從高其佩的書法藝術所想到的》（穌溪）（《遼寧書法》（一） 一九七九年）

《關於唐孫過庭〈千字文第五本〉的初步考察》（《遼寧書法》（二） 一九七九年）

《藝苑菁華重放异彩》（《遼寧畫報》 一九七九年三月）

著作：

《虢國夫人遊春圖》（上海人民美術出版社 一九七九年）

一九八零年 （庚申） 六十六歲

一月十日，接待由我國外交部副部長何英、中國駐埃及大使姚廣、遼寧省省長陳璞如陪同來我館參觀的阿拉伯埃及共和國副總統胡斯尼·穆巴拉克偕夫人一行，并題詞留念。

二月，任遼寧省文物出口鑒定小組副組長。

二至三月，舉辦"清代鐵嶺高其佩畫展"。

四月，擔任遼寧省博物館學術委員會副主任。

四月，主持編輯的《遼寧省博物館藏畫集》（續集）出版發行。

五月一日，接待日本講談社社長服部敏幸先生率團來館參觀。

五月，舉辦"館藏歷代法書真迹展覽"。

文章：

《孫過庭書〈千字文〉第五本》（遼寧美術出版社 一九八零年）

《齊白石書法演變小識》（《遼寧書法》（三） 一九八零年）

《略談張即之的書法風貌和對〈杜詩卷〉的考察》（《遼寧書法》（三） 一九八零年）

《試論指頭畫家高其佩的藝術成就》發表於一九八零年《造型藝術》。文章就高其佩的身世、學畫經歷、"師造化"的藝術思想、作畫風格的形成與發展、歷代對其的評價、與當時各畫派的關系及指頭畫派的形成與發展各方面分別加以探討，使讀者對高其佩有更爲深刻的認識。

《唐人〈簪花仕女圖〉研究》

《試談文天祥和他的〈木鷄集序〉》

一九八一年 （辛酉） 六十七歲

三至四月，應克利弗蘭博物館邀請，參加"中國八代遺珍"國際學術討論會，會上作了《葉茂臺遼墓七號遼墓出土古畫的綜合考察》報告，在美期間考察美國博物館所藏中國書畫收藏情况。

三月二十三日，接待日本泛亞細亞文化交流中心理事長森住和弘先生來館訪問。

五月十八日，接待著名美籍學者翁萬戈夫婦來遼博訪問。

七月，接待加拿大國立美術館館長時學顔女士來遼博參觀訪問。

八月十一日，遼寧省博物館學會成立大會暨第一届學術討論會在金縣召開，并當選爲副理事長。

八月二十一日，接待美國波士頓美術館東方部主任吳同先生來館參觀訪問。

九月十六日，接待由中國友協負責人張平化陪同的日本公明黨主席竹入義勝先生一行來遼博參觀訪問。

十月，參與舉辦“館藏晉唐宋元法書真迹特展”。

本年，當選中國書法家協會理事，遼寧書法家協會第一副主席和遼寧美術家協會副主席。

文章：

《從宋陸游〈自書詩稿〉談到他書法藝術的成就》

《葉茂臺七號遼墓出土古畫的綜合考察》

《關於宋孝宗趙眘〈後赤壁賦〉的幾點考察》

著作：

《名畫鑒賞——茂林遠岫圖》（上海人民美術出版社）

一九八二年 （壬戌） 六十八歲

三月二十三日，出席在北京召開的“中國博物館學會成立大會暨首届學術討論會”，并當選爲理事會理事。

七月，通過楊先生聯系，著名古文字學家、吉林大學教授于省吾和著名畫家周懷民先生聯合向遼博捐贈傳利瑪竇作設色《平林遠墅圖》。

八月八日，接待以今井凌雪爲首的日本雪心會書法友好訪華團來館觀摩書法藏品。

八月八日，主持舉辦“陳少梅遺作展”。

九至十月，主持舉辦“館藏唐宋元明清法書真迹展”。

九月，接待以田中凍雲先生爲團長的日本“遼寧省歷代書法名迹展參觀訪中團”來館參觀。

九月，主持編輯的館藏《宋元明清緙絲》，由文物出版社出版發行。

九月，主持編輯的《遼寧省博物館藏法書選集》（第二集），由文物出版社出版發行。

十月，接待日本泛亞細亞文化交流中心理事長森住和弘先生來館參觀訪問。

十二月，籌備“紀念意大利科學家利瑪竇來華四百年文物展覽”及座談會，於一九八三年一月二十七日在遼博召開。

文章：

《〈晉文公復國圖〉管窺》發表於一九八二年《中國畫》第三期。文章就一九八一年於美國大都會藝術博物館所見的《晉文公復國圖》加以討論，首先列舉了其流傳經過與歷代著録，并指出歷代著錄的分歧。通過對李伯時（公麟）及李唐傳世作品和畫風的分析，最終認爲該圖"爲李唐作品，而且屬於晚年之作"。

《宋高宗趙構的書法藝術和他的〈洛神賦〉考》

《試論魏晉書風及王氏父子的風貌》

《淡墨輕嵐 一片江南——讀五代董源〈夏景山口待渡圖〉》（《遼寧畫報》 一九八二年一月）

《〈蘭亭序〉小識》（《瀋陽日報》 一九八二年一月二日）

《緙絲的起源與發展》《宋元明清緙絲刺綉》（人民美術出版社 一九八二年）

《成就卓著 遺範長存——悼念老友、著名考古學家李文信》（《遼寧日報》 一九八二年十一月十三日）

《世上空驚故人少——悼念李文信同志》（《遼寧文物》（總三） 一九八二年）

一九八三年 （癸亥） 六十九歲

二月，任《遼寧文物志》編纂委員會副主任。

二至三月，應日本泛亞細亞文化交流中心邀請，爲審查即將由日本學研社出版的《遼寧省博物館藏緙絲、刺綉》一書稿樣，赴日本進行學術訪問。

八月，中央宣傳部組織的"全國書畫巡回鑒定專家鑒定小組"成立，爲鑒定小組成員之一。

八月，組織《書法叢刊》第六期——遼寧省博物館專集出版發行。

十月，作爲遼寧省書法展代表團成員赴日本富山、神奈川兩縣參加"中國遼寧省書道展"，同時出席"京都國際美術史年會"。

十月，組織編輯由上海人民美術出版社出版發行的《藝苑掇英》第二十二期——遼寧省博物館專輯。

十二月，組織編輯的《遼寧省博物館藏畫》，由上海人民美術出版社出版發行。

十二月，參與編輯《中國博物館叢書·遼寧省博物館》由遼博主編、日本講談社印刷、文物出版社出版發行。

本年，當選爲遼寧省第六屆人大常委會常委。

本年，主持《遼寧省博物館藏緙絲刺綉》編輯工作。

文章：

《學習〈文物保護法〉的初步體會》（《遼寧文物》（總四） 一九八三年）

《宋人〈小寒林圖卷〉》（庶人）（《藝苑掇英》（二十二） 一九八三年）

《從白石老人肖像作品想到的》（《中國書畫》（十三） 一九八三年）

《唐王居士磚塔銘》楊仁愷 董彥明（《書法叢刊》（總六） 一九八三年）

《敦煌殘經》（嘉陵）（《書法叢刊》（總六） 一九八三年）

《宋拓〈絳帖〉》（流沙）（《書法叢刊》（總六） 一九八三年）

《明人雜書册》（涓塵）（《書法叢刊》（總六） 一九八三年）

《明陸應陽自書詩卷》（子虛）（《書法叢刊》（總六） 一九八三年）

《〈仲尼夢奠帖〉的流傳、真贗、年代考》發表於一九八三年《書法叢刊》總第六期。文章首先分析了歐書"勁險刻屬"這一特有風格，又詳述《仲尼夢奠帖》自南宋至清代的流傳經過，針對明代都穆與陳繼儒認爲此帖爲"臨本"的疑問，參照傳世的《卜商帖》、《張翰帖》、《行書千字文》，從墨色濃淡與使筆特點兩方面分析歐書的發展規律，認爲《仲尼夢奠帖》是歐陽詢晚年真迹，作於貞觀初年（公元六二七至六四九年）。

《書苑叢談》（《藝苑掇英》（二十二）上海人民美術出版社 一九八三年）

《絲綉》（《中國博物館（三）·遼寧省博物館》文物出版社 一九八三年）

《緙絲概説》（《遼寧省博物館藏緙絲刺綉》（日本）學習研究社 一九八三年）

《悼念著名考古學家李文信》（《考古》 一九八三年二月）

《略談張即之的書法風貌和大字〈杜詩卷〉》

《關於歐陽詢〈行書千字文〉的考辨》

《略談宋歐陽修〈自書詩文稿〉》

《〈真妃上馬圖〉析》

《遼代繪畫藝術綜述——在日本京都國際美術史研究會第二次討論會上的報告》

一九八四年 （甲子） 七十歲

受聘爲中央美術學院客座教授、研究生導師。

五月，出席在北京召開的"全國文物工作會議"。

九月二十日，被任命爲遼寧省博物館名譽館長。

本年，隨中央書畫鑒定小組在北京鑒定書畫。

文章：

《朱熹〈蔡州帖〉淺談》

《葉茂臺第七號遼墓出土古畫考》（上海人民美術出版社 一九八四年）

一九八五年 （乙丑） 七十一歲

五月二十二，應紐約大都會博物館邀請，赴美國參加"字與畫、中國詩歌、書法和繪畫"國際學術討論會并做學術報告，訪問美國和加拿大各大博物館。

六月七日，接待日本書道訪華團來館參觀館藏書法作品。

七月，當選爲遼寧省老年文物研究會理事長。

十月，參加北京故宮博物院建院六十周年活動。

十一月六日，當選爲中國博物館學會第二屆代表大會名譽理事。

十一月二十六日，當選爲遼寧省考古博物館學會第二屆理事會名譽會長。

本年，被聘爲全國文物鑒定委員會委員。

本年，隨中央書畫鑒定小組在上海鑒定書畫。

文章：

《遼、金、西夏書畫藝術初探》。

《人間遺墨若南金———記鄧拓鑒藏蘇軾〈瀟湘竹石圖〉》。

《中國明代繪畫藝術述略》（《中國美術全集》）。

《書林三講———在美國紐約大都會藝術博物館國際學術會上的報告》。

《對〈簪花仕女圖〉的再認識》（《名畫鑒賞———簪花仕女圖》上海人民美術出版社　一九八五年）

一九八六年　（丙寅）　七十二歲

二月，通過聯系，著名畫家謝稚柳、陳佩秋夫婦將個人繪畫作品七幅捐贈遼寧省博物館入藏。

二月，通過聯系，徐潛將其父徐燕蓀先生遺作兩幅捐贈遼寧省博物館入藏。

三月，通過聯系，著名書法家王遽常、畫家徐子鶴將個人書畫作品捐贈遼寧省博物館。

七月，主持由遼寧省博物館編輯、日本講談社印刷的《中國書迹大觀·遼寧省博物館》（上下冊，豪華本）出版工作。

本年，《葉茂臺第七號遼墓出土古畫的綜合研究》獲遼寧省社科聯名譽獎，譯文由日本《國華》雜志轉載。

本年，隨中央書畫鑒定小組在江蘇、南京地區鑒定書畫。

文章：

《文人畫問題芻議》（《遼海文物學刊》（創刊號）　一九八六年）

《淮安王鎮墓出土古畫考》

《對朱熹〈書翰文稿〉的初步研究》

一九八七年　（丁卯）　七十三歲

一月，經手購入明唐寅《草屋蒲團圖》。

四月，經手從浙江購入歷代瓷器、銅器、玉器等總計五十二件文物入藏。

四月，經楊先生聯系，上海高其淵、高其進昆仲將個人所藏《文徵明小楷書金剛般若波羅蜜經》、《董其昌雲林圖》、《戴熙山水圖》、《陳洪綬人物故實圖》及六朝和唐人寫經等書畫總計一百一十七件捐贈遼寧省博物館入藏。

四月，接待以野崎岳南先生爲團長的"日本宇野雪村、啓功鉅匠展慶祝訪中團"來館交流。

四月，隨中央書畫鑒定小組在浙江杭州地區鑒定書畫。

六月二日，經辦"日本神奈川現代書法展覽"在遼寧省博物館展出，這是外國展覽首次在遼寧省博物館舉行，展品展出後贈予遼寧省博物館收藏。

九月，通過楊老關系，蘇淵雷先生將個人所藏汪士慎《隸書軸》、華嵒《花鳥圖》等明清書畫十件捐贈遼寧省博物館。

九月，隨中央書畫鑒定小組在河北鑒定書畫。

十月一日，接待美國克利夫蘭博物館前館長李雪曼一行四人來館訪問。

十一月二十八日，接待華盛頓弗利爾博物館亞洲部主任傅申先生來訪，并請爲遼寧省博物館作《張大千與四畫僧》專題學術報告。

十二月，隨中央書畫鑒定小組在天津鑒定書畫。

文章：

《再論文人畫問題——“書畫同源”與“文人畫”及其他》（《遼海文物學刊》 一九七八年一月）

《書法藝術源流管窺——〈遼寧省博物館藏法書選集〉序》（《當代書家墨迹詩文集》上海書畫出版社 一九八七年）

《對董其昌在我國繪畫史上的評價》

《〈宮中乞巧圖〉的時代風標》

《隋唐五代書法藝術演進軌迹》

《北宋李成〈茂林遠岫圖〉與傳世著作之比較研究》

一九八八年 （戊辰） 七十四歲

一至二月，請北京榮寶齋原副經理馮鵬生先生爲遼寧省博物館裝裱新購入明清書畫四十餘件。

四月十四日，接待以鈴木相華爲團長的東京書道會訪中團來遼寧省博物館參觀并題詞留念。

五月，隨中央書畫鑒定小組在山東鑒定書畫。

六月，經辦“上海朵雲軒書畫展”在遼寧省博物館展出。

六月，隨中央書畫鑒定小組在大連鑒定書畫。

六月，隨中央書畫鑒定小組在吉林鑒定書畫。

七月，經辦“謝稚柳、陳佩秋書畫展”在遼博展出。

文章：

《沐雨樓書畫論稿·代序——我自學所走過的漫長道路》載《沐雨樓書畫論稿》（上海人民美術出版社出版）

《關於史可法書札的考釋及其他》收錄於《沐雨樓書畫論稿》（上海人民美術出版社一九八八年）中，此文作於一九六二年，并於一九八六年作了部分修改和補充。論文分析了遼寧省博物館收藏的《史可法書札》的歷史背景與受信人的問題、有關史可法本人的一些問題、關於“駢戮五人”的問題、所表現的政治傾向問題、提供的有關資料問題，并略述此稿於“文革”中的沉浮命運。

《元鮮于樞補臨唐高閑〈千字文〉考》收錄於《沐雨樓書畫論稿》（上海人民美術出版社一九八八年

出版）中，此文作於一九八六年十二月。論文首先介紹了高閑草書的師承關系及面貌，又考證了高閑《千字文》與鮮于樞摹本的三次離合及分別的流傳經歷，最後針對有人認爲摹本并非出於鮮于樞的觀點，一一加以論證，確認其爲鮮于樞所摹。

《略談故宮散佚書畫概況兼對孫過庭〈千字文第五本〉諸作的考察》收錄於《沐雨樓書畫論稿》（上海人民美術出版社一九八八年出版）中，本文是在《唐孫過庭〈千字文第五本〉墨迹考》（發表於《文物》一九七九年第十期）的基礎上"加進一部分材料而成"。文章首先叙述了國家在徵集流散文物方面的一些卓有成效的工作，進而將"長春僞宮流散出來的歷代名貴書畫以及通過各種措施收回的情況，先交代一個梗概"，最後側重對一九八零年遼寧營口市蓋縣徐忠誠捐獻於遼寧省博物館的《唐孫過庭〈千字文第五本〉》、《宋四賢尺牘》、《宋米芾〈天馬賦〉》、《宋大方廣佛華嚴經卷第十》、《元人爲周文英作詩志傳》、《清王原祁〈層巒茂樹圖〉》和《清劉統勛〈御製舟行雜興三十首〉》七件書畫分別予以介紹及研究。

《對高其佩指頭畫藝術的再認識——寫在〈高其佩畫集〉的後邊》

《宋徽宗趙佶書法藝術瑣談》發表於一九八八年《書法叢刊》（總十四）。文章首先分析了趙佶書法藝術的淵源，進而對遼寧省博物館所藏的《瑞鶴圖》題咏、《蔡行敕》、《草書千字文》及《方丘敕》四件墨迹進行考察，着重分析了《方丘敕》與《蔡行敕》是否爲徽宗所書，結合其行書發展規律，認爲均爲趙佶所書。

《中國緙絲發展歷程的探索》（《沐雨樓書畫論稿》上海人民美術出版社 一九八八年）

著作：

《沐雨樓書畫論稿》（上海人民美術出版社 一九八八年）

一九八九年 （己巳） 七十五歲

一月，隨中央書畫鑒定小組在廣東鑒定書畫。

五，隨中央書畫鑒定小組在四川鑒定書畫。

九月七日，參與舉辦遼寧省博物館館慶四十周年國際學術交流會。

文章：

《青山不老 綠水長流——遼寧省博物館建館四十周年徵集歷代書畫作品記略》（《藝苑掇英》（三十九） 一九八九年）

《趙孟頫〈飲馬圖〉小議》（沐雨）（《藝苑掇英》（三十九） 一九八九年）

《從宋寧宗題馬遠〈松濤圖〉談起》（穌溪）（《藝苑掇英》（三十九） 一九八九年）

《四十年的回顧與思考》（《遼海文物學刊》 一九八九年一月）

《迎館慶 憶故人——追憶王修同志二、三事》（《遼海文物學刊》 一九八九年一月）

《古代繪畫史上的一樁公案——對兩卷傳世〈江山無盡圖〉的辨析》

《高其佩畫集·後記——對高其佩指頭畫藝術的再認識》載《高其佩畫集》

《畫家高其佩簡略年表》載《高其佩畫集》

《隋唐五代的書法藝術》載《中國美術全集·書法篆刻編三·隋唐五代書法》

著作：

《高其佩畫集》（主編）（上海書畫出版社出版）

《名畫鑒賞叢書——李成〈茂林遠岫圖〉》（編）（上海人民美術出版社 一九八九年）

《中國美術全集·書法篆刻編三·隋唐五代書法》（主編）（人民美術出版社）

一九九零年 （庚午） 七十六歲

五月，參加爲亞運會在大連舉辦的書畫家義賣活動。

九月，爲遼寧書協在莊河舉辦的書法學習班講課。

文章：

《發展博物館事業，重視人才培養——文博人材培養芻議》（《中國·遼東半島·國際交流》一九九零年三月）

《好書不厭百回看——讀瀋陽故宮博物院藏〈明清繪畫選輯〉有感》 （《美術之友》 一九九零年六月）

《試論王詵及其書法藝術》發表於《書法叢刊》（總二十三）。文章首先列舉了宋代文獻對王詵的記載，指出"歷來對王氏書法并沒有對繪畫那樣一直推崇"，并盡可能的對其書法予以適當評價。文章通過對作者親眼目睹的五件傳世真迹的分析對比，最終得出"（王詵）對繪畫有獨得之妙，初於書法并不留意，用筆作字，即所謂篆籀法。（後來）轉向傳統，抛弃怪形"。認爲王氏書法的歷史價值未可忽視。

著作：

《中國書畫》（主編）（上海古籍出版社 一九九零年）

一九九一年 （辛未） 七十七歲

三月，赴遼寧營口市爲黨政軍轉幹部崗前培訓班講課。

四至五月，應邀出席由香港中文大學主辦的"古今書畫鑒定學"報告會。

七月二十六日，應國家文物局邀請赴京參加關於散佚的北宋郭熙《山水卷》的鑒定和收購的討論會。

八月二十日，出席在遼博舉辦的"日本雪心會會員書法作品展"。

九月十二日，出席瀋陽故宮六十五周年館慶紀念暨學術研究會，會上做關於培養業務人員的報告。

九月十五日，在遼博舉辦"王方宇、王己千書畫展"。

本年，接待香港著名愛國人士邵逸夫先生來訪。

本年，省政府爲楊先生頒發政府特殊津貼證書，并親自出席頒發證書大會。

一九九二年 （壬申） 七十八歲

一至二月，在新加坡舉辦"楊仁愷、馬學鵬書畫聯展"并參觀訪問博物館、美術館，觀摩中國古代書畫。

四至五月，應美國堪薩斯博物館的邀請，赴美參加"董其昌世紀學術國際研討會"，會後考察了美國堪薩斯、華盛頓、紐約、底特律、舊金山等城市的各大博物館，并觀摩所藏的中國古今書畫。

六月，接待北京炎黃藝術館館長著名畫家黃胄先生來訪，并商議舉辦"揚州八怪展"事宜。

九月十五，受聘爲新加坡國家美術館及亞洲文化館顧問。

十二月，赴荷蘭參加遼寧省博物館舉辦的"抛弃毛筆——高其佩指畫藝術展"開幕式，并出訪英、法、比、德四國。

文章：

《指頭畫家高其佩繫年表》

《默默中的懷念與追憶·回憶李文信先生》（《遼海文物學刊》 一九九二年二月）

一九九三年 （癸酉） 七十九歲

六月，出席日本東京國立博物館學術研討會。

八月十八日，接待日本鎌倉市書道會長仙場右羊一行十四人來遼博訪問并陪同參觀北京、南京、上海等博物館進行文化交流。

九月二十六日，赴京參加美術館全國第一屆國畫展開幕式。

一九九四年 （甲戌） 八十歲

一月六日，應韓國東方研究會的邀請赴韓國考察。

一月，接待美國白宮教育顧問、國際社會活動家陳香梅女士一行來訪。

二至三月，赴深圳參加"遼寧省博物館藏齊白石畫展"開幕式。

三月，赴北京參加在炎黃藝術館舉辦的"日本畫展"開幕式。

四月，應邀赴新加坡、馬來西亞兩國進行爲期四十天的學術交流與訪問。

四月八日，接待意大利威尼斯大學副教授阿米娜·阿拉戈女士（緙絲專家）來訪。

四月二十五日，在新加坡舉辦"楊仁愷、關寶琮書畫聯展"。

六月，參加在鐵嶺市召開的遼寧省第二屆書法家代表大會。

七月，參加由遼寧省博物館、臺北中華服飾學會、中國古代史服飾研究會共同在瀋陽舉辦的"第十三屆國際服飾學術討論會"。

九月，參加在遼寧省博物館舉辦的"中國嘉德94'秋季拍賣會預展"活動。

九月，接待香港著名實業家、文物收藏家徐展堂先生和夫人來訪。

十月，應馬來西亞中央藝術學院邀請，赴馬參加"中國文物鑒定課程"的講學。

秋，獲邀參加故宮博物院七十周年紀念活動。

本年，獲國家人事部、文化部頒發的"全國優秀文化工作者"稱號。

文章：

《遼寧省博物館藏寶錄·前言》載《遼寧省博物館藏寶錄》

著作：

主編《遼寧省博物館藏寶錄》（上海文藝出版社 三聯書店（香港）有限公司聯合出版）

一九九五年 （乙亥） 八十一歲

一月十一日，接待美國白宮顧問陳香梅女士、美中航空運輸董事長郝福滿先生一行四人來館參觀訪問。

二月三日，應新加坡來福拍賣行邀請，赴新加坡進行爲期一周的學術訪問。

九月二十二日，參加"江兆申畫展"開幕式。

十二月二十二日，遼寧省博物館、遼寧人民出版社共同舉辦楊仁愷《沐雨樓文集》出版座談會。

十二月，主持的"中國古今書畫真僞對照展"在遼寧省博物館開幕。

文章：

《明沈周〈落花詩〉墨迹淺識》收錄於《沐雨樓文集》（遼寧人民出版社 一九九五年）中，此文作於一九八四年，介紹了南京博物院所藏的沈周《落花詩》。

著作：

《沐雨樓文集》（遼寧人民出版社 一九九五年）

《中國古今書畫真僞圖鑒》（主編）（遼寧畫報出版社）

一九九六年 （丙子） 八十二歲

一月，應新加坡勵達投資私營有限公司邀請，赴新加坡進行文化考察。

三月六日，參加《中國古今書畫真僞圖鑒》首發式。

四月十五日，接待新加坡著名學者潘受來訪。

四月三十日，接待臺灣著名畫家、原臺北故宮博物院副院長江兆申先生一行來訪。

五月十五日，應美國大都會博物館邀請，赴美進行爲期兩周的學術訪問。

六月十九日，應比利時國家博物館東方部主任西蒙先生邀請，赴比利時、法國、瑞士等國進行學術研討活動。

七月，應新加坡亞洲拍賣行總經理林秀香女士邀請，赴新加坡進行學術訪問。

九月五日，接待紅學專家、中國藝術研究院副院長馮其庸先生一行來訪。

九月六日，主持由文物出版社、遼寧省博物館、瀋陽故宮博物院在瀋陽舉辦的"第二屆國際書法史論討論會"。

九月，接待美國大都會博物館東方部主任屈志仁先生來訪。

九月十二日，應馬來西亞協濟藝苑董事會主席胡志傑先生之邀，赴馬來西亞進行學術活動。

十二月十六日，赴北京參加全國第六屆文代會。

本年，受聘爲魯迅美術學院名譽教授。

文章：

《略談宋徽宗〈草書千字文〉及其它》（《名家翰墨·宋徽宗草書千字文》 一九九六年）

《五代董源〈夏景山口待渡圖〉淺識——讀畫雜記之十一》（《藝苑掇英》（五十五）一九九六年）《百花齊放的唐代書法藝術》發表於一九九六年第三期《書法叢刊》（總第四十七期）。論文節選自《中國美術全集·書法·隋唐五代卷》，爲作者《隋唐五代書法藝術歷史的演進軌迹》一文中的第三節。

著作：

《中國古今書畫真僞圖鑒》（主編）（遼寧畫報出版社 一九九六年）

一九九七年 （丁丑） 八十三歲

四月，應新加坡國家文物局、亞洲文明博物館館長郭勤遜先生邀請，赴新加坡參加亞洲文明博物館開館儀式和學術座談會。

八月，主持由遼寧省人民對外友好協會、日本外務省國際交流基金會、日本駐瀋陽總領事館、遼寧省博物館、日本文字文化研究所在瀋陽舉辦的"中日文字文化研討會"。

十一月，赴上海博物館參加"遼寧省博物館藏書畫珍品暨古今真僞作品展"開幕式。

十二月，被聘爲遼寧省文史研究館名譽館長。

文章：

《〈康熙朝官送劉孟倬之任東藩〉跋》（《文物》 一九九七年八月）

《〈仲尼夢奠帖〉的流傳、真贋、年代考》（《名家翰墨·歐陽詢〈夢奠帖〉》 一九九七年）

《南宋朱熹〈書翰文稿〉芻議》（《書法叢刊》（總五十） 一九九七年二月）

一九九八年 （戊寅） 八十四歲

二月，赴廣東美術館參加"現代美術三大家—齊白石、黃賓虹、徐悲鴻作品展"開幕市。

二月，赴深圳何香凝美術館參加"中國古今書畫真僞作品展"開幕式。

二月，列席遼寧省政協八屆一次全體會議。

六月，率部分文史館館員赴遼陽考察，并召開有關論證曹雪芹生平及祖籍的學術研究會議。

九月，赴澳門參加"第三屆國際書法史討論會"。

十月，出席在重慶市召開的"全國文史館工作交流會"。

十一月，應澳門市政廳邀請，赴澳門爲籌備中的澳門博物館進行書畫鑒定工作。

文章：

《元人林子奐〈餶風圖〉真僞考辨》

《古代繪畫史上的一樁公案——兩卷〈江山無盡圖〉的辨析》（《鑒賞家》（七） 一九九八年）

《談談中國書畫作品的真贋問題》（《鑒賞家》（七） 一九九八年）

《談張即之的書法風貌和大字〈杜詩卷〉》（《藝苑掇英》（六十二） 一九九八年）

著作：

《遼寧省博物館藏書畫著録——書法卷》（主編）（遼寧美術出版社 一九九八年）

《遼寧省博物館藏書畫著録——繪畫卷》（主編）（遼寧美術出版社 一九九八年）

一九九九年 （己卯） 八十五歲

一月，應邀赴馬來西亞、新加坡進行學術訪問，并參觀博物館及私人收藏家所藏中國古代書畫。

六月，應陝西省文史館邀請出訪西安。

九月，出訪法國，考察觀摩各博物館所藏中國古代書畫。

十二月，應美國紐約大都會博物館邀請，赴美參加“王己千書畫收藏研討會”，并參觀訪問洛杉磯、紐約、華盛頓等市的博物館。回程順訪上海博物館、南京博物院。

文章：

《迎接和開創跨世紀的博物館事業》（《中國文物報》 一九九九年八月二十九日）

《唐歐陽詢的書法藝術及其傳世墨迹考》收録於《楊仁愷鑒定集》（河南美術出版社一九九九年）。文章首先評書了歐書“勁險刻厲”這一特有風格及歷代對其書法的評價，又認爲《卜商帖》與《張翰帖》爲唐人勾填本，《仲尼夢奠帖》與《行書千字文》爲真迹，通過分析書風及互相比較分析，認爲《行書千字文》與《張翰帖》爲早期作品，《卜商帖》爲盛年以後代表作，《仲尼夢奠帖》爲“暮年所書”。

著作：

《楊仁愷書畫鑒定集》（河南美術出版社 一九九九年）

《國寶沉浮録》（增訂本）（遼海出版社 一九九九年）

《遼寧省博物館藏金石文字精粹》楊仁愷 劉寧主編（藝友齋 一九九九年）

二零零零年 （庚辰） 八十六歲

二月，赴新加坡參加“中國古今書畫真僞作品展”開幕式。

三月，遼寧省文史館與遼寧省博物館舉辦“楊仁愷先生學術研討會”。

五月，赴香港中文大學講學。

八月，應菲律賓華僑莊萬里子女邀請，前往鑒定莊氏所藏書畫。

九月，赴東京參加“第四屆國際書學研究大會”。

九月，遼寧省人民政府授予“人民鑒賞家”榮譽稱號。

十月，赴韓國漢城參加“明清皇朝美術大展”開幕式。

著作：

《中國書畫鑒定學稿》（遼海書社　二零零零年）

《沐雨樓留真》（春風文藝出版社）

《國寶沉浮録》（增訂本）（臺灣版發行）

二零零一年　（辛巳）　八十七歲

四月，應邀赴北京參加在中國美術館舉辦的"馮其庸書畫攝影展"。

七月，參加遼寧省博物館在韓國漢城舉辦的"古今書畫真贋作品展"開幕式，并進行爲期一周的學術訪問、考察。

八月，赴新加坡與吳在炎辦理"吳在炎指畫"捐贈手續，并携帶所捐書畫回國交與館裏。

九月十七日，參加"勿忘國恥——紀念'九·一八'七十周年研討會"。

十月二十一日，赴北京參加中央文史館五十周年年會和中國革命博物館舉辦的書畫展。

十月，遼寧電視臺録製播出《人民鑒賞家楊仁愷》專題節目。

十一月，應大連空校之邀，前往鑒定書畫。

十二月十五日，出席在北京召開的第七屆全國文代會。

本年，赴京參加國家圖書館出版社《碑帖菁華》首發式。

二零零二年　（壬午）　八十八歲

一月，應邀赴臺北參加臺北中原出版社《書畫鑒定學稿》出版發行式及"書法藝術研究會"。

五月，同文史館館員赴天津考察交流。

八月二十三日，參加在南京召開的"第五屆中國書法史論國際討論會"。

十月，同文史館館員赴山西省考察。

十月，赴上海出席由故宮博物院、遼寧省博物館與上海博物館共同主辦的"晉唐宋元書畫國寶展"開幕式并參加學術研討會。

十二月，應邀赴美國洛杉磯出席"美中文物收藏協會學術報告會"，并接受大會所頒發的榮譽證書。

文章：

《晉唐遺珍　書畫開源》（《晉唐宋元國寶特集》上海書畫出版社　二零零二年）

試論魏晉書風及王氏父子的風貌（《第五屆中國書法史論國際研討會論文集》文物出版社　二零零二年）

著作：

《吳在炎指畫精品集》（主編）

二零零三年　（癸未）　八十九歲

一月，赴遼寧省盤錦市參加"海峽兩岸書法家學術交流會"。

一月，於瀋陽與莊廷偉、幺喜龍共同舉辦書法展并出版作品集。

七月，赴京參加北京嘉德十周年慶祝會并爲之鑒定書畫。

八月十九日，應故宮博物院邀請參加"兩晉、隋、唐書畫特展"開幕式及研討會。

九月二十日，應邀赴上海博物館參加"淳化閣帖最善本討論會"開幕式。

十月，應邀出席北京故宮博物院"宮廷畫討論會"開幕式。

參加文化部中國文化藝術品鑒定委員會第一次工作會議。

二零零四年　（甲申）　九十歲

一月五日，赴上海參加《淳化閣帖》二王書法大賽，任評委。

五月十六日，參加"吳在炎指畫捐贈展"開幕式。

八月三十一日，赴香港參加遼寧省博物館新館開館推介事。

九月，赴重慶、成都及岳池等地。

十月一日，遼寧省文化廳主辦，遼寧省博物館承辦，爲楊老祝九十壽辰，多方來賀。

十月五日，赴深圳校訂遼寧省博物館出版《國寶特集》一書。

十月十二日，赴北京參加"圓明園遺址討論會"座談會。

十月二十五日，赴香港參加遼博新館開幕新聞發布及《清宮散佚書畫集國寶兩卷》發布會。

十一月十二日，參加遼寧省博物館新館開館慶典活動并親自主持"中國古代書畫藝術國際學術研討會"。

二零零五年　（乙酉）　九十一歲

一月七日，赴澳門參加"梁潔華人物畫展"開幕式。

四月二十六日，赴北京參加"張仃回顧展"。

七月六日，赴北京參加啓功遺體告別。

十月八日，赴北京參加故宮博物院建院八十周年慶典活動及"清明上河圖國際學術研討會"。

十二月二日，赴徐州參加李可染藝術館開幕式。

十二月二十四日，經南京、宜興赴上海參加"上博故宮聯合書畫展討論會"。

二零零六年　（丙戌）　九十二歲

三月十二日，赴上博參加"中日書法珍品展討論會"并主持會議。

四月，同文史館館員赴浙江省考察參觀。

本年，十卷本《楊仁愷集》開始編輯。

主持"中日書法國際學術研討會"。

二零零八年 （戊子） 九十四歲

一月三十一日五時二十五分，病逝於瀋陽金秋醫院。

二月十五日，在瀋陽回龍崗殯儀館大廳舉行遺體送別儀式，社會各界近千人參加。同日下午於遼寧省博物館舉行"楊仁愷先生追思會"，各地專家近百人出席。

後　記

　　經過一年多的努力，終於趕在楊老墓園落成之前將此書完成了。也許是上天的眷顧，在這緊張的一年裏，雖然我們經歷了徵稿的困難，校對的繁瑣，印刷出版時間緊迫等等困難，但還是如期完成了使命。楊老的一生，是我國文博領域的一座豐碑，高山景行，澤被後學。我們編委會的成員也都受到過楊老的恩澤，有幸參與本書編輯，實爲今生的榮幸。

　　這本紀念集能够成功出版，離不開各方的關心與支持。我們在此感謝李瑞環同志在百忙之中爲本書題名；感謝國內外衆多專家學者無私的提供稿件；感謝遼寧省博物館馬寶傑館長及館中同仁的大力支持；感謝文物出版社趙磊等同志的鼎力相助；感謝北京雅昌彩色印刷有限公司對本書的印製提供的鉅大幫助；感謝瀋陽龍泉古園和楊老家人與編委會的全方位合作；感謝爲此書出版作出貢獻的所有朋友們。

　　僅以此集紀念“人民鑒賞家”楊仁愷先生。

《蘇溪明月——楊仁愷先生紀念集》編委會

二零一零年五月一日